自治体産業政策の新展開
―― 産業集積の活用とまちづくり的手法 ――

目　次

序　章　自治体産業政策を考える……………………………………… 1
　1　本書のねらい…………………………………………………… 1
　2　研究の背景と意義……………………………………………… 3
　3　本書の構成……………………………………………………… 4

第Ⅰ部　自治体産業政策と産業集積

第1章　自治体産業政策とは…………………………………………… 9
　1　自治体産業政策の背景………………………………………… 9
　2　自治体産業政策の問題点と定義……………………………… 10
　3　自治体産業政策の概要………………………………………… 12

第2章　産業集積とは…………………………………………………… 19
　1　産業集積に着目する問題意識………………………………… 19
　2　産業集積の重要性とメリット………………………………… 20
　3　産業集積研究…………………………………………………… 27

第3章　地理的近接性と企業間取引…………………………………… 36
　　　　──自治体政策と産業集積(1)──
　1　自治体政策と地理的近接性…………………………………… 36
　2　紙産業の集積と企業間取引の実態…………………………… 41

第4章　地場産業の振興………………………………………………… 48
　　　　──自治体政策と産業集積(2)──
　1　高知県の地場産業……………………………………………… 48
　2　土佐和紙の歴史………………………………………………… 49
　3　手すき和紙と製紙原料生産事業所の現状…………………… 51
　4　地方自治体の紙産業政策……………………………………… 56
　5　政策的ポイント………………………………………………… 58

目　次

第Ⅱ部　自治体産業政策の実際

第5章　都市型産業集積の地域的特性と政策 …………………… 65
　　　　　　――尼崎市を事例に――

　1　尼崎市の発展過程と特徴 ………………………………………… 65
　2　主な都市型産業集積地との比較 ………………………………… 71
　3　中核企業への調査事例 …………………………………………… 75
　4　尼崎市の産業集積の特徴 ………………………………………… 81
　5　地域特性と政策 …………………………………………………… 84

第6章　行政経営と自治体産業政策 ………………………………… 88

　1　地方自治体と産業政策 …………………………………………… 88
　2　産業政策の体系的展開と総合計画 ……………………………… 95
　3　ものづくり都市の産業政策 ……………………………………… 109

第7章　創業・起業支援 ……………………………………………… 114
　　　　　　――これまでの自治体産業政策⑴――

　1　ビジネス・インキュベータへの取組み ………………………… 114
　2　ビジネス・インキュベータ ……………………………………… 115
　3　尼崎リサーチ・インキュベーションセンターの現状と課題 … 117
　4　自治体産業政策とビジネス・インキュベータの位置づけ …… 120
　5　創業支援策の再検討に向けて …………………………………… 122
　6　エコノミックガーデニング――米国発の地域経済活性化政策 … 124

第8章　企業立地支援 ………………………………………………… 135
　　　　　　――これまでの自治体産業政策⑵――

　1　産業政策の新展開 ………………………………………………… 135
　2　地方自治体の企業立地政策 ……………………………………… 136
　3　大規模工場の立地と地域経済の活性化 ………………………… 139

4　企業立地支援の目的と成果……………………………………144
　5　従来型産業政策の問題点と都市政策……………………………146

第Ⅲ部　これからの自治体産業政策

第9章　土地利用計画……………………………………………153
　　　　　――まちづくり的手法(1)――
　1　土地利用の適正化………………………………………………153
　2　土地利用の現状…………………………………………………154
　3　尼崎市の土地利用政策…………………………………………157
　4　地域の主体性……………………………………………………165

第10章　産業型地区計画……………………………………………168
　　　　　――まちづくり的手法(2)――
　1　地区計画の可能性………………………………………………168
　2　住工混在問題……………………………………………………169
　3　工業集積をもつ自治体の対応策………………………………171
　4　ものづくり都市・板橋区の概要………………………………174
　5　板橋区舟渡地区計画の取組み…………………………………178
　6　板橋区舟渡三丁目地区へのアンケート調査から……………180
　7　産業型地区計画の政策的意義…………………………………183
　8　集積の維持・形成に向けて……………………………………184

第11章　産業振興と地域環境との調和……………………………188
　　　　　――まちづくり的手法(3)――
　1　製造事業所用地の有効活用……………………………………188
　2　企業立地と緑地面積規制………………………………………189
　3　地域準則制度の制定と企業立地促進法………………………192
　4　工場緑化に対する先駆的取組み事例…………………………196

5　産業集積地域としての魅力づくり……………………………………………200

第12章　学習政策①中小企業ネットワーク……………………………203
　　　　　──まちづくり的手法(4)──
　　1　新しい産業政策のキー「学習」…………………………………………203
　　2　学習に関する理論の整理…………………………………………………205
　　3　中小企業ネットワークと学習……………………………………………207
　　4　中小企業ネットワーク型──航空機ビジネスへの参入………………210
　　5　中小企業技術開発型………………………………………………………213
　　6　学習クラスター……………………………………………………………219

第13章　学習政策②公的研究機関………………………………………221
　　　　　──まちづくり的手法(5)──
　　1　公設試験研究機関…………………………………………………………221
　　2　自治体産業政策とAMPIの設置…………………………………………223
　　3　AMPIの活動………………………………………………………………225
　　4　尼崎市における研究機関の立地状況……………………………………238
　　5　研究機関ネットワークのあり方──尼崎市におけるアンケート調査……241
　　6　評価と場づくり……………………………………………………………243

第14章　学習都市への期待と政策形成力の向上………………………248
　　1　学習都市への期待…………………………………………………………248
　　2　自治体産業政策の担い手…………………………………………………252
　　3　職員研修による政策形成力向上とネットワークづくり
　　　　──高知県・土佐まるごと立志塾…………………………………………253
　　4　なぜ政策学習を促すのか…………………………………………………257
　　5　政策形成に求められる力と草の根イノベーション……………………259

終　章　新たな自治体産業政策の構築に向けて……………………262
　1　本書のまとめ……………………………………………………262
　2　政策的インプリケーション……………………………………265
　3　今後の研究課題…………………………………………………268

参考文献一覧　　269
初出一覧　　279
あとがき　　281
補足資料　尼崎市企業立地促進制度（2004年10月 8 日）抜粋　　285
索　　引　　310

序　章
自治体産業政策を考える

1　本書のねらい

　近年，産業集積に注目が集まり，理論的研究，実証的研究が行われ，全国の産業集積地の事例が報告されている。それらは経済地理学，中小企業論など様々な分野からアプローチされている。

　産業集積とは，伊丹（1998）によると「1つの比較的狭い地域に，相互の関連の深い多くの企業が集積している状態のことである」と定義され，日本の産業集積の再生を模索する動きについては，清成・橋本（1997）において示されている。

　また，具体的な産業政策として，地域の再活性化のために産業集積を作り出そうとする動きも見られる。例えば，経済産業省の産業クラスター計画は，2000年代初頭より地域に成長性のある新規分野を開拓する産業・企業の集積を創出することを目指しており，地域の行政機関などが中心となって企業と大学，企業と公的機関などの産官学の連携にも取り組んでいる。

　このような産業集積を活性化しようとする政策的動向の背景には，地域経済の衰退，地域における地場産業の衰退の問題がある。日本各地には多様な地場産業が点在しているが，現在苦境に立っているものが多く，雇用を創出する力も乏しくなっている（加藤，2009）。こうした産業構造上の問題に対する危機感から，産業集積の存続・再活性化そのものにも政策的意義があるのではないかと考えたことが本書において産業集積を基軸に論じる理由である。また，日本の社会・経済は，少子高齢化・人口減少，経済の低成長，社会保障費の増大，財政問題等，多くの課題に直面している。特に，地方都市においては，日本全体の課題を先取りする形で，人口減少，地域経済の疲弊，中心市街地の空洞化，

地域コミュニティの弱体化，公共交通の衰退といった問題が顕在化し，自治体消滅の危機が取りざたされている。そうした中，持続可能な社会に向けて，「地域再生」，「地域活性化」，「地域経済内循環」などを目指す動きが世界的にも潮流になりつつある。

今，地方創生に係る動きが地方都市だけでなく，大都市圏の都市においても，活発化している。筆者は2015年度より，神奈川県茅ヶ崎市及び寒川町にて，審議会委員として地方創生戦略の作成に関与した。多くの自治体にて，人口減少対策を検討するため，産官学金労言（産業界・行政機関・教育機関・金融機関・労働団体・メディア）の各分野で専門的知見をもつ委員による委員会が設置され，教育，福祉から産業分野まで幅広い検討が実施されている。

「まち・ひと・しごと創生法」第1条には，「少子高齢化の進展に的確に対応し，人口の減少に歯止めをかけるとともに，東京圏への人口の過度の集中を是正し，それぞれの地域で住みよい環境を確保して，将来にわたって活力ある日本社会を維持していくために，まち・ひと・しごと創生に関する施策を総合的かつ計画的に実施する」と記されている。つまり地方創生というのは，人口減少対策と東京一極集中の是正を図りながら，地域活性化に取り組む自治体を支援するものといえる。こうした中で，都市を形成するための，人を集める集積装置としての「仕事」づくりと，それらを担う人材づくりが大きく注目されている。

しかし，経済のグローバル化が進展する状況において，かつての大阪湾ベイエリアに見られた薄型パネル工場が林立するような状態（2005年頃）を再現することはもはや望めないだろう。これからの仕事づくりは，地域，中小企業，ネットワーク，カネなど，都市が保有する「今あるもの」と「新しいもの」の創造的な組み合わせをいかにして生み出すことができるかにかかっているといって過言ではない。そうした組み合わせを地域において積極的に創出する主体は，やはり地域経営を信託されている自治体であり，都市における仕事と人材づくりを担う政策として自治体の「産業政策」に大きな期待がかかっている。

さて，日本には，多数の産業集積地が存在し，それぞれの形成過程を経て企業が集積し，経済発展に寄与してきた。また，産業集積は，日本のものだけではなく，北イタリアやシリコンバレーなども代表的事例として取り上げられ，

世界的にも，様々な形で存在してきたといえる。

　産業集積の今日的課題として，集積に対する産業政策の変化，地域における中小企業の役割の重要化，地域経済活性化の源泉としての期待等が挙げられており，産業集積の今後のあり方が問われている。しかしながら，研究対象が一部の限られた地域に偏在していることもあり，実証的手法による産業集積地の形成についての研究はいまだ少ないのが現状である。

　近年の研究事例として，経済のグローバル化等により産業集積地の衰退が顕著となり，その対応策として産業集積を活かした企業間ネットワークの研究が盛んになっている。また，ネットワークを活かして人材，資本やものづくりのノウハウなど地域の知的・技術的ストックを活用する新しい取組みとして，学習地域の構築も注目されている。

　本書ではまず，これまで地域において取り組まれてきた産業政策の事例を検証し，従来型産業政策の問題点と課題を抽出する。次に，これまで展開されてきた産業政策が，産業振興にうまくつながっていない現状から，新たな政策としてまちづくり的手法の導入・活用の可能性を検討する。最後に，本書の目的として産業集積地域の発展に向けた政策的インプリケーションを示し，これからの自治体産業政策を考える実践的な知見を示したい。

2　研究の背景と意義

　本書の研究の背景には，産業集積の縮小傾向と産業集積地に立地する企業の存続への危機感がある。産業集積の縮小について，植田編（2004）は，成熟化した日本経済のもとでは，産業集積地域内の企業数や生産額がかつてのように量的に拡大していくことは想定できないし，今後も多くの集積地域が量的な「縮小」に直面するだろうと指摘した。また，縮小過程に入ったということは，もはや量的集積は意味をもたず，集積地域のもっていた機能の役割も小さくなりつつあるとの見方もしている。

　近年，我が国の大企業は，国際競争の激化によって商品開発のスピードアップを迫られていることや，技術の高度化・多様化により研究開発コストが上昇していることなどから，他の企業や大学，研究機関等との連携を進めている。

一方,多くの大企業が生産拠点を日本国内から海外に移転させている。そのために,下請企業として中小企業が生き残る方策の1つとして「海外進出」を選ぶことは普通の選択となっている。しかし,海外進出には,資金調達・生産拠点の整備などかなり高いハードルが今なお存在しており,進出により事業停止,倒産等に陥ってしまう中小企業は後を絶たない。こうした現状から,「系列」の崩壊の影響もあり,中小企業はヨコ・クロスの連携に活路を求めている。多様な中小企業が連携してイノベーションを続けていく「場」,「機能」としての産業集積に,再び地域産業政策の軸としての注目が高まることは,当然の理といえよう。

産業集積地域には,いまだ多くの企業が立地し,操業している現実がある。企業にとって集積メリットの1つである多様性を確保して,様々な選択肢を残すことも,環境変化に適応するための革新を起こしやすくし,生存能力を高めることにつながるのではないのだろうか。

また,産業集積の近接性についての議論も再燃している。こうした議論を前提として,本書では産業集積の縮小が日本の地域経済活性化に多大な影響を与えるとの認識に立ち,集積地域に存在する近接性の検証も含め,産業集積地域の維持・形成に向けた方策を検討する。

本書は,以下の2つを大きな問題意識としている。

①これまで実施されてきた産業政策は,その効果が限定的であった。自治体の政策手法として,より広範で総合的なまちづくり的政策手法(都市計画や学習政策など)の援用または導入に向けた検討が必要な時期に来ているのではないか。

②従来,産業集積研究は,東大阪市,大田区などを対象としてステレオタイプ的産業集積地像を描出するものが多かった。しかし本来,産業集積には多様な形態がありうるはずであり,それに対する政策も多様であるべきではないか。

3 本書の構成

上記の問題の検証,解決を目指し,本書は以下の構成をとる。

まず構成を概観すると,第Ⅰ部「自治体産業政策と産業集積」(第1章〜第4

章）において，自治体産業政策と産業集積に関連する本書における問題意識を明らかにする。第Ⅱ部「自治体産業政策の実際」（第5章～第8章）において，従来型産業政策の現状と課題を考察する。第Ⅲ部「これからの自治体産業政策」（第9章～第14章）において，産業集積を活かした持続的発展に向けたまちづくり的手法について具体的に検討する。最後に，産業集積発展に向けた政策的インプリケーションを示す。

　具体的には，第1章では，本書のテーマである自治体産業政策を概観し，本研究に取り組む背景と意義を論じる。第2章では，産業集積研究の歴史的経過に触れながら，国外および国内の先行研究をレビューし，産業集積の重要性・必要性における論点を整理し，集積のメリットについて検討する。第3章では，自治体産業政策の課題でもある政策の地域性について，地理的近接性の観点から，四国における紙産業の企業間取引を事例に検討する。第4章では，産業集積問題に最も関わりが深い地場産業（高知県の紙産業）を事例検証し，自治体政策として地場産業を如何に捉えるべきかについて検討する。

　第5章では，兵庫県尼崎市を事例にものづくり都市の歴史的経過及び中核企業の存立要因を分析し，都市型産業集積の地域特性について検討する。具体的には，東大阪市及び大田区と異なる尼崎市の地域的特性を指摘し，産業集積モデルの多様性に言及したい。第6章では，尼崎市の産業政策を事例に，政策形成の過程及び位置づけを検証し，これまでの自治体産業政策の問題点について検討する。

　第7章・第8章では，従来型産業政策の限界を明らかにする。第7章では，ビジネス・インキュベーション施設を事例に，運営課題及び政策的転換の必要性について検討する。第8章では，尼崎市の企業立地政策がどのように地域に影響を与え，まちの再編に寄与したかについて検討する。なお，巻末には今後の自治体産業政策のヒントとなるよう，補足資料として尼崎市企業立地促進制度の概要を掲載している。

　第9章～第13章までは，従来型産業政策に加え，自治体のもつ手段であるより広範なまちづくり的手法（都市計画や学習政策，ネットワークづくりなど）について考察する。第9章ではまちづくり的手法の1つである土地利用計画手法による産業集積の維持・形成に向けた方策について，尼崎市のまちづくりの条例

及び指針をケースとして検討する。第10章では，第9章で取り上げた産業地区における「地区計画」の有効性について検討する。具体的には，東京都板橋区舟渡三丁目地区をケース・スタディし，産業政策と土地政策の関連性を検討する。第11章では，製造事業所用地の有効活用から企業立地促進を図る施策を事例に，調和を基本姿勢とした産業振興と地域をつなぐ環境政策のあり方を検討する。ケース・スタディとして，堺市及び尼崎市の企業立地促進施策を取り上げ，現状と課題について検討する。

第12章・第13章では，新たな産業政策としての「学習政策」について，中小企業ネットワーク，中小企業の技術開発，公設試験研究機関を事例に検討する。第12章において，「学習」の理論について考察するとともに，ネットワークづくりの観点から次世代型航空機部品供給ネットワーク，中小企業の技術開発支援のビジネスケースを分析し，学習政策の重要性について検討する。第13章では，公設試験研究機関である近畿高エネルギー加工技術研究所の設立経緯と現状を分析し，地域振興策として研究機関がどのような役割を果たしているかについて検討する。特に，公設試験研究機関としての存在意義について学習の視点から明らかにする。

第14章では，第12章・第13章にて検討された学習政策を概観するとともに，自治体における研修を事例に政策形成力向上について検討する。

終章では，これまでの議論をまとめるとともに，新たな自治体産業政策の構築に向けた政策的インプリケーションを示す。

第 I 部

自治体産業政策と産業集積

第1章
自治体産業政策とは

　本章では，本書のテーマである自治体産業政策を概観する。自治体産業政策とは何かについて考察するため，自治体産業政策の背景と意義を論じる。また，ものづくり都市である兵庫県尼崎市の産業政策を事例に自治体産業政策の全体像を把握する。

1　自治体産業政策の背景

　自治体の産業政策とは何か。本来，産業政策とは国が作る政策と考えられてきた。これまで多くの自治体では，国の示す政策メニューを受け入れるかあるいは受け入れないか，または国が示す政策の方向性に類似した政策を形成することが一般的であり，独自に「産業政策を創る」ということはほとんど行われなかったとされる。
　一方で，これまで国が産業政策を実施し，地方が対応するという形で産業振興が図られた結果，経済成長に対する産業政策の貢献の程度は定かではないものの，国民生活が「豊か」になったのは事実であろう。しかしながら，今日の経済状況から見ると，人口と企業が集中する大都市圏とそうではない地域との経済格差は歴然としている。
　特に，衰退傾向にある地域にとっては，人口の流出が続き，生活基盤と経済基盤の両面からの支援策が望まれている現状があり，これまでの国主導型の産業政策のあり方を見直す動きも起こりつつある。それは，これまでの国主導型の産業政策の反省と地方分権の進展から，地域の経済基盤安定のための自治体による政策の実施が必要視されているからである。
　一方，社会経済環境の悪化により，行財政改革が早急に求められる状況下において，福祉や教育政策は市民に受け入れられるが，実際の企業活動の支援と

9

なる産業政策に税を投入するには、自治体内部でも戸惑いがあるのも事実だろう。この考えの根本には、市民一般への政策は市民理解を得られるが、営利活動を行う企業への支援は、市民理解が得にくいとの見識がある。

2 自治体産業政策の問題点と定義

ここで、自治体における産業政策について整理しておく。清成（1986）は、自治体による産業政策が必要とされる背景として、①地域間格差の拡大傾向、②産業構造の転換期、③内需指導型経済への移行、④国及び自治体の財政力の低下、を挙げている。また、それを実施する際の問題点として自治体の産業政策の策定能力のなさを指摘している。そして、その要因は、これまでの国主導型の産業政策のあり方による弊害と地域を視点とした政策経験の不足によるものであるとしている。[3]

また、今後の産業政策の展望として、①市場指向（市場経済の補完的役割）、②イノベーション指向（未来指向型）、③雇用指向（良質な雇用の場の拡大）、④統合指向（産業の論理と生活の統合）、を挙げている。その特徴は、地域と人々の生活に力点を置いた産業政策を考えていこうとする点であろう。この点は、これまで国が行ってきたマクロ的な産業政策ではなく、地域に視点を置いた市民の「生活・経済」を創造する産業政策が必要であることを示唆しているものと考えられる。

また、国が地方を支えられなくなりつつあることは、国の破綻に近い財政状況を見れば一目瞭然であり、もはや産業政策を国だけに任せておくことはできなくなっている。そのため、自治体は、自らが地域産業振興に責任をもたざるをえなくなり、近年、産業振興ビジョンや中小企業振興条例（大阪府八尾市、北海道帯広市など）などを制定し、独自に活性化を目指して様々な政策を展開している。[4]地域経営という視点から、自らの意思を明確にし、地域のあり方についてグランド・デザインを構築する独立の政策主体として、自治体は今、かつてないほどに期待されている。

しかしながら、地域独自の産業政策を立案しようとする際の問題点として、①「公」である自治体が「産業」という分野のどの範囲までを政策の対象と

すべきかの判断が難しいこと

　②独自政策を施行する際の財源のほとんどが一般財源となり，財政状況が逼迫する自治体にとって財源確保は厳しいものがあること

　③自治体においての産業分野を所管する職員数が元々少ないことから，産業に精通している職員の育成に課題があること

などが考えられる[5]。こうした課題は，自治体の現場での政策立案上の大きな障害となっており，体制の構築が急がれる。

　次に，自治体産業政策とほぼ同一の内容をもつのが自治体中小企業政策である。桑原（2006）は，自治体中小企業政策を「自治体（市・特別区等の基礎自治体）が政策主体となって，中小企業そして地域経済の維持・振興を図る政策のことである」としている。また，産業政策と中小企業政策のそれぞれの意義を明確にする上での注意点としては，植田編（2004）は，「どのような地域産業振興を目指すのかと，中小企業を地域活性化の観点から支援するのかとは，異なるものである。しかし，両者を密接に関連させていくことが重要である」と指摘し，本多（2013）は「産業政策と中小企業政策は概念上同一ではないが，とくに自治体レベルでの産業政策と中小企業政策では両者が重なる部分が比較的多く，一体化して実施されていることが多い」と指摘している。

　本書の主張として，産業振興は産業，経済の振興だけではなく，まちづくりの観点から広く，かつ総合的に思考するべきとの立場から，先行研究も踏まえ，本書における自治体産業政策の定義は，「自治体の産業振興部局あるいは産業振興部局が所管する外郭団体が実施する政策及びそれらが財政支出する補助金，委託金により取り組まれる政策及び財政支出は伴わないが政策趣旨に賛同して経済団体や地域企業等がそれらと連携した政策のこと」とする。なお，産業政策と中小企業政策の分類をしなかった理由であるが，植田編（2004），本多（2013）の主張を踏まえるとともに，筆者が自治体職員として産業振興業務に長く携わった経験とその地域性（阪神工業地帯の中核都市）から，実際の企業対応は大企業，中小企業の区別なく，地域経済活性化を念頭に実施していたことに起因する。ただし，政策分類として，自治体政策には中小企業政策はあるが，大企業政策はないことを付け加えておきたい。

　なお，本書にて後述される産業基盤整備のためのまちづくり的手法なども広

義の産業政策として整理できると考えている。

3　自治体産業政策の概要

（1）自治体の地域性と財政力

　さて，前節にて自治体産業政策を定義したが，その形は実に多様である。産業政策は，ものづくりから農業も含む6次産業化までその対応課題の範疇が実に広い。また，産業政策が担う地域も，本書でも紹介されている東京都墨田区のような大都市圏の工業都市から，地方創生の動きからようやく検討を始めたばかりの地方都市まで，様々な様相をもっている。つまり，ある自治体の政策事例を検証し，同様の政策メニューを別の自治体で実施しても，おそらく同程度の政策効果を得ることはできないだろう。例えば，工業都市の有志自治体・商工会議所で構成される中小企業都市連絡協議会は，毎年政策課題を持ち寄り，それぞれの地域での政策事例を報告することにより，産業政策について相互学習する機会となっている。しかしそこで得た知見を持ち帰り実際の政策として構築する場合は，それぞれの地域性や財政力などに基づき，違う「形」の政策にして実行することになる。一方で，いわゆる政策の「模倣」や「味付け」は，政策立案の基本であり，政策効果を高めるためにも自治体政策のたゆまぬ学習が求められている。

（2）多彩なメニュー化

　次に，自治体産業政策の多彩なメニューを紹介する。例として紹介する兵庫県尼崎市は，明治時代にマッチ製造業，紡績業から近代産業都市として発展し，2016年の経済センサスでは製造品出荷額等総額約1.3兆円を誇る阪神工業地帯の中核都市である。

　尼崎市における産業政策の方向性の変遷としては，既存工業の高度化，都市型産業の立地促進，国際化や技術革新及び情報化への対応，研究開発の拠点整備，ものづくりの促進，企業の立地促進と時代の流れの中で様変わりし，その時々において政策が立案されてきた（関・梅村, 2009b）。2017年度政策については，概ね企業立地促進，技術・開発支援，経営支援，金融支援，人材育成の

第1章　自治体産業政策とは

表1-1　尼崎市産業政策の分類

	2008年度	2017年度
企業立地促進	・リサーチコア整備事業 ・尼崎コスモ工業団地管理事業 ・企業立地促進条例運営事業 ・産業のまち「あまがさき」キャンペーン事業 ・新産業・新事業立地促進事業 ・企業立地アドバイザー事業 ・工場用地等情報開拓推進事業 ・企業立地マッチング支援事業 ・企業立地促進法基本計画運営事業	・リサーチコア推進事業 ・企業の環境・健康活動推進事業 ・企業立地促進条例運営事業 ・企業立地支援事業 ・工場立地法の特例措置条例運営事業
技術・開発支援	・ものづくり支援センター機能強化事業 ・ものづくり総合支援事業 ・ものづくり事業化アシスト事業 ・中小企業新技術・新製品創出支援事業	・イノベーション促進総合支援事業
経営支援	・インキュベーションマネージメント機能促進事業 ・特許権取得サポート事業 ・産業情報データバンク事業 ・ベンチャー育成支援事業 ・事業所景況等調査事業 ・元気企業マーケティング戦略構築支援事業 ・リレーションシップ構築事業	・営業力強化支援事業 ・創業支援事業 ・ソーシャルビジネス支援推進事業 ・事業所景況等調査事業 ・産業振興基本条例関係事業
金融支援	・中小企業資金融資斡旋事業	・中小企業資金融資斡旋事業
人材育成	・ものづくり基盤技術人材育成事業 ・ものづくり達人顕彰事業 ・産業功労者等表彰事業 ・経営人材育成事業	・市内企業魅力体感・発信事業 ・企業内人権研修推進事業 ・技能功労者等表彰事業 ・雇用創造支援事業 ・キャリアアップ支援事業 ・地域雇用・就労支援事業 ・中小企業就業者確保支援事業

（出所）筆者作成。

5つに分類される。尼崎市の政策的ポイントは、従来の産業政策が目指した産業構造問題全体へのアプローチから、地域経済活性化の源泉としての中小企業等への給付的な施策へ移行している。一方、2008年度政策と比較すると、経済情勢や厳しい自治体財政事情から、政策のスクラップアンドビルドや統合も多く行われており、その構築の難しさも窺える（表1-1）。

ただし、金融政策は、中小企業支援のため、多様なメニューを用意し、資金面からバックアップしている。

（3）自治体産業政策の現状と課題

次に、自治体産業政策について全体像を把握するため、工業集積研究会(2010)のアンケート調査結果を事例に概観する。アンケート調査の概要は、対象：全国の市及び特別区の合計806自治体、調査：郵送自記式、期間：2009年8月6日〜10月9日、回収結果：回収数591件、回収率73.3%である。なお、工業集積研究会の趣旨が工業分野の研究に特化していることから、産業政策を考察する上で若干の考慮は必要である。

産業政策の潮流 工業集積研究会（2010）によると、最近5年度間で重点的に実施している施策については、「企業誘致」が69.7%と大変高い割合となっており、政策として流行的な意味も窺える（図1-1）。次に高い割合を示したのは、自治体産業政策の基本的メニューである「融資・信用保証」(45.9%)であった。一方、地域産業課題を抱えている地域が多いなか、「地場産業支援」は27.4%と意外に低い数字であった。なお、大阪湾周辺地域（ベイエリア）は2005年頃、家電メーカーの薄型テレビの大規模工場が次々と建設されたことから「パネルベイ」と呼ばれ、企業誘致が流行の政策として大きく注目されていた。しかし、リーマンショック以降の景気低迷の中で、現在ではそのほとんどが縮小・撤退し、地域経済に大きな負の影響をもたらしている。消費者行動を含めた経済の動向を読むことは、本当に難しいことの実例でもあろう。

産業政策のメニューと財源 自治体産業政策構築には、地域性とともに財政力が関与することは前述した。では、産業政策の財源は、どのようになっているのだろうか。

工業集積研究会（2010）の分析では、最近5年度間に行った工業振興施策メ

第 1 章　自治体産業政策とは

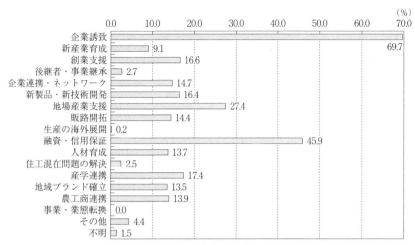

図1-1　最近5年度間の重点的政策

（出所）工業集積研究会（2010）。

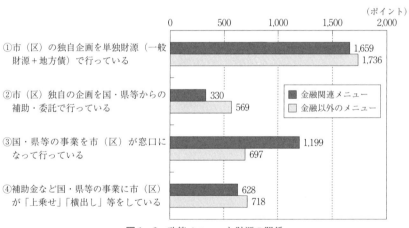

図1-2　政策メニューと財源の関係

（出所）工業集積研究会（2010）。

ニュー数のうち独自企画・独自財源型のものがどの程度あるのかを知るため，施策メニューを①市（区）の独自企画を単独財源（一般財源＋地方債）で行っている，②市（区）の独自の企画を国・県等からの補助・委託で行っている，③国・県等の事業を市（区）が窓口になって行っている，④補助金など国・県等の事業に市（区）が「上乗せ」「横出し」等をしている，の4つに分け，どの順に多いのか，1位から4位まで選択してもらった。第1位に選択した項目に4点，第2位に3点，第3位に2点，第4位に1点を与えて，項目別にポイント換算を行った結果，金融関連メニューにおいても金融以外のメニューにおいても独自企画・独自財源型（①市［区］の独自企画を単独財源［一般財源＋地方債］で行っている）が高いことがわかった（図1-2）。

このように，産業政策のメニューを見ると，独自企画・独自財源型の政策が多いことから，教育・福祉などの他分野と違い，自治体政策としての自由度の高いことが窺える。それはつまり，産業政策の実施に向けては，自治体財政のバックアップが肝要とも受け取ることができ，自治体の財政力により，政策形成が左右される可能性が高いことも理解できよう。

なお，産業政策のうちの金融政策メニューとして，融資・信用保証・ファンドなどがあるが，基本的な金融政策は自治体が設定する「制度融資」である。

制度融資の概要 自治体の制度融資は，一般的に自治体と信用保証協会及び指定金融機関の三者協調の上に成り立っており，区域内の中小企業が事業経営の安定や設備の近代化等を図る際に必要な事業資金を低利で利用できるよう，指定金融機関に対してあっせんする制度のことである。融資メニューとしては，中小企業に対する運転・設備資金への貸付から経済変動対策や連鎖倒産防止，あるいは起業支援や企業立地支援等の様々な資金が用意されており，一般的に市中金利より低利で設定されている。

低利となる理由は，制度融資を設定している自治体から指定金融機関に対する預託金の支出と信用保証協会の存在にある。預託金とは，中小企業が借入を行った後に，自治体が中小企業が借入をした金融機関に対し預け入れる預金であり，企業の借入額に融資メニューに基づいた預託倍率（5分の1～2分の1等）を掛けて算出される。預託金はその後，各金融機関の一般の貸付業務の原資となり，利ざやを出すことにより，自治体の低利の制度融資の穴埋めにつな

第 1 章 自治体産業政策とは

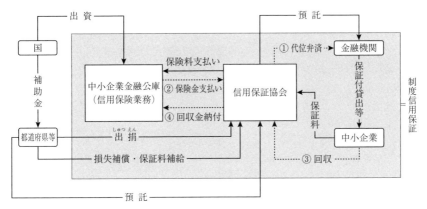

図 1-3 制度融資の仕組み

(出所) 深澤 (2007)。

がっていくスキームとなっている。また，金融機関は，制度融資の適用を受けた企業が倒産等になった場合，貸し倒れによる損失を免れるため，信用保証協会の保証をとり代位弁済を受ける一方，信用保証協会も中小企業金融公庫から保険金を受け取るといった総合的な枠組みで制度の信用が守られている（図1-3）。この枠組みは多くの中小企業によって利用されてきており，これまで中小企業の資金融通を支えてきた重要な機関・制度といえる（梅村，2008c）。

なお，都道府県等の自治体は，信用保証業務に伴うリスクへの資金的な裏付けとして，出捐金を支出している。

注
(1) 産業政策とは，産業間の資源配分，産業基盤整備，産業組織に関わる政策といえる（本多，2013）。
(2) 例えば，工業振興に関する独自の産業政策を立案する際に，多くの自治体が政策の模範とした自治体は，東京都大田区と墨田区であろう。関（1995）などを参照されたい。
(3) 清成（1986）は，自治体の「産業政策」とはいわず，自治体の「地域産業政策」と表して，国の産業政策と区別している。本章では，清成（1986）の考え方を踏襲しているが，本書においては「自治体」を研究テーマの軸としていることから，あえて「自治体産業政策」と示している。
(4) 自治体の中小企業振興条例に基づく政策展開については，植田（2007），岡田ほ

(5) 同様の指摘は，河藤（2016），田中・本多編（2014）にも見られる。
(6) 中小企業都市連絡協議会は，製造業を中心に中小企業が集積する全国10都市の自治体と商工会議所が，中小企業の活性化や地域産業の課題解決に向けて連携して取り組むことを目的に，1996年5月に発足した。2018年9月末現在の加入都市は，尼崎市，東大阪市，長野県岡谷市，石川県加賀市，埼玉県川口市，大田区，墨田区の7都市である。
(7) いわゆる「元気な企業」への重点的支援に傾注しているといえよう。
(8) 尼崎市の中小企業資金融資斡旋事業については，尼崎市のホームページを参照。http://www.city.amagasaki.hyogo.jp/sangyo/yusi_josei/yusi_sonota/068yuusi.html（2018年9月29日アクセス）。
(9) 工業集積研究会は，植田浩史氏（慶應義塾大学経済学部教授）が代表を務める1995年に発足した研究会であり，中小企業研究や産業集積研究に関わる大学の教員，院生及び公的機関や民間企業の職員などにより構成されている。
(10) 大阪湾周辺地域（ベイエリア）は，20世紀を通じて，鉄鋼・造船・化学工業等のいわゆる重厚長大産業を中心に関西のみならず我が国の経済発展を牽引してきた産業集積地域である。しかし，産業の発展に伴う急激な人口増加により，都市における住宅問題や公害問題が深刻化したことから，1960年代から工場等の地方移転が促進され，工場移転が相次ぐこととなる。また，1970～80年代から産業構造の転換（一国の産業の構成割合や貿易の情勢が変化すること）が進んだことによりその活力が低下し，工場の操業停止，撤退などにより，これまで活気づいていた臨海地域に工場跡地が現れるに至った。1990年代には，大阪湾臨海地域開発整備法（通称：ベイ法）に基づき，ベンチャー企業の支援施設やレジャーランド（例：ユニバーサル・スタジオ・ジャパン）などの中核的施設整備が推進された。しかし，長引く景気の低迷のもとで，それらの開発が計画通りには進まない状況が続いていた。2000年以降，臨海部への企業の進出が見られ，特に薄型テレビの大規模工場が進出したことから，「パネルベイ」と呼ばれ，その後リチウムイオン電池等の生産が活性化したことから，「バッテリーベイ」と代わり，最近ではこれらの産業を基盤として環境ビジネスの展開を目指す企業が集積しており，「グリーンベイ」と呼ばれるに至っている。このように，大阪湾ベイエリアは，「漁村→埋め立て事業の進展→コンビナート拠点→流通拠点→薄型テレビ関連のパネルベイ→電池関連のバッテリーベイ→環境ビジネスのグリーンベイ」と時代とともにその位置づけと様相が変化し，自治体産業政策もその都度大きな変革を求められてきたといえよう。
(11) 出捐金とは，公益目的に設立された団体へ自治体が行う財産の支出である。一般的に「寄附行為」と解釈される。

第2章
産業集積とは

　本章では，自治体産業政策と密接な関係にある産業集積を概観する。特に，産業集積に焦点をあてる問題意識，及びその重要性とメリットについて考察する。また，産業集積に対する国外及び国内の先行研究をレビューし，何を明らかにしたかについて検証する。

1　産業集積に着目する問題意識

　日本の国内各地に形成されている産業集積においては，戦後の高度経済成長を追い風として，集積を担う個別企業が生産活動を拡大し，それを通じて地域経済の発展，雇用の創出・拡大が図られてきた。本書で取り上げる尼崎市，東大阪市をはじめ産業集積が形成されてきた地域では，大規模工場の誘致，周辺産業の発展による工業エリアの拡大，工業団地の整備による発展など集積が進展した過程は様々である。だが，戦後の日本経済を襲った2度のオイルショックを克服しながら，拡大する国内市場と海外市場に向けて良質な製品を供給し，競争力を高めることに集積地域が強く貢献してきたことは明白である。
　しかし，プラザ合意以降の急速な円高による輸出競争力の低下，その後のバブル経済崩壊による国内経済の低迷の一方で，中国をはじめとした東アジア諸国の工業発展が急速な勢いで進み，産業集積を取り巻く外部環境はその後大きく変化してきた。近年では，国内と比べたときのアジア諸国との生産技術格差の縮小，圧倒的なコスト競争力，市場の成長性等を背景に，国内大手メーカーはもとより，関連する半製品・部品，素材メーカーにおける生産拠点の海外移管や国内生産拠点の統廃合の動きが加速している。また輸入品の浸透，ライフスタイルの変化などによって，生産縮小を余儀なくされている地域も見られる。
　こうした状況下，国内の産業集積地域においては，生産活動の核を担ってき

た主力企業の事業縮小・撤退に直面し，新たな得意先開拓，新規分野への進出等の事業転換ができずに倒産に至る企業や，高い技術，匠の技をもつものの事業承継がうまくいかず，廃業に追い込まれる中小企業が続出している。日本経済の源泉である企業の存立が危ぶまれる現状である。しかし，厳しい経営環境に直面しながら，独自の技術力，商品開発力，ビジネスモデルによって差別化を図り，新たな事業機会を切り開いている企業が少なからず見られる。こうした企業は売上と利益を伸ばし，新たな雇用機会を生み出すとともに，地域的な制約をも越えて，生産連携先，販売先を全国，海外に求め，事業活動の場を広げている。集積地域の中では，こうした革新的な企業群が台頭し，内外の取引や資源の組み換えが起こっている。また近年では，IT，医療，環境などの産業分野において，新しい産業集積地域の形成も確認されている。

　こうした産業集積地域の再編や新たな形成を後押しすべく，地方自治体や産業支援機関，大学など公的機関の活動も活発化しつつある。国内の産業集積地域が困難な状況を打開して，新たな活路を切り開いていくには，各産業集積のもつメリットを活かしつつ，そこで事業活動を営む「意欲的な企業群」の活動を促進する環境，あるいは新産業創造の苗床となる環境をつくり，地域全体に波及させていく必要がある（中小企業総合研究機構，2003）。

　このような問題意識のもとに，以下では産業集積の現状を把握しつつ，その中でも集積地域における企業や自治体の「新たな取組み」に着目し，それらを創出し，地域経済の活性化に波及させていく政策について，考察を深めていきたい。なお，本書においての産業集積の定義は，「地理的に接近した特定の地域内に多数の企業が立地するとともに，各企業が受発注取引や情報交換，連携等の企業間関係を生じている状態のこと」（中小企業庁編，2006a）とする。

2　産業集積の重要性とメリット

（1）産業集積の重要性

　産業集積というと，一般的に「産地」ないしは「特定企業を頂点として集まった企業群によって形成された地域で，企業間に相互作用関係（分業や競争）がある場合も多い」という見方をされてきたように思う。

このようなモデルでは，地域に外部からの需要に応える特定企業群があり，それらを中心として地域に閉鎖的な生産ネットワークが形成されていることが想定されている。

現在の集積地域の大きな問題は，かつて集積地域の頂点に位置し，企画・開発を行い，地域に生産を定着させて，需要と雇用を創出してきた企業が，長い不況と強まるグローバル化への対応，縮小が続く国内消費，顕著化する人材難等に直面し，地域内で仕事を完結させてきたシステムの維持ができなくなってきているという事実である。そうしたことから，中小企業がこのような分業的なネットワークに依存して企業活動を発展させることが難しくなっている。

しかし，元来産業集積を構成していたのは，個々の企業であり，互いの連携・信頼関係の中で厳しくとも活路を開き，産業集積地域に変化をもたらしてきた例もある。中小企業のネットワークや連携関係の基盤としての産業集積は，地域経済活性化にとって大変重要なものと考えられる。

多くの企業は，産業集積にこだわらず地域外の市場や取引先を求めながらも，他方では地域の他企業や公的産業支援機関，大学，研究機関等との取引や連携関係を活用しながら，経済活動を行ってきた。中小企業が内外のネットワーク関係をもつことによって，経験と知識及びそれらをもつ人材が地域に蓄積されていく。したがって，地域の中小企業は，産業集積の諸機能に基礎づけられると考えられる。また，ネットワークなどの外部性創出メカニズムとしても，産業集積の意義が認識できよう（中小企業総合研究機構，2003）。

（2）産業集積のメリット

メリットの整理　　産業集積は，特定の地理的範囲内に企業が多数集中している現象を指す。この場合，集積している多くが中小企業である。日本には，こうした産業集積地域が多数存在し，これらの産業集積は産地型，企業城下町型などのように分類されている。こうした産業集積には，多くの企業と業種が存在し，地域内には複雑な「分業関係」「競争関係」が作り上げられており，その中で産業集積のメリットを植田（2000）は以下のように整理している。

・多数の企業の集積を基盤とした企業間・業種間の分業による専門化や競争

関係の進展
- 広範な分業関係による技術や受注可能な領域の拡大
- 多様な受注に対応するための分業の調整費用の低さ
- 利用可能な資源の蓄積による創業や事業転換の可能性の高さ
- 以上の事業環境を通じた個々の企業やネットワーク、地域といった各レベルでの技術水準や製品企画力・開発力の向上など

都市型産業集積の分類　日本には、多数の産業集積地が存在する。中小企業白書（2000年版）において、産業集積は、①産地型集積、②企業城下町型集積、③都市型集積、④進出工場型集積、⑤広域ネットワーク型集積、⑥産学連携・支援施設型集積の6類型に分類されており、それぞれの形成過程を経て企業が集積され、経済発展に寄与してきた。[1]

この中でも、大都市圏にあって、多様な中小企業が高度に集積する都市型集積は、その代表的な地域として、東京都大田区や東大阪市が挙げられ、本章において中心的な分析対象としている尼崎市とは、都市規模と産業集積の規模や機械金属工業の中小企業が多いといった類似点がある。

しかしながら、比較分析すると業種や企業形態など異なる点も発見することができる。大田区や東大阪市はこれまでに多くの先行研究があり、尼崎市を研究対象とした比較研究でも多くの示唆を得ることができることから、本章では都市型集積を研究テーマとして置き、産業集積の形成過程、産業空洞化現象の分析、産業集積が抱える今日的問題と課題を挙げながら、都市型集積としての新たな展開方向を考察する。

産業集積のメリットと集積課題　では、当事者である企業は、産業集積のメリットと集積課題についてどう考えているのだろうか。

筆者も参画していた中小企業都市連絡協議会と東大阪市が共同で、都市型産業集積地域（尼崎市、東大阪市、長野県岡谷市、埼玉県川口市、墨田区、大田区）において2008年に実施した合同調査アンケート結果（回収数1094件、回収率26.3％）から見てみたい。

東大阪市・中小企業都市連絡協議会（2009）によれば、「産業集積都市に製造事業所が立地するメリット」については、「メリットが大きい」が22.9％、

第2章　産業集積とは

表2-1　集積メリットの有無

	調査数	メリットが大きい	メリットは幾らかある	ほとんどない	まったくない	わからない	不明・無回答
合　計	1094 100.0%	251 22.9%	459 42.0%	174 15.9%	39 3.6%	80 7.3%	91 8.3%
川口市	129 100.0%	44 34.1%	42 32.6%	21 16.3%	5 3.9%	8 6.2%	9 7.0%
墨田区	135 100.0%	22 16.3%	61 45.2%	20 14.8%	9 6.7%	13 9.6%	10 7.4%
大田区	223 100.0%	62 27.8%	97 43.5%	29 13.0%	6 2.7%	14 6.3%	15 6.7%
岡谷市	91 100.0%	23 25.3%	41 45.1%	12 13.2%	4 4.4%	7 7.7%	4 4.4%
東大阪市	256 100.0%	59 23.0%	112 43.8%	36 14.1%	6 2.3%	18 7.0%	25 9.8%
尼崎市	156 100.0%	25 16.0%	68 43.6%	28 17.9%	6 3.8%	15 9.6%	14 9.0%

（出所）東大阪市・中小企業都市連絡協議会（2009）。

表2-2　集積メリットの内容（複数回答）

	調査数	得意先が近い	協力会社が多い	試験研究機関が近い	高い基盤的技術を持った企業が存在している	技術ノウハウが共有しやすい	技術を持った人材が確保しやすい	若い人材が確保しやすい	パートが確保しやすい	安心して操業できる周辺環境	その他	不明・無回答
合　計	710 100.0%	372 52.4%	479 67.5%	73 10.3%	150 21.1%	95 13.4%	54 7.6%	56 7.9%	61 8.6%	178 25.1%	15 2.1%	4 0.6%
川口市	86 100.0%	45 52.3%	60 69.8%	13 15.1%	17 19.8%	12 14.0%	6 7.0%	6 7.0%	9 10.5%	25 29.1%	2 2.3%	1 1.2%
墨田区	83 100.0%	60 72.3%	45 54.2%	2 2.4%	7 8.4%	13 15.7%	7 8.4%	6 7.2%	4 4.8%	13 15.7%	4 4.8%	1 1.2%
大田区	159 100.0%	72 45.3%	113 71.1%	18 11.3%	49 30.8%	23 14.5%	13 8.2%	15 9.4%	8 5.0%	44 27.7%	2 1.3%	—
岡谷市	64 100.0%	38 59.4%	41 64.1%	16 25.0%	20 31.3%	9 14.1%	4 6.3%	1 1.6%	3 4.7%	12 18.8%	2 3.1%	
東大阪市	171 100.0%	77 45.0%	121 70.8%	13 7.6%	35 20.5%	20 11.7%	7 4.1%	11 6.4%	26 15.2%	38 22.2%	2 1.2%	2 1.2%
尼崎市	93 100.0%	50 53.8%	62 66.7%	7 7.5%	15 16.1%	7 7.5%	16 17.2%	13 14.0%	7 7.5%	36 38.7%	1 1.1%	—

（出所）東大阪市・中小企業都市連絡協議会（2009）。

表2-3 操業環境への問題認識

	調査数	既に問題が生じて移転あるいは一部廃業した	既に問題が生じて困っている	今後の不安が大きい	少し不安である	小計	問題や不安はない	その他	不明・無回答
合 計	1094 100.0%	25 2.3%	67 6.1%	240 21.9%	261 23.9%	593 54.2%	375 34.3%	7 0.6%	119 10.9%
川口市	129 100.0%	6 4.7%	8 6.2%	37 28.7%	31 24.0%	82 63.6%	31 24.0%	— —	16 12.4%
墨田区	135 100.0%	4 3.0%	4 3.0%	36 26.7%	42 31.1%	86 63.7%	32 23.7%	— —	17 12.6%
大田区	223 100.0%	7 3.1%	14 6.3%	41 18.4%	48 21.5%	110 49.3%	94 42.2%	2 0.9%	17 7.6%
岡谷市	91 100.0%	2 2.2%	7 7.7%	23 25.3%	21 23.1%	53 58.2%	28 30.8%	— —	10 11.0%
東大阪市	256 100.0%	3 1.2%	18 7.0%	50 19.5%	63 24.6%	134 52.3%	84 32.8%	4 1.6%	34 13.3%
尼崎市	156 100.0%	1 0.6%	8 5.1%	29 18.6%	32 20.5%	70 44.9%	74 47.4%	— —	12 7.7%

(出所)東大阪市・中小企業都市連絡協議会(2009)。

「メリットが幾らかある」が42.0%、であり、「メリットがある」が合計で64.9%と約3分の2を占めている(表2-1)。

次に、そのメリットの内容として、「協力会社が多い」が67.5%、「得意先が近い」が52.4%、「安心して操業できる周辺環境」が25.1%、となっているなど、集積地に立地するメリットの多様性が窺える結果となっている(表2-2)。

一方、集積の課題として、特に操業環境については、アンケート回答企業の54.2%が問題や不安の存在を示しており、それによって、事業の発展や事業継続が大きく制約される可能性が考えられる(表2-3)。また、操業環境を保全するために企業が期待する施策として、「防音・防臭・振動対策への助成」が18.2%、「工場を建設(建て替え)する際の規制緩和」が16.1%、「工場が立地(建て替え)しやすくするための補助金等の交付」が14.8%、「工場集積地区で

第2章 産業集積とは

表2-4 今後の企業展開と操業環境保全への必要施策 （複数回答）

	調査数	工場集積地区での住宅建設の禁止	住宅建設の制約	工場集積地区での新たな	工場が立地する際の補助金等の交付	工場を建設（建て替え）しやすくするための規制緩和	不安のない操業空間（ミニ工場団地等）の整備	防音・防臭・振動対策への助成	工業地域のPR強化	その他	不明・無回答
合　計	1094 100.0%	97 8.9%	145 13.3%	162 14.8%	176 16.1%	109 10.0%	199 18.2%	75 6.9%	24 2.2%	546 49.9%
現事業の規模拡大	122 100.0%	13 10.7%	26 21.3%	19 15.6%	29 23.8%	15 12.3%	21 17.2%	13 10.7%	2 1.6%	54 44.3%
現事業の規模縮小	77 100.0%	7 9.1%	7 9.1%	10 13.0%	13 16.9%	8 10.4%	15 19.5%	4 5.2%	5 6.5%	35 45.5%
現状維持	521 100.0%	38 7.3%	60 11.5%	78 15.0%	80 15.4%	43 8.3%	105 20.2%	31 6.0%	6 1.2%	268 51.4%
事業の多角化	114 100.0%	10 8.8%	24 21.1%	26 22.8%	27 23.7%	19 16.7%	25 21.9%	9 7.9%	1 0.9%	48 42.1%
業種転換	12 100.0%	2 16.7%	2 16.7%	3 25.0%	2 16.7%	1 8.3%	1 8.3%	1 8.3%	— —	5 41.7%
廃　業	32 100.0%	1 3.1%	2 6.3%	— —	2 6.3%	2 6.3%	2 6.3%	2 6.3%	1 3.1%	22 68.8%
事業譲渡	4 100.0%	— —	— —	— —	1 25.0%	1 25.0%	— —	— —	1 25.0%	1 25.0%
わからない	63 100.0%	7 11.1%	5 7.9%	7 11.1%	3 4.8%	4 6.3%	9 14.3%	3 4.8%	3 4.8%	34 54.0%
その他	23 100.0%	1 4.3%	3 13.0%	4 17.4%	2 8.7%	1 4.3%	1 4.3%	1 4.3%	1 4.3%	15 65.2%
不明・無回答	126 100.0%	18 14.3%	16 12.7%	15 11.9%	18 14.3%	15 11.9%	19 15.1%	11 8.7%	4 3.2%	64 50.8%

（出所）東大阪市・中小企業都市連絡協議会（2009）。

図2-1 Re: getA (リゲッタ) シリーズの商品

の新たな住宅建設の制約」が13.3％, となるなど, 企業活動の今後の展開状況を想定した企業側の要望として, 様々な施策への期待が窺える (表2-4)。

(3) 産業集積を活用したものづくり：㈲シューズ・ミニッシュ

㈲シューズ・ミニッシュ (以下, ミニッシュ) は, 大阪市生野区に立地する「リゲッタ」ブランドを手がける靴メーカーである。タカモトゴム工業所として家内工業的に靴メーカーの下請業務をこなしてきたものの, 元請から契約を打ち切られて仕事がゼロになったことを機に, 2001年靴メーカーとして新たな一歩を踏み出した。2005年には「Re: getA (リゲッタ)」(図2-1) という自社ブランドを立ち上げ, 2006年有限会社に法人化し, 現在では積極的な海外展開も図るなど, 靴メーカーとして躍進を遂げている会社である (平均年商約20億円, 従業員数約110名, 平均年間生産量75万足)。ミニッシュが立地する大阪市生野区の特徴は, ものづくり事業所の多さであり, その多くが社員数20人以下の小規模事業所である (小田, 2018)。また, 「サンダルの生野」と称されるほど, 履物製造の事業所が集積している地域でもある。2014年版大阪市統計書によれば, 大阪市内のものづくり事業所数において, 生野区は1位2106事業所となっている。しかし, 1995年と比較すると2432事業所が減少しており, 生野区においても産業集積の縮小が始まっている。

このように生野区においても産業集積の縮小が始まっているにもかかわらず, 生野区という地域にこだわりをもちつつ, この集積を活かしたものづくりに取り組んでいるのが, ミニッシュにおける靴製造の特徴である。ミニッシュ本社から概ね半径1.5km以内に下請先として約120の事業所 (裁断, ミシン, 貼り, 内職) が立地しており, 商品の完成に向けて様々な部品等を車で搬送している。本社と事業所間をまさに走り回って商品づくりに取り組んでいる。

一方，こうした現状から2点疑問をもったことから，インタビュー調査にて高本泰朗代表取締役に問うた。1つ目は，搬送コストである。自社工場へ各工程を集約することでコストが削減されるのではないだろうか。2つ目は，各工程を担当する下請事業所には高齢の方が多く，今後の事業継続に不安はないのかである。それに対する回答は，確かにコストはかかるが生野区の事業所の活用が第一である。また，下請の各事業所では，高齢化による廃業の危険もある。しかし，各事業所にはそれぞれの役割があり，靴製造において大切な存在である。廃業への対応策として，社としての支援，あるいは社内ベンチャーなども含め検討中とのことであった。筆者もさらなる研究に取り組んでいきたいと強く勇気づけられる事業展開である。地域の産業集積を活用したものづくりに今後も注目していきたい。

3　産業集積研究

　近年，産業集積が注目を集め，様々な分野で研究が行われるようになってきている。しかし，それぞれの研究の位置づけが必ずしも明確ではなく，産業集積をめぐる政策論議が活発になる中で，非常に複雑な状態でもあるように見える。
　そもそも，A. ウェーバーに始まる産業集積をモデル化して考察する理論的な研究の多くは「個々の企業の意思決定や行動」に焦点をあて，どのようにして産業集積を形成するに至るのかを分析していた。
　それに対して，最近の多くの実証研究は A. マーシャルの系譜に位置づけることができ，その関心は「産業集積という一種の生産システム」の優位性とは何かに向けられている。
　しかし，このように産業集積の形成メカニズムと，産業集積の維持メカニズムが別々の枠組みで論じられていては，「どのようにして新しい産業集積を生み出していくか」という政策論議と「いかにして既存の産業集積を維持・活性化するか」という政策論議がかみ合うことは不可能であろう。本節では，こうした課題を意識しながら，産業集積の形成と維持に向けた政策論議を展開していきたい。

（1）産業集積研究の潮流

　産業集積論の系譜には，A. マーシャルの流れのものと A. ウェーバーの流れのものの2つがあるとされる（松原，1999）。本節でもこの流れに沿って見ていくことにする。

　まず，A. マーシャル（マーシャル）であるが，彼は『経済学原理』の第4編，第10章において産業集積に関して論じており（Marshall, 1890），その中で「ある地域に集積された産業はふつう，たぶん正確な表現とはいえないが，地域特化産業と呼ばれている」とし，産業の地域的集中化の研究から外部経済の概念を明らかにしている。その解明しようとしている主題は，産業集積維持のメカニズムである。

　一方，A. ウェーバー（ウェーバー）は，集積によって生じる費用低減を「集積の利益」として一括することによって，集積を費用最小化の観点からモデル化することに成功している（Weber, 1909）。しかし，このモデルは一定額の「集積の利益」を所与として個別企業の立地の意思決定を考察するというものである。つまり，分析対象としているのは個々の企業であり，産業集積をシステムとして捉える視点は希薄である。

　このような研究の流れの中で，画期的な研究が Piore & Sable（1984）（ピオリとセーブル）によって示された。彼らの主題は「フォーディズムといわれる大量生産体制の相対化と超克」であり，産業集積そのものを扱ったわけではないが，そのような近代のフォーディズム体制を越えるポスト・フォーディズムの可能性としてイタリアの中小企業の生産体制に触れており，その中で，A. マーシャルの産業地域論を再評価した。さらに一経営規模の拡大も含めて集積が論じられる中で，中小企業同士のネットワークの優位性を「柔軟な専門化（フレキシブル・スペシャリゼーション）[3]」という概念で提唱した意義は大きい。これ以後，イタリアの産業集積を中心に多くの実証研究が行われている。また，Piore & Sable（1984）でも触れられているが，注目を集めている産業集積としてシリコンバレーがあり，こちらの実証研究の蓄積も多い[4]。ただ，これらの実証研究の主眼は「産業集積の競争優位性」であり，分析対象としているのは，システムとしての産業集積である。

　しかし，近年の産業集積に関するいくつかの理論を見ると，この2つの立場

第2章 産業集積とは

を統合するような流れが出てきているように思える。

クールグマン　Krugman (1991) は，現代の国際貿易をリードするのは，国という経済単位ではなく，むしろ空間的にはるかに小さなスケールの産業集積地域であるとした (山本，2005)。彼のモデルは，A. マーシャルにその源流を求めながらも，A. ウェーバー以降の立地論が課題としていた相互依存立地の問題に挑んでいるといえる。

ポーター　ポーター (1992) は，企業が競争優位を持続させる条件としての「ダイヤモンドモデル」を提示し，世界経済の中での国の競争優位は産業クラスターの形成に成功するか否かにかかっていることを主張している。Porter (1998) のクラスター理論は，集積を捉える際の視野の射程を明確な形で示しており，特に A. マーシャル，Piore & Sable (1984) の流れを汲んだ実証研究に有用な示唆を与えているといえる。また，A. ウェーバー以降の立地論にイノベーションや生産性で集積を見る視点を再導入している。

スコット　Scott (1988) の「新産業空間」理論は，A. マーシャル，Piore & Sable (1984) の流れを汲むもので，企業間関係や取引システムについて，取引コストアプローチを援用する形で展開されている (松原，1995)。これは，費用最小化等が主要な着目点であった A. ウェーバー以降の立地論と通じるものがあり注目に値する。また，中小企業の存立基盤を検討しているところが革新的である。

マークセン　Markusen (1996) は産業集積の議論の中で，①マーシャル型，②ハブ・アンド・スポーク型，③サテライト型といった3つのタイプの産業地域を示した。しかし，マークセンはスコットなどが唱える新産業空間論には懐疑的であるとされる (柳井，2005)。

ジェイコブス　Jacobs (1969) は，多様な業種に属する企業，とりわけ多くの中小企業が立地する都市の集積に着目し，業種を異にする企業の間に生じる知識のスピルオーバーの重要性を論じている。つまり，都市特有の多様な分業が枝分かれしていく形で，プロダクト・イノベーションが生み出されているという点を指摘している (細谷，2009)。

イノベーティブ・ミリュー　イノベーティブ・ミリュー論は，P. エダロや D. キーブルを中心とした「イノベーティブ・ミ

リューに関する欧州研究グループ（GREMI）」によって提唱された，イノベーション能力に優れた産業集積を生み出す地域環境・条件に関する議論である。R. カマーニによると，イノベーティブ・ミリューは，産業地域の中小企業にイノベーション能力を提供するような空間的コンテクストとして定義されている。また，ミリューは，生産システム，集団，表象，産業文化といった広範な関係性を含み込む包括的な概念であるが，その基盤は地理的近接性と社会文化的な近接性にあるとされている（立見，2007）。

フロリダ　フロリダ（2010）は，クリエイティブクラスといわれる創造的・知的職業を担う人たちが魅力ある都市に集まり，そこで創造活動を繰り返すことで地域が活性化されるとし，つまり創造性に富む地域特性こそが知識産業集積に重要であると指摘している。また，その諸要因として「3つのT」= Technology（技術・ハイテク産業），Talent（才能），Tolerance（寛容）を提示している。またフロリダは，学習地域的な考え方も提唱している（小長谷・久木元，2010）。

残された課題　しかし，Krugman（1991）のモデルは産業集積内における企業間の直接的なやり取りは扱われておらず，産業集積を1つのシステムとする視点が希薄である。また，Scott（1988）のモデルも，A. マーシャルの指摘したような産業集積維持のメカニズムの詳細までは検討していない。Porter（1998）の理論は比較的広い視野でダイナミズムを見ているといえるが，分析の際の視点を整理したという段階に止まっていると指摘される（稲水，2002）。

学習とイノベーション　近年，産業集積を把握する分析軸が，従来の生産システムを主としたものから，知識やイノベーションの役割とその創出過程を重視した，いわば学習システムの視点をもったものに変化しており（友澤，2000），1990年代に学習地域，学習経済に関する議論が多く見られるようになっている。

「学習地域」とは，知識を創出しイノベーションを起こす地域であり，実際には知識創出や新しい知識を積極的に応用していく地域，つまり"学習する地域"といえるだろう。

学習する地域の要素は，①知識，②学習，③技術革新，④ネットワーク，

⑤多様な組織・機関の存在，⑥地域空間，の6つで構成され，いわば知識，アイデアの地域への流入や学習を容易にする一連の基盤インフラであり，地域産業が今後目指すべき方向を示している（伊藤，2003）といえる。

　以上のように，多くの先行研究においても，マーシャル，ウェーバーを出発点として，多彩な研究が展開されている。(5) 特に，近年産業集積が大きく注目されるようになった背景には，グローバル化が進展し，各国が優位性を勝ち取るためにポーターの「産業クラスター」の理念を政策的にも重視したことがあるだろう。また，地域産業を考える新たなアプローチとしての「学習」にも関心を寄せる必要があるだろう。

（2）国内の産業集積研究

　産業集積地域にかかる研究は，特に1980年代に入り急増したとされる。大田区編（1986）の研究では，中小企業地域における産業集積の意味が改めて強調され，産業集積研究に重要な示唆を与えた。都市における産業集積への注目を喚起したとされる産業集積を中小企業集積から論じた代表的研究としては，関（1997），渡辺（1997；2011）などがあり，関（1997）は，産業集積分析で重視されていた技術集積の理論を，日本国内だけでなくアジアにも応用し，各地域の技術集積の比較を行い，日本の産業集積，中小企業がグローバルな経済の進展のもとで，どのようにこれから進んでいくのかを模索した。また，渡辺（1997）は，日本機械工業の社会的分業構造を専門化と規模階層から見る視角として「山脈構造型社会的分業構造」を提起するとともに，機械工業の集積地域をいくつかの地域に類型化し，その相互の関係のもとに日本機械工業は展開してきたこと，さらに国内地域間分業が東アジア地域をも含んだ広域化を進めており，個々の工業集積地域は，そうした広域的な分業関係の中に組み込まれ，位置づけられていることを示した（植田，2000）。また，上記以外にも産業集積にかかる先行研究として，加藤（1994），吉田（1996）など多くの研究がある。1990年代に入り，シリコンバレーや北イタリアの事例から，日本の産業集積地域のあり方を模索しようとする動きが現れてきた。代表的研究として，清成・橋本（1997）によるシリコンバレーの分析がある。また，伊丹・松島・橘川編著（1998）においても，北イタリア，シリコンバレー，英国の事例から産業集

積の国際比較を試みている。

　しかし，海外の研究や事例に刺激を受けた研究は，日本の産業集積に関する既存研究との対話が不十分である（長尾，2000）と指摘されており，加えて，国内の既存研究においても，調査地域固有の問題及び多様な企業家が存在していることから，産業集積地間の比較研究は見ることが少ない。

　しかしながら，日本の産業集積地域について，東大阪市・中小企業都市連絡協議会（2009）の調査をもとに筆者なりの見解を述べると，

　①先の表2-2に見たように，「協力会社が多い」（67.5％），「得意先が近い」（52.4％），「安心して操業できる周辺環境」（25.1％），などの集積メリットが代表的産業集積地域で広く認知されていることから，（港湾立地などを除くと）明らかに，ウェーバー型ではなく，取引関係の存在するマーシャル型の集積が多いと思われる。

　②また，日本の産業集積を構成するのは中小企業が大部分であることから，ピオリ＆セーブルやスコットの論じる中小企業型の産業集積メカニズムであることは間違いないが，スコットのいうところのイタリアの中小企業産業地域のような，「柔軟な専門化（フレキシブル・スペシャリゼーション）」段階が実現している事例はそう多くないのではないかと考えられる。通常の取引関係をもった中小企業の産業集積といえるだろう。

　③同じく，競争関係を含むシリコンバレー型の産業集積を念頭においたポーター型とも，典型的な旧来の都市型産業集積は，多くの場合異なるだろう。

　④ただし，近年盛んになってきた，学習地域やイノベーションの観点は，日本の産業集積の多くに当てはまる可能性があると筆者は考えており，これについては，第12章・第13章で触れる。

（3）都市型産業集積に関する地域研究

　日本の製造業の場合，これまでの経済発展の歴史の中で，概ね大企業の事業所を中心に，地域に垂直的な分業関係が形成され地域経済を支えてきたといえるだろう。しかし，国際競争の激化や不況による産業成熟化，東アジアへの生産シフトなどの諸要因により，1990年代以降，こうした分業関係は再編を余儀なくされてきた。また，バブル期以降，事業所の閉鎖や土地利用の転換が進ん

だが，特に倒産率の高い地域として東大阪市や大田区などが挙げられる。これら都市部の機械金属集積は，事業所数や製造品出荷額総額等におけるプレゼンスが小さくないだけに，その低迷が製造業全体に与える影響は大きい（中小企業総合研究機構，2003）。こうしたことから，都市部の工業集積地である東大阪市，大田区などについては，多くの先行研究が行われている。

都市型産業集積に関する先行研究は[6]，都市部における零細工場の存立に関心を寄せ，そこに積極的意義を見出した竹内（1973）や大田区工業の技術力の強さとネットワークの広域化に注目した関（1995），産業空洞化が叫ばれる中での大田区の対応に関心を寄せた渡辺（1988）など多くの先行研究があるが，近年は，経済のグローバル化等により産業集積地の衰退が顕著となり，その対応策として産業集積を活かした企業間ネットワークの研究が盛んになっている（例えば，鎌倉，2002；湖中・前田・粂野，2005など）。企業間ネットワークでは，企業相互の特徴を活かした共同研究開発，共同受注など「価値創造的機能」としての「ヨコ型の関係」を重視した取組みが展開されている。

一方で，近年企業間取引がきわめて多様な関係になってきており，単純なタテ型の構造から，タテ型とヨコ型が組み合わさり，メッシュ化した構造になっているとの指摘もあり（伊藤・土屋，2009），ヨコ型だけが産業集積地における有用な企業間ネットワークではない可能性もあると考えられる。

近年，産業集積が注目され，理論研究，実証研究が行われ，全国の産業集積地の事例が報告され，経済地理学（例えば，柳井編，2004；山本，2005など），中小企業論（例えば，植田，2000；湖中，2009など）など様々な分野からアプローチされている。

また，竹内（2007）は，今日の工業活動は，複雑な分業構造の中で，集積と分散の相互作用の結果，企業間の取引は，狭域的なリンケージによっても，広域的なリンケージによっても結びついていると整理した上で，産業集積は様々な空間的スケールを念頭においた上で論じられるべきであり，産業集積地域内部の地域的構成にも目が向けられるべきであると指摘している。さらに，工業地域の機能を規定する要素として，工場数・従業員数・出荷額・付加価値総額などの量とその構成は重要であるとし，国際的，国内的にも中心的な役割をもつ工業地域は量的な集積が必要であるとも指摘している。また，企業の選択に

より地域の期待にもかかわらず，生産縮小や撤退が起きることもあるが，そうした時に既存工業地域において管理，営業，技術開発，金融などの対面接触によって推進されている「工業地域システム」[7]の拠点化が課題であるとしている。つまり，海外生産を前提とした新しい分業システムの構築が進行しつつあるのが実態であり，国際システムの中でいかに強力な全国システム，さらに地域システムを形成していくかが，今後の大きな課題であろう。

注

(1) 中小企業白書（2006年版）では，2000年版に次いで，産業集積の類型を再整理し，①企業城下町型集積，②産地型集積，③都市型複合集積，④誘致型複合集積の4類型にまとめている。

(2) 2018年12月22日，㈲シューズ・ミニッシュへのインタビューに基づく。

(3) 「柔軟な専門化」は中小企業のネットワークのみによって達成されるわけではなく，日本の大企業と下請といった形態でも達成しうるとしている。

(4) 代表的なものとして Saxenian（1994）や清成・橋本（1997）などがある。

(5) マーシャルの産業集積にかかる議論は，大きく分けて産業集積発生の契機と集積形成の因果関係をもたらすメカニズムについて記述が行われている。産業集積の発生の契機として，マーシャルは①自然的条件（気象・土壌の性質，鉱山・採石資源へのアクセス等），②宮廷の庇護（高級な財に対する需要の創出），③支配者層による計画的な導入，等の点を指摘している。また，産業集積要因として，①技能に関する情報の自由な往来による，さらなる向上や改良の仕組みの形成，②補助事業の形成による道具や材料供給，流通の組織化，③ニッチな補助産業群に対する事業機会の提供（高度に特化した機会に対する十分な市場の形成），④特殊技能に対する持続的な市場の提供，等の点を指摘している（小林，2009）。

(6) 植田（2000）において，産業集積にかかる研究は，十数年間で急速に進展したものであり，方法論的理論的に必ずしも確立したものではないと指摘している。

(7) 竹内（2007）は，「工業地域システム論」を捉える考え方として「1990年代に海外移転が進んだ日本の工業は，2000年代を迎え，様相が異なってきている。立地費用とくに労働費用の低減のためにアジア諸国への生産の移転が進んでいた家電生産を中心とする機械工業に，生産拠点への回帰が見られるようになってきている。このような状況の変化は，それまでのコスト低減が限界に近づきつつあることを示し，また，既存技術の高度化，新技術の開発，デバイスのブラックボックス化，新素材の登場，その加工技術の開発など，アジア諸国とくに中国での量産が不可能な部分が出現しているのである。このような状況変化はどのようなメカニズムで起こりつ

つあるのだろうか。つまり工業地域が隆盛し，停滞し，活性化していく変化の過程を全体的に捉える考え方が必要となるのではないのだろうか」と指摘している。

第3章

地理的近接性と企業間取引
——自治体政策と産業集積(1)——

本章では，産業集積のメリットである地理的近接性について，尼崎市・東大阪市の製造業の企業間取引ならびに四国の紙産業の企業間取引から考察する。特に，本章では㈱帝国データバンクのデータを活用して，地域間の詳細な取引関係を明らかにする。

1 自治体政策と地理的近接性

(1) 近接性

近年，「近接性」という概念が注目されている。そうした中，産業集積研究にとって，地理的近接性の重要性，意義を検討することは出発点であるとはしながらも，地理的近接性が知識創造や知識移転のすべてを決定するわけではないと水野（2011）は指摘している。その理由として，アクター間の知識の移転や学習に関しては認知的近接性（人間の認知は環境との相互作用によって形成され，価値感等の違いが生じる）が重要であるとし，その認知的近接性は，組織における近さである組織的近接性や，制度の類似性，共通性である制度的近接性とされる。また，この組織的近接性，制度的近接性と地理的近接性は，独立した別個のものではなく，互いに関連し補完する関係にあるとしている。しかし，自治体政策における産業集積の捉え方では，自治体の行政区域が政策の範囲内であるため，地理的近接性が絶対視され，政策的投資（補助金等）と評価もその枠組みで行われる。そうしたことへの批判から，現在，政策の効率性等の観点から市町村合併や道州制等の導入が議論される傾向にある。

(2) 自治体の政策立案に対する意識

次に，工業集積研究会（2010）が実施した自治体の産業政策にかかるアン

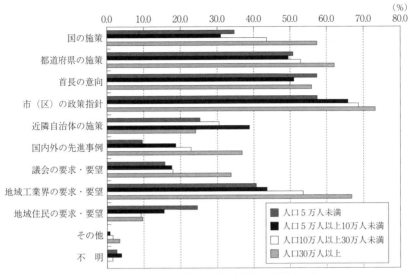

図3-1　工業振興策を考える時に意識的に参照するもの
(出所) 工業集積研究会 (2010)。

ケート結果から，政策立案に対する意識を見てみる（図3-1）。

自治体が工業振興を考える時に意識的に参照しているものについては，人口区分によるいずれの類型においても「市（区）の政策指針」の割合が6〜7割と最も高くなっている。一方，人口規模が小さい自治体ほど，「地域住民の要求・要望」及び「首長の意向」の事項について，高くなる傾向が見られる。また，中規模の自治体（人口5万人以上10万人未満自治体，人口10万人以上30万人未満自治体）では，「近隣自治体の施策」について比較的高い割合で意識されている。

(3) 産業集積地域の取引関係からの検証：尼崎市と東大阪市

本書において，これまで地方自治体の産業政策について検討してきた。では，実際に政策の対象となる企業は，どのような取引関係を結んでいるのか。西日本を代表する工業都市である兵庫県尼崎市，大阪府東大阪市を事例に，産業分類の金属製品製造業，一般機械製品製造業に関して，その取引関係を見てみる。なお本章で示した取引データは，㈱帝国データバンク COSMOS 2のデータに

基づく2012年調査結果である。

尼崎市製造業の取引関係　尼崎市に立地する製造企業の取引先数を立地場所（本社）ごとに見てみる。

金属製品製造業、一般機械製品製造業とも取引先は、ほぼ同様の傾向を示している。金属製品製造業の最大の取引関係は、東京都（35.8%）で、次に大阪市（21.7%）、神戸市（7.1%）、尼崎市（5.6%）、一般機械分野では、東京都（37.2%）、大阪市（21.3%）、尼崎市（4.6%）、神戸市（2.7%）となっている（表3-1、3-2）。この結果から、尼崎市の企業は東京に本社所在地がある企業と濃厚な取引が存在していることがわかる。

また、尼崎市と大阪市内区の取引を見ると、金属製品製造業では、①中央区、②西区、③北区、④西淀川区、次に一般機械製造業では、①中央区、②北区、③西区、④西淀川区となっている（表3-3、3-4）。ただし、本データは、工場間の取引ではなく本社間取引であるため、実際の取引の流れとは異なる場合もある。しかしながら、やはり取引における立地上の近接性の有効性は見ることができ、自治体の政策実施において地理的近接性の要素を過小評価することは避けるべきであろう。

なお、表3-1、3-2、3-5、3-6における構成比率は全国比率を示し、表3-3、3-4、3-7、3-8は大阪市内比率を示している。また、本章では、国内取引を例に検証していることから、国外取引の現状には触れない。

東大阪市製造業の取引関係　次に、東大阪市に立地する製造企業の取引先数を立地場所（本社）ごとに見てみる。その結果、尼崎市とは異なり、金属製品製造業の最大の取引関係は、大阪市（25.7%）で、次に東京都（12.9%）、東大阪市（12.7%）、八尾市（3.9%）、一般機械製品製造業では、大阪市（27.7%）、東京都（18.2%）、神戸市（4.4%）、東大阪市（4.3%）となっている（表3-5、3-6）。

また、東大阪市と大阪市内区の取引を見ると、金属製品製造業では、①東成区、②淀川区、③中央区、④西区・平野区、次に一般機械製品製造業では、①北区、②浪速区、③中央区、④東成区となっている（表3-7、3-8）。

東大阪市では、特に金属製品製造業において尼崎市に比べ市内間取引が多く見られる点や、東京都の比率が低く、大阪市を中心とする関西圏との取引が尼

表3-1 尼崎市金属製品製造業の取引先本社の立地場所

立地場所	構成比率（％）
東京都	35.8
大阪市	21.7
神戸市	7.1
尼崎市	5.6
名古屋市	2.8
西宮市	1.5
堺　市	1.4
横浜市	1.2
京都市	1.2
伊丹市	0.8
東大阪市	0.7
川崎市	0.7

表3-2 尼崎市一般機械製品製造業取引先本社の立地場所

立地場所	構成比率（％）
東京都	37.2
大阪市	21.3
尼崎市	4.6
神戸市	2.7
名古屋市	2.2
横浜市	1.7
伊丹市	1.6
堺　市	1.0
八尾市	0.9
京都市	0.7
東大阪市	0.7
姫路市	0.7

表3-3 尼崎市金属製品製造業の取引先本社の立地場所（大阪市内のみ）

立地場所	構成比率（％）
大阪市中央区	27.4
大阪市西区	20.4
大阪市北区	17.7
大阪市西淀川区	7.5
大阪市浪速区	4.8
大阪市淀川区	3.8
大阪市阿倍野区	3.2
大阪市福島区	3.2

表3-4 尼崎市一般機械製品製造業の取引先本社の立地場所（大阪市内のみ）

立地場所	構成比率（％）
大阪市中央区	29.7
大阪市北区	19.8
大阪市西区	18.0
大阪市西淀川区	6.4
大阪市浪速区	4.7
大阪市淀川区	4.1
大阪市住之江区	2.9
大阪市福島区	2.3

崎市よりも多い点などが特徴として見られる。

（4）産業集積地域における共通政策の実施

　例えば，表3-3，3-4でも企業間取引の高い割合を示している尼崎市と大阪市西区については，従前から濃厚な取引の存在が指摘されていた。この調査から，大規模工場を核とした大阪西部地域（主に，大阪市西区，西淀川区，尼崎市）の集積構造は，グローバル化が進展する中，確固たる形態を維持している

表3-5 東大阪市金属製品製造業の取引先本社の立地場所

立地場所	構成比率(%)
大阪市	25.7
東京都	12.9
東大阪市	12.7
八尾市	3.9
名古屋市	3.5
神戸市	2.7
堺市	2.4
尼崎市	1.7
京都市	1.4
横浜市	1.2
高岡市	1.2
寝屋川市	1.1

表3-6 東大阪地域一般機械製品製造業の取引先本社の立地場所

立地場所	構成比率(%)
大阪市	27.7
東京都	18.2
神戸市	4.4
東大阪市	4.3
名古屋市	2.8
堺市	2.7
八尾市	2.4
大東市	2.3
尼崎市	1.5
枚方市	1.4
京都市	1.3
姫路市	1.0

表3-7 東大阪市金属製品製造業の取引先本社の立地場所（大阪市内のみ）

立地場所	構成比率(%)
大阪市東成区	17.9
大阪市淀川区	10.6
大阪市中央区	10.1
大阪市西区	8.7
大阪市平野区	8.7
大阪市生野区	5.8
大阪市北区	5.8
大阪市旭区	4.3

表3-8 東大阪地域一般機械製品製造業の取引先本社の立地場所（大阪市内のみ）

立地場所	構成比率(%)
大阪市北区	25.4
大阪市浪速区	14.8
大阪市中央区	14.3
大阪市東成区	8.4
大阪市西区	5.7
大阪市住之江区	5.5
大阪市西淀川区	5.1
大阪市平野区	3.9

といえよう。こうした地理的に近接した企業間取引は，互いの理解を深めるとともに，相互の信頼関係を形成・向上させることで円滑な知識移転・学習をも可能にする（水野，2011）。本章の主張として，「産業集積」には地域活性化に向けた可能性があると指摘したい。

次に，こうした産業集積を活かした政策について考えたい。そもそも産業集積地域とは，どの範囲を示すのであろうか。自治体の行政圏では収まるはずはなく，広域に及ぶものであることは間違いない。ゆえに，産業集積地域の存

続・再活性化に政策的意義を認めている自治体同士が，広域連携をさらに一歩進め，お互いの政策方針に基づいた共通政策を打ち出し，それを企業の活動実態に即した産業政策を検討する際のプラットフォームとすることを検討してはどうだろうか。長期的な展望ではあるが，このことが産業集積地域としての魅力化につながるのではないのだろうか。従前から府県の境を越え，自治体職員のネットワークによる交流が活発な大阪市と尼崎市ならこうした政策調整は可能であろうし，府県の領域を超えた実質的な地域課題解決型政策の実施こそ，新たな政策づくりの環境形成にもつながると筆者は考えている。また，濃密な企業間取引も存在している東大阪市と大阪市は，隣接しかつ同じ大阪府内であり，より深いミクロな政策が構築できる環境にあろう。

こうしたことが実現できれば，大阪府及び兵庫県内の自治体との連携も広がり，東アジアの中の集積政策の重点地区として注目され，その後の発展にもつながると考えられる。

自治体間において，組織のあり方や政策形成力，財政力等相違する部分は多数ある。しかし，産業集積地域の発展という共通課題に基づく政策づくりであれば，互いに理解不能ではないはずである。尼崎市が潤えば，大阪市も潤う，あるいは，東大阪市が潤えば，大阪市，尼崎市が潤うといった地域内経済循環づくりを目指して，広くものづくりを創造する「集積地域」の発展を地方自治体の政策連携により模索することが，新たな政策課題として浮上していると捉えることも可能なのではないのだろうか。

2　紙産業の集積と企業間取引の実態

（1）四国における紙産業の分析

四国は筆者が大学教員として最初に赴任した地域であり，地場産業として紙産業が盛んである。実際に大規模な製紙事業所から和紙の製作所までいくつもの事業所を訪問させていただき，紙づくりに触れ，魅了されたことが紙産業を研究テーマの1つとした所以である。本節では，四国内の紙産業の分析から実際の企業間取引を概観し，紙産業における地域経済内循環の実態を明らかにする。

第Ⅰ部　自治体産業政策と産業集積

表3-9　四国の大分類製造業の中分類別企業数

	徳島県	香川県	愛媛県	高知県	総計	比率
飲食料品・飼料製造	220	375	373	218	1,186	21.0%
一般機械器具製造	120	219	261	120	720	12.7%
金属製品製造	56	220	132	75	483	8.5%
繊維製品製造	63	133	219	21	436	7.7%
窯業・土石製品製造	67	140	99	96	402	7.1%
その他製造	63	163	112	46	384	6.8%
出版・印刷業	64	125	124	60	373	6.6%
木材・木製品製造	110	56	107	78	351	6.2%
パルプ・紙製造	20	57	177	46	300	5.3%
家具・装備品製造	98	83	23	33	237	4.2%
電気機械器具製造	40	79	83	27	229	4.0%
輸送機械製造	23	60	86	22	191	3.4%
繊維工業	12	16	51	11	90	1.6%
化学工業	23	24	22	14	83	1.5%
鉄・非鉄金属製造	7	26	35	14	82	1.5%
皮革・同製品製造	4	44	1		49	0.9%
精密・医療機械製造	7	9	13	3	32	0.6%
ゴム製品製造	5	6	5		16	0.3%
石油石炭製品製造	2	1	6	2	11	0.2%
総計	1,004	1,836	1,929	886	5,655	100.0%

四国内製造業における紙産業の位置づけ　四国内の製造業について，㈱帝国データバンク（以下，TDB）の保有する企業データから製造業の分類を行い，四国内に立地する企業数を分析した（表3-9）。

企業分析では地域振興の観点から，3期連続で税引き後利益が0以上である企業を「元気な企業」として分析軸に設定し，TDBが保有する最新調査年から2年前までのデータを振り返り，元気な企業を抽出した（表3-10）。その結果，飲食料品・飼料製造，パルプ・紙製造，一般機械器具製造の3分類において3期連続で税引き後利益が0以上の企業数が100社を超えていることが明らかになった。特に，パルプ・紙製造ではその比率が40％を超えており，比較的元気な企業が四国に多い。

衛生用紙分野への着目　高知県内の紙産業を筆者が調査する中で，小規模ではあるが，衛生用紙分野を主業とする企業に活気がある様子が窺えた。衛生用紙とは，㈭日本環境協会によると，ティッシュペー

表 3-10　3期連続税引き後利益0以上の四国の大分類製造業の中分類別企業数

	徳島県	香川県	愛媛県	高知県	3期連続企業	比　率	総　計	0以上比率
飲食料品・飼料製造	57	80	90	29	256	22.1%	1,186	21.6%
一般機械器具製造	26	37	57	22	142	12.3%	720	19.7%
パルプ・紙製造	10	24	68	19	121	10.5%	300	40.3%
そ の 他 製 造	10	38	34	7	89	7.7%	384	23.2%
金 属 製 品 製 造	9	43	20	14	86	7.4%	483	17.8%
窯業・土石製品製造	10	24	21	17	72	6.2%	402	17.9%
繊 維 製 品 製 造	5	21	35	2	63	5.4%	436	14.4%
出 版 ・ 印 刷 業	12	22	18	7	59	5.1%	373	15.8%
電気機械器具製造	7	29	18	5	59	5.1%	229	25.8%
木 材・木 製 品 製 造	26		11	9	46	4.0%	351	13.1%
輸 送 機 械 製 造	3	9	19	3	34	2.9%	191	17.8%
化　学　工　業	10	10	10	3	33	2.9%	83	39.8%
家具・装備品製造	12	9	1	4	26	2.2%	237	11.0%
鉄・非 鉄 金 属 製 造	2	8	9	3	22	1.9%	82	26.8%
繊　維　工　業	1	4	10	3	18	1.6%	90	20.0%
精密・医療機械製造	1	4	6		11	1.0%	32	34.4%
皮革・同製品製造	1	6			7	0.6%	49	14.3%
石油石炭製品製造		1	4	1	6	0.5%	11	54.5%
ゴ ム 製 品 製 造	2	2	2		6	0.5%	16	37.5%
総　　　計	204	371	433	148	1,156	100.0%	5,655	20.4%

パー，トイレットペーパー，ちり紙，タオルなどの総称とされる。

　そこで，TDB の企業データから中分類でパルプ・紙製造業に絞り，そこからさらに「ティッシュ」，「ティシュー」，「ちり紙」，「トイレット」，「タオル」，「ナプキン」，「京花紙」，「オムツ」，「おむつ」，「カバー」，「シーツ」，「キッチン」，「おしぼり」，「エプロン」，「コースター」を取り扱う衛生用紙企業に絞り込み，全国の都道府県別の企業数，さらにその企業のうち3期連続で税引き後利益0以上の企業数を分析した。

　その結果，愛媛県は静岡県に次いで全国で2番目に衛生用紙企業数が多く，高知県は全国で8番目の企業数であることが明らかになった。さらに，3期連続税引き後利益0以上企業数では，愛媛，香川，高知県の3県すべてにおいて3期連続以上割合が全国平均を超え，四国には何かしらの衛生用紙製造に関するメリットがあることが示唆される。

　衛生用紙商品の多くは，メーカーごとの機能・品質などの差・違いが消費者

にとってわかりにくい同質財，コモディティ財(2)であり，ドラッグストアやスーパーマーケットなどで安売りの対象となる機会の多い製品であると考えられる。そのため，企業間や都道府県間で財の価格が大きく異なるとは考えづらく，差別化要素にならないと考えられる。

また，TDBのデータ分析から，四国内の3期連続売上増加衛生用紙企業もそれほど多くないことより，企業規模も差別化要素にならないと仮定する。愛媛，高知県のパルプ・紙製造業，特に衛生用紙製造業が発展し，主軸もしくは有望である理由として，主に製造コスト面において他の県よりも有利な点があるのではないかと考えられる。

コスト面で有利である理由として，主に以下の2点が考えられる。第1に，規模の経済性(3)によるコスト削減効果。第2に，産業集積など取引先の違いによるコスト削減効果などが考えられる。しかし，規模の経済性については四国内に大規模企業がそれほど多く立地していないことより棄却されよう。

以上より，四国の衛生用紙企業を調査することは，日本の衛生用紙産業を分析する上で重要であるといえるのではないのだろうか。

これまでの分析から，四国各県の製造事業所数におけるパルプ・紙製造事業所の特化係数は，高知県及び愛媛県が高い。また，両県ともに紙の公設研究機関を設置するなど地域産業政策として重点化していることから，その政策効果を検証するため，以下では両県の衛生分野企業の取引関係について分析を試みる。

なお，衛生用紙企業のデータ分析にあたり，衛生用紙をキーワードにスクリーニングしていることから，その前後で企業数の差がある。具体的には，パルプ・紙製造とは，TDBの中分類のパルプ・紙製造に分類される企業であり，衛生用紙企業とは，中分類パルプ・紙製造のうち前述の衛生用紙キーワードに適合する企業のことである。よって，企業数は，パルプ・紙製造＞衛生用紙企業，となる。

（2）高知県及び愛媛県における紙産業の集積状況

高知県のパルプ・紙製造業の集積　　高知県の市区群別に製造業を分析すると，高知県の中心部にあたる高知市・南国市に約50％が立地していた。し

表3-11 高知県のパルプ・紙製造の主業別企業数

	吾川郡	土佐市	高岡郡	高知市	南国市	須崎市	香南市	香美市	総計	比率
機械すき和紙製造	12	12	2	1					27	58.7%
塗工紙製造	2	2	2	1					7	15.2%
他のパルプ等製造	2		2			1			5	10.9%
段ボール箱製造				1	1		1	1	4	8.7%
洋紙製造		1							1	2.2%
事務用紙製品製造	1								1	2.2%
紙製衛生材料製造				1					1	2.2%
総計	17	15	6	4	1	1	1	1	46	100.0%
比率	37.0%	32.6%	13.0%	8.7%	2.2%	2.2%	2.2%	2.2%	100.0%	

かし，高知県のパルプ・紙製造については，市区群別，主業別に分析した結果，土佐市と吾川郡（主に，いの町）に約70％立地することが明らかになった（表3-11）。また，パルプ・紙製造に占める衛生用紙企業の比率は約48％であり，主軸の1つである。

愛媛県のパルプ・紙製造業の集積　愛媛県の市区群別に製造業を分析すると，瀬戸内側に位置する今治市・松山市・四国中央市・西条市・新居浜市に，県内製造業が約70％立地していた。愛媛県のパルプ・紙製造については，市区群別，主業別に分析した結果，四国中央市に約84％立地することが明らかになった（表3-12）。また，パルプ・紙製造に占める衛生用紙企業の比率は約38％であり，主軸の1つである。

（3）実際の企業間取引

では，実際の地域における企業間取引はどうなっているのか。梅村・原畑（2013）における衛生用紙企業を対象とした分析から，以下の点が明らかになった（表3-13）。

①四国の製造業では，地場産業として発展した紙産業が現在も主流であり，特に，高知県と愛媛県において基幹産業として存立している。

②衛生用紙企業の主力仕入先は，高知県の中小企業（大企業は存在しない）は東京都41％，高知県29％，愛媛県12％，愛媛県の大企業では東京都57％，大阪府14％，愛媛県14％であった。ゆえに，高知県の中小企業と愛媛県の大企業は

第Ⅰ部　自治体産業政策と産業集積

表 3 - 12　愛媛県のパルプ・紙製造の主業別企業数

	四国中央市	今治市	西条市	松山市	新居浜市	八幡浜市	喜多郡	西予市	総計	比率
他のパルプ等製造	48				2			1	51	28.8%
機械すき和紙製造	31					1			32	18.1%
日用紙製品製造	22								22	12.4%
その他の紙製品製造	15	1							16	9.0%
紙　器　製　造	4	3	1	2					10	5.6%
塗 工 紙 製 造	7	1	1						9	5.1%
段ボール箱製造	2	3	1	2		1			9	5.1%
事務用紙製品製造	7								7	4.0%
洋　紙　製　造	4								4	2.3%
紙製衛生材料製造	1		1		2				4	2.3%
板　紙　製　造	1	1	1						3	1.7%
重包装紙袋製造	2		1						3	1.7%
製紙パルプ製造	2								2	1.1%
学用紙製品製造	2								2	1.1%
溶解パルプ製造	1								1	0.6%
手すき和紙製造							1		1	0.6%
壁紙・ふすま紙製造							1		1	0.6%
総　　計	149	9	6	4	4	2	2	1	177	100.0%
比　率	84.2%	5.1%	3.4%	2.3%	2.3%	1.1%	1.1%	0.6%	100.0%	

東京都の企業とのつながりが深い。一方，愛媛県の中小企業は，愛媛県62％，東京都23％，大阪府11％と地域内発注が多い結果となった。

③衛生用紙企業の主力得意先は，愛媛県の中小企業は愛媛県40％，東京都21％，大阪府15％と地域内得意先が多いが，愛媛県の大企業の主力得意先は大阪府44％，東京都22％等と愛媛県外であり，高知県の中小企業においても主力取引先は地域外の東京都38％，大阪府20％と大都市圏を主軸にした取引関係の強さを示す結果となった。

以上の点から，愛媛県の紙産業（中小企業）は多様な集積で，地域経済内循環率が高い一方で，高知県の紙産業は，集積が薄く，得意先（販売先）も県外に多く，地域経済内循環率が低いといえるのでないのだろうか。

こうした集積分析結果について，その要因が国あるいは自治体の政策サイドにあるのか，企業の地域性，あるいは企業の経営方針にあるのか，その検証は今後の課題としたい。

表 3-13 高知県と愛媛県の衛生用紙企業の主要取引

	主力仕入先	主力得意先（販売先）	地域経済内循環率
高知県中小企業	東京都 41% 高知県 29% 愛媛県 12%	東京都 38% 大阪府 20% 高知県 8%	△
愛媛県中小企業	愛媛県 62% 東京都 23% 大阪府 11%	愛媛県 40% 東京都 21% 大阪府 15%	○
愛媛県大企業	東京都 57% 大阪府 14% 愛媛県 14%	大阪府 44% 東京都 22% 愛媛県 0%	△

（注1）％は衛生用紙企業の取引先割合（企業数ベース）。また，高知県内には衛生用紙企業の大企業はない。
（注2）主力先企業とは，TDBの調査員が企業調査を行う際，主力先であると企業側に確認した取引先企業のこと。
（出所）梅村・原畑（2013）を参照し筆者作成。

注

(1) 2008年9月9日，日本経済新聞近畿版。「パネルベイ：第3部商機をつかむ」にて，本来ならライバル関係にある大阪市・神戸市・尼崎市の企業誘致に携わる職員有志が非公式に情報交換する会合を紹介。また，筆者が2011年3月まで尼崎市職員（都市政策課長）として自治体政策の連携構築に取り組んでいた経験によるものである。
(2) 同質財とは，複数の企業の生産する財が需要者にとって同じであり，どの企業が生産したかは無関係な財のこと。コモディティ財とは，市場参入時には高付加価値をもっていた商品が，普及段階において後発品との競争の中でその機能の優位性や特異性を失い，一般消費財と同等になった財のこと。
(3) 規模の経済性とは，事業規模が大きくなればなるほど，単位当たりのコストが小さくなり，競争上有利になるという効果。

第4章

地場産業の振興
―― 自治体政策と産業集積(2)――

　本章では、地場産業の振興に着目し、高知県内に存立する手すき和紙の小規模事業所を対象に、地場産業の現状と課題を明らかにする。また、自治体産業政策としての地場産業支援の現状を理解する。

1　高知県の地場産業

（1）主力産業である紙産業

　高知では、江戸時代に入ってから土佐和紙が藩の主要な特産物として保護され、改良を重ねながら伝統ある地場産業として発展してきた。特に、土佐市、いの町などに産地が形成され、隆盛を誇っていた。その生産量は、時代の流れとともに減少してはいるが、種類の豊富さと品質の良さで人気があり、近年は工芸用紙や紙加工品などの新製品開発も進めている。さて、高知県の地場産業として、和紙から始まる紙産業と刀から始まる刃物産業が、代表的な産業として現在もその多くが小規模ながら存立している。特に、地場産業から発展した紙産業は、現在も高知県産業の中心的産業の1つである（図4-1）。高知県の紙産業には、手すき和紙と機械すき和紙がある。しかし、高知県製紙業の源流である手すき和紙を専門とする企業数は、近年減少しており、2012年6月時点の高知県工業振興課へのインタビューでは、操業している企業数は8社とのことであった。

（2）地場産業として

　長きにわたり、地域とともに歩んできた我が国の地場産業は、多くの地域で厳しい情勢にある。高知県の紙産業も同様であり、地場産業の活性化は、現下の厳しい雇用情勢を含め、地域振興・地域経営の面、またこれまで培われてきた歴史・文化の存続といった面からも、大きな課題である。地場産業の定義と

して，①人々の日常の生活圏といったレベルの空間的な範囲（地域）の中で，特定製品生産に携わる生産者が集中的に立地（産地化）していること，②それらが主として地場の中小企業によって担われていること，③そうした特定製品，特定生産者集団が地域の重要な存在となり，地域の歴史，文化に多大な影響を与えていること，とある（関・福田編，1998）。

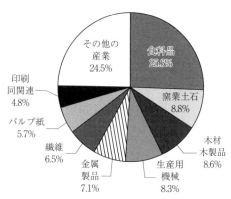

図4-1　高知県の産業分類構成比（2010年）
（出所）高知県工業統計。

　高知県の地場産業には，高知市に本社を置くコンデサ用部品製造のニッポン高度紙工業（株）（資本金22億円，従業員数［連結］532名）[(1)]など，グローバル企業として躍進している紙産業企業もある。また，高知県の紙産業は，下平尾（1996）が示す地場産業の類型化（原料立地型・資源活用型，技術立地型，市場立地型）で分けると，後述する土佐和紙の歴史から「原料立地型・資源活用型」に位置づけられよう。また，その後の技術開発が現在の紙産業を支えてきたことはいうまでもない。

　本章では，高知県の主力産業である紙産業のうち，2014年に国連教育科学文化機関（ユネスコ）から無形文化遺産として登録された「和紙　日本の手漉和紙技術」[(2)]に着目し，高知県内に存立する手すき和紙の小規模事業所を対象に，地場産業の現状と課題を明らかにするとともに，地方自治体の地場産業支援が地域経済とどの程度関与しているのか，そして自治体産業政策対象として，地場産業をいかに捉えるべきかを考察することを目的としている。なお，検討する地方自治体は，手すき和紙事業所が集積するいの町，土佐市を対象としている。

2　土佐和紙の歴史

　高知県で製作される和紙は，一般的に土佐和紙と呼ばれる。土佐和紙の歴史は古く，土佐に製紙術を伝えたのは，『土佐日記』で有名な紀貫之だといわれる。

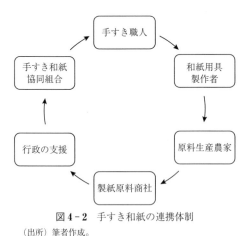

図4-2 手すき和紙の連携体制
(出所) 筆者作成。

和紙の原料は，楮（こうぞ），三椏（みつまた），雁皮（がんぴ）などで，土佐にはかつて至るところに自生していた。とりわけ現在のいの町周辺に多く，そこが土佐和紙の起源地とされる。また，原料だけでなく，近くに仁淀川が流れ，和紙の製造になくてはならない条件が揃っていたのである。

また，約800年前，鎌倉幕府の検地により，吾川郡大野郷（いの町）や中村郷（高知市春野町）から「杉原紙」を13帖差し出した記録が残っている。「杉原紙」は現在の奉書のような上等な紙のことを指し，当時，既に大変高度な製紙技術をもっていたことが窺われる。

1600年頃には，隣国である伊予国より，近代的な上質紙をすく技術が伝わったと伝えられている。藩政時代には，特別に保護された「御用紙漉」（ごようかみすき）という職があり，土佐藩で使う紙をすいていた。また，特産品として「土佐七色紙」といわれる柿色・黄・紫・桃色・萌黄（薄緑）・浅黄（薄青）・青の染め紙を幕府へ献上していたようである。徳川時代にその基礎を築いた土佐製紙業では，1860年頃いの町の吉井源太が大型のすき器を開発し，全国に普及させた。明治期に入ると土佐和紙づくりはさらに盛んになり，技術革新によってタイプライター用紙や謄写紙が海外にも輸出され，高知県は日本有数の和紙の産地となった。高知県において和紙業界が発展してきたのは，優れた用具を製作する職人，全国に誇る良質の原料を生産する農家，高度な製紙技術をもつ手すき職人などが和紙作りを支える連携体制を成立させていたからであろう（図4-2）。

また，紙に最も大切なのは「水」であり，良質の水が紙すきを発達させたといえる。特に，仁淀川流域は手すき和紙の中心地であり，流域の村々にて生産された楮，三椏は全国的に品質が高く評価されていた。しかし，地場産業であった手すき和紙の衰退が楮，三椏を栽培する農家をも減少させることになり，地域の過疎化に影響を与えることになったともいえるだろう。

表4-1　全国手すき和紙事業所数の推移

年度	1901	1914	1928	1942	1962	1976	1983	2001
数	68,562	48,960	28,566	13,463	3,748	636	479	392

(出所) 全国手すき和紙連合会 (2002) を参照し筆者作成。

3　手すき和紙と製紙原料生産事業所の現状

(1) 手すき和紙事業所の現状

全国の傾向　全国手すき和紙連合会 (2002) によると，全国の手すき和紙事業所数は，1901年に6万8562件（表4-1），売上1272万円の数字が残されている。当時の生産額を現在の価値に換算すると，約200億円以上となる。しかし，大正期から昭和期にかけて，手すき和紙の需要減少，機械すき和紙の進出・普及で手すき和紙は著しく衰退を続けた。明治期後半の1901年から昭和期初頭の1928年の事業所件数比は，41.7％となり，2001年には0.6％まで減少することになった。

また，㈶伝統的工芸品産業振興協会が全国の伝統的工芸品産地と，伝統的工芸品の生産基盤の供給先を対象に2008年度に実施した「伝統的工芸品産業調査」の結果によれば，和紙産業が抱えている問題点として，次のような指摘がされている。

まず，原材料に関する調達状況については，「問題を抱えている」という回答は37.5％であり，「問題を抱えていない」（62.5％）という回答が6割以上を占めているが，楮などの原材料の調達が難しくなっていることはインタビュー調査でも窺えた。

また，生産用具の確保の問題としては，62.5％が「問題を抱えている」と回答しており，桁など用具全般で調達が難しくなっている。その理由としては，「生産用具，用具の原材料を育成する人材の不足」（30.0％）が高く，「代替用品が進出し従来の生産用具の入手が困難」（20.0％）が続いている。

次に，産地における振興・活性化を進めていく上での問題点としては，「販路開拓が困難」との回答が最も高く（37.5％），続いて「後継者の確保が難しく人材が不足」（25.0％），「消費者ニーズを収集しての企画・開発が困難」（12.5％）

表4-2 高知県手すき和紙事業所数の推移

	1976年	1989年	1993年	1998年	2003年	2006年	2012年
大豊町	2	1	1	1	1	1	
土佐町	1						
物部村	3	3	1			1	1
南国市	2	1	1	1	1	1	
土佐市	29	26	19	18	16	13	6
伊野町	16	15	9	9	10	9	9
吾川村	2	1	1	1	1	1	1
池川町	2	1					
日高村	1	1					
葉山村	3	3	4	2	1		
窪川町	1	1					
十和村							1
梼原町						1	1
黒潮町						1	1
合計	62	53	36	33	30	28	20

(注) 町村名の変更は以下の通り(表4-3も同様)。物部村→香美市, 伊野町→いの町, 吾川村・池川町→仁淀川町, 葉山村→津野町, 十和村→四万十町。

(出所) 1976～2006年については森田(1990), 高知県工業振興課提供資料を参照。2012年は筆者調査による。

「原材料や生産用具など生産基盤の確保が困難」(12.5%)となっている[4]。

高知県の傾向 次に, 高知県における手すき和紙であるが, 全国の傾向同様に著しい減少傾向を示している。その理由は, 和紙から洋紙へと需要が移るとともに, 高知県が強みをもつ産業用和紙についても, 大量生産, 安価, 均一性が要求され, 手すきから機械すきへと主役が変化していったことにある。

一方, 高知県内の手すき和紙事業所数については, 高知県工業振興課における2007年度調査を最後に実施されていなかったことから, 筆者が当時担当する高知短期大学専攻科の社会人学生とともに, 2012年9～12月にかけてフィールド調査を行った結果, 20件を確認することができた(表4-2)[5]。現在も, 手す

表4-3 高知県製紙原料生産農家戸数の推移

	1993年		1998年		2003年		2007年	
	楮（戸）	三椏（戸）	楮（戸）	三椏（戸）	楮（戸）	三椏（戸）	楮（戸）	三椏（戸）
物部村	41	94	34	45	5	43	3	3
大川村	26	12	16	5	8		2	
大豊町	40	77	36	74	15	32	6	9
本山町	39	39	30	10	48	3	40	3
土佐町	70	25	35	9	25	3	11	3
伊野町	6	0	7		5		23	17
吾北村	130	80	130	35	37	25		
越知町	66	68	61	68	35	50		
吾川村	30	70	18	65		44	29	38
池川町	74	66	51	49	27	22		
仁淀村	152	160	100	150	30	102		
葉山村		55		52		50	50	50
東津野村	4	5						
梼原町	15	15						
合計	693	766	518	562	235	374	164	123

（出所）高知県工業振興課資料を参照し筆者作成。

き和紙は地場産業として脈々と伝わっているのである。

（2）高知県の製紙原料生産農家の現状

　手すき和紙の製造には，手すき和紙の原料を作る農家の存在が欠かせない。生産農家では，主に楮，三椏等の繊維の強い植物の皮を使用する（表4-3）。これらの原料は，高温多湿に育ち，高知県の山々の気候と風土は栽培に適し良質の原料が多く栽培されていた。

　楮は，クワ科の落葉低木で，毎年株から出る枝を切り取って皮を剥いで原料とする。特に，楮の繊維は太く長く非常に強靭で繊維が絡み合う性質があり，障子紙，かさ紙，土佐典具帖紙等が作られた。また，三椏はジンチョウゲ科の落葉低木で，繊維は細く短く光沢があり，代表的な紙として紙幣洋紙等が挙げられる。[6]

(3) 手すき和紙職人から見た現状と課題

高知県梼原町：外国人手すき和紙職人へのインタビュー　高知県梼原町(ゆすはら)にて、「かみこや」を営む手すき和紙職人のロギール・アウテンボーガルト氏(オランダ生)から和紙業界の現状と課題について伺った。[7]

かみこやは、来日して約35年となるアウテンボーガルト夫妻が2006年に開設した和紙体験民宿である。四万十川源流の町、梼原町でも最上流の集落の1つである上舞地区にある。上舞地区の戸数は全部で10戸。インタビューを行った2012年時点で住んでいるのは25人（うち子供2人）、平均年齢63才の少子高齢化が深刻な典型的な山間部である。

そうした地区にて、紙すき体験や宿泊を提供しながら、創造的な和紙を使った作品（壁紙や障子紙など）を作成している（主に受注生産）。ロギール・アウテンボーガルト氏は、オランダにてデザイン専門学校を卒業後、革表紙の本や、本の修復等を手がける小さな工房に見習いとして勤めながら、美術大学で彫刻を学んでいた。

日本に来るきっかけは、オランダにて日本のことを知り、日本の農業や自然食品にも興味をもっていたことに始まる。その後、工房の紙棚に置いてあった1枚の美しい和紙に感銘し、紙の由来を調べたいがために、日本に来ることになったそうである。

現在は、和紙とデザインが一体であるとの思いで、デザイン性の高い壁紙や灯りを主として製作している。

ロギール・アウテンボーガルト氏は、手すき和紙業界の現状について次のように語ってくれた。

「高知県内でも、手すき和紙職人の人数は非常に少なくなっている。しかしこれらの数少ない和紙職人の多くは先代から受け継いできた古くから付き合いのある取引先があり、和紙を製作して販売し生活が成り立っている。しかし、手すき和紙の需要が小さいため、新しく手すき和紙職人として生活を成り立たせていくことは、販路等の問題から非常に困難な状態となっている。例えば、習字用紙等一定の大きさが決まっているものについては、1枚当たりの重量をそろえるには10年の修業が必要とのことであり、手すき和紙の最高級ブランドである「典具帖紙」の薄い紙でさえ、現在では手すきより機械すきの方がより

薄い物を作成することができる」とのことであった。

　和紙の活用としては，障子紙，習字用紙，典具帖紙などあるが，これらは現在機械すきが主流であり，価格面等で対抗することが厳しいようである。つまり，これら既存の紙では手すき和紙としての経営は成り立たないのが現状である。

　一方，和紙づくりの伝統と面白さを伝えるため，ウェブや大阪，奈良などで個展を開き外部にその作品を発信するとともに，出張紙すきワークショップを行っている。また，東京で個展を開く傍ら，紙の原料（楮や三椏）を東京で栽培する活動なども行い，和紙を介した人の絆づくりに注力している。[8]

高知県いの町：インタビュー調査結果から　いの町産業経済課では，2012年11月にいの町在勤の手すき和紙職人（以下，職人）8名に，後継者育成の課題調査のためインタビューを実施し，以下のことが明らかになっている。[9]

①職業として成り立つのか

　成り立つと明確な答えがあった職人は3名。成り立ってはいないが，ライフスタイルとしての満足感をもっている職人が1名。相当厳しいあるいは難しいと答えた職人は2名。また，成り立ってはいないと答えた職人は1名となっている（無回答1名）。

②手すき和紙の後継者は必要か

　手すき和紙職人の厳しい現実が反映しているのだろうか，後継者は必要と答えた職人は3名。

③主な販売先

　紙問屋（県内外），手すき和紙協同組合，絵画教室，個人（版画作家など）など多様である。また，問屋を通じて文化財の修理所やヨーロッパ，北米にも輸出されている。

④手すき和紙継承のための望まれる支援策

・販路の確保，拡大[10]

・和紙の良さの理解者の育成

・小中学生が和紙に触れる体験の拡充

・高知県における手すき和紙の受注と生産の体制整備（職人それぞれの技術や紙の用途が異なっているので，まとまりに欠ける）

- 業界全体がわかり,営業できる人材確保
- 行政からの的確な支援情報,など。

⑤今後取り組みたいこと
- 和紙のブランド力をあげて,受注を増やしたい
- 複数の職人を揃えて需要のある大きな和紙を漉きたい
- デザイナーや写真家と交流し,従来型ではない新しい商品を創りたい
- 高知県の県品紹介のホームページにて,テストマーケティングしたい,など。

4　地方自治体の紙産業政策

(1) 高知県

　高知県では,高知県産業振興計画（2009年制定）に基づき,高知県産業の強みである紙産業の育成・発展に注力している。その推進機関として高知県立紙産業技術センターがあり[11],共同研究開発,技術相談・指導,依頼分析試験など技術的支援を積極的に展開している。また,企業を訪問し,ニーズの把握に努める一方,県,国等の助成制度の紹介などの情報提供や新商品開発,販売・用途等の相談にも対応している。さらに,技術者研修,研究会活動,講演会などにおいて紙産業の人材育成にも取り組んでいる（表4-4）[12]。

　また,地場産業の振興政策として,高知県の外郭団体である高知県産業振興センターにおいて,こうち産業振興基金事業の「伝統的工芸品等支援事業」（助成率3分の2,助成限度額100万円）を実施している。なお,2014年度実績として,手すき和紙関連では,高知県手すき和紙協同組合（いの町）及び㈱浜田兄弟和紙製作所（いの町）が採択されている。

(2) いの町

　いの町には,紙産業のシンボル的施設が2カ所ある。1つ目は,1985年に町立施設として建設された「土佐和紙伝統産業会館（いの町紙の博物館）」であり,館内は「土佐和紙の歴史」「原料と用具」「和紙作りの技術体験」「現代の和紙」のコンセプトで構成されている。

表4-4 高知県立紙産業技術センターの概要

目 的	高知県の重要な地場産業である製紙業の振興促進を支援するため，「地域に開かれ，高度に機能し，より親しみのある」試験研究機関として，基礎・応用・研究開発，先端技術の導入，人材育成や技術指導などを行う
具体的な取組み（2012年度）	・紙産業に関する技術課題に応え，期待される公設試験研究機関としての機能を果たす ・研究開発の実施と成果の事業化への橋渡しを支援 ・紙・不織布の評価技術と文化財修復用紙に関して，世界中から評価され，存在感のある機関を目指す ・ものづくり力育成事業などにより，新製品開発，経営・技術力強化などの課題解決を支援する ・設備，施設の利用率の向上とその環境整備
ものづくり力育成事業	①技術指導アドバイザー事業 技術指導アドバイザーを企業に派遣し，企業ニーズに基づく課題解決にあたる ②かみわざひとづくり事業 新しい商品を生み出すための試験製造プラントの導入により，大型プラント運転技術の更なる高度化を図り，個々の企業のニーズに合わせた製品開発や新規設備導入に向けた予備的な研究を行うとともに，食品材料，環境材料，医療，衛生材料等の分野別に試験製造プラントを活用したものづくり研究会を開催することにより，新製品開発力を持った企業人材を育成する ③機能紙開発体制の促進 機能紙開発技術を高めるための試験分析器を導入し，既存機器を含めた評価機器の開放により，個々の企業が原料の品質管理，他社製品機能分析等を行い，繊維の特徴を製品への差別化への応用など，幅広い市場ニーズに対応できる高機能紙の開発に向けた企業内での製品開発・品質管理体制の早期育成を目指す

（出所）高知県立紙産業技術センター。

　2つ目は，1995年に高知市から移設された高知県立紙産業技術センター（前高知県紙試験場）である。また，移設と同時に，町立土佐和紙工芸村が和紙体験実習館をメインとし開村している。和紙体験実習館では，手すき和紙の後継者づくりにも取り組んでいる。2012年6月に調査した時点では，高知県の手すき和紙職人の中に，いの町土佐和紙工芸村の後継者育成事業修了生が6人存在しており，この後継者育成事業が若者たちの伝統産業への従事を大きく後押ししているといえよう。また，後継者育成事業には受講生が4名在籍し，和紙体験実習館内にそれぞれの作業所を設けて，研鑽していた。

（3）土佐市

次に，土佐市の紙産業政策であるが，筆者の調査した印象では，いの町と比較してどちらかというと手すきではなく機械すきに移行した製紙業向けの政策展開をしている[13]。

その理由として，土佐市の製紙企業は，仁淀川の伏流水の関係で狭い範囲に工場が集中している立地関係にあることと，市内の製紙企業の多くが土佐市製紙工業協同組合に加入し，地域の紙産業振興に取り組んでいる実態があるからである。

具体的な振興政策としては，①高知県手すき和紙協同組合への補助金，②土佐市製紙工業協同組合への事業委託費，③企業立地奨励金（製紙企業だけの制度ではない）[14]である。

また，土佐市には，高知県やいの町のような紙産業に関連する施設はない。

5　政策的ポイント

これまで，高知県の地場産業である手すき和紙を事例に現状と課題，ならびに地方自治体の取組みについて考察してきた。

明確になった事実として，手すき和紙業界は大変厳しい現状であり，特に後継者の育成と生業（なりわい）としての環境整備が急がれている。一方，そうした厳しさを自覚し，地場産業の振興のために，県をあげて課題解決に取り組むとしているものの，高知県，いの町，土佐市の政策を概観するに，十分な政策が実施されているとはいえない。

まとめに代えて，高知県における手すき和紙の産業振興に向けた政策的ポイントを示したい。

現在の手すき和紙産業の課題は，①後継者問題，②販路の確保・拡大，③受注と生産体制の整備，④生業づくりにつながるものづくりのあり方，である。つまり，衰退傾向にある手すき和紙産業が「生業」となる産業として回復・成長できるかが重要であると考えられる。

第1に，手すき和紙産業の進展には，最終商品を製作する手すき和紙事業所だけでなく，和紙産業活性化の視点から原料生産農家支援も含めた総合的な産

業政策の展開が必要であろう。和紙の伝統を守ることは，他の生産物や地域を守ることにつながり，和紙の価値が変わることで，他の生産物や地域に好影響を与え，地域存続の可能性につながるのではないだろうか。

第2に，手すき和紙産業の基盤再編のための，イノベーター的リーダーの登用・育成が必要である。昨今，厳しい現状の中にも，その地域の課題からニーズと機会を見きわめ，従来にない切り口（例えば，アート系など）やローカル志向の潮流から新たなチャレンジとしてビジネスを起こす人々が多く現れている。高知県の若手手すき和紙職人においても，そうした人々が現れてきている。その時流を逃してはならないだろう。

第3に，地域の強みを活かすとともに，効果的効率的な政策づくりが自治体に求められているが，それはもはや自治体のみでは解決できるものではない。国はもとより，地域の経済団体や大学，産業支援機関，NPO等とのそれぞれの役割範囲を超えた政策的協調が求められているといえよう。

手すき和紙は，これまで伝統産業として，また，文化の担い手として重要な役割を果たしてきた。現在も書道用や表具用，美術・工芸用の紙としての用途が多く，文化財修復用紙としても国内外で高く評価されるなど，これからも日本や諸外国の美術品・文化財の保護のためになくてはならないものであることは間違いないだろう。しかし，本調査において，手すき和紙産業の振興に向けた課題はますます深まる様相を呈しているが，課題解決のために政策を実施したいが財政的・組織的に立案・実行できない自治体の苦悩も明らかとなった。

日本各地の地場産業は，本章で取り上げた高知県の手すき和紙産業と同様に，地域性による違いはあれど，その多くが厳しい状態であろう。

地場産業の存立は，その地域に暮らす人たちの就業機会の創出や雇用の確保だけでなく，生活基盤の構築と安定にもつながる，地域にとって大きな問題である。

地場産業振興には，そのための革新的な自治体政策の立案・実行が待ったなしで求められているのである。

注
(1) ニッポン高度紙工業株式会社ホームページを参照。http://www.kodoshi.co.jp/

(2018年10月3日アクセス)。
(2) ここでいう「和紙」に含まれるのは，国の重要無形文化財に指定されている島根県の石州半紙，岐阜県の本美濃紙，埼玉県の細川紙の3つであり，残念ながら高知県の土佐和紙は登録されていない。
(3) ニッポン高度紙工業㈱（1991），北村（1998）を参照。なお，高知県内の紙すき用具製作職人は，2012年での調査時点で1名であった。ゆえに，現在の紙すきの事業所は，新たな用具発注や修繕等を高知県外に依頼する場合が多い。
(4) 竹澤（2011）より抜粋。
(5) 手すき和紙の事業所調査においては，特に筆者のゼミ生であった前田桂子氏（現在：高知大学研究員）の類稀なる行動力により，事業所数の把握をすることができた。感謝申し上げたい。
(6) 全国手すき和紙連合会（1996；2002）。
(7) 2012年7月16日に実施したロギール・アウテンボーガルト氏へのインタビューに基づく。また，ロギール・アウテンボーガルト氏は，2007年高知県より土佐の「匠」に認定。2009年「グリーンツーリズム大賞優秀賞」を毎日新聞社より受賞。
(8) 『高知新聞』2012年12月11日。
(9) 2015年8月31日に実施した高知県いの町産業経済課へのインタビューに基づく。
(10) 手すき和紙の販売先は，職人がそれぞれの販売ルートをもち，顧客を維持している。一方，顧客情報を共有することは，一般的にはしないそうである（2012年6月20日に実施した高知県手すき和紙協同組合へのインタビューに基づく）。
(11) 2012年5月30日に実施した高知県立紙産業技術センターへのインタビューに基づく。高知県紙産業技術センターの前身は，1908年土佐紙業組合設立の製紙試験場であり，1932年に県へ移管され，高知県工業試験所となる。その後，1941年製紙部門が独立し，高知県紙業試験場となり，これが1995年に高知県立紙産業技術センターと改称され，現在に続いている。
(12) かつて高知県庁には「紙業課」（1948〜1981年，のちに地場産業課に改編）があり，楮や三椏の栽培指導，工場の実態調査，新市場開拓等に従事する専門部署があった。いかに，高知県では過去「紙産業」が重要な位置づけであったかがわかる。なお，公設の紙業試験場は全国に4カ所あった。静岡県製紙工業試験場（現，静岡県富士工業技術センター），岐阜県紙業試験場（現，岐阜県製品技術研究所），そして合併せず専門機関として存立しているのが，高知県立紙産業技術センター及び愛媛県紙産業技術センターである。
(13) 2015年8月31日に実施した土佐市産業経済課へのインタビューに基づく。
(14) 2015年度実績1社。
(15) ローカル志向の潮流については，松永（2015）を参照されたい。
(16) 例えば，海外有名美術館所蔵の浮世絵や書籍など所蔵品の修復などにも使用され

ており，高知県立紙産業技術センターでは，修復紙の研究も行っている（2012年5月30日に実施した高知県立紙産業技術センターへのインタビューに基づく）。

第Ⅱ部

自治体産業政策の実際

第5章
都市型産業集積の地域的特性と政策
―尼崎市を事例に―

本章では，本書の主題の1つである都市型産業集積について，尼崎市，東大阪市，大田区の比較検証を行い，都市型産業集積地域における地域的特性について考察する。また，その地域特性に即した産業政策立案の必要性について言及する。

1 尼崎市の発展過程と特徴

(1) 尼崎市産業史

尼崎市域の工業化は，1889年「左門殿川」沿岸に建設された「尼崎紡績」の創業に始まるが，それ以前には士族によるマッチ製造が営まれていた。1894年には，「神崎川」の用水と水運の便を立地要因として「真島製紙（現王子製紙）」が建設され，第1次世界大戦になると，1918年に「麒麟麦酒」尼崎工場など，生活関連の工場が立地した。また，1920～30年代初頭にかけて，火力発電所が建設され，それらを電力源として，1931年に「尼崎鉄鋼」，1940年に「三菱電機」などが立地し，地域における重化学工業化と工場の大規模化が急速に進展した。

現在もその多くの工場は，規模，事業内容等は変容しているが，尼崎市にて操業中であり，地域経済におけるイノベーションの創出の源になってきたことは確かであろう（表5-1）。

このように多くの大工場が立地した要因は，①大都市大阪との隣接性，②豊富低廉な用地・用水事業，③瀬戸内海運の利用可能性，にあるとされる。

また，この間尼崎市では，工場が増えはじめ，1936年には300人以上の大工場は25事業所を数え，工場の周囲にその下請である零細工場が群立するという構造が明確となり，尼崎の工業集積の原型が出来上がった（尼崎市，1970）。

第Ⅱ部　自治体産業政策の実際

表 5-1　尼崎市における主な工場及び産業インフラの設立

年	事 項
1881	慈恵社（マッチ工場）設立
1889	尼崎銀行開設（その後、三十四銀行に合併され、現三菱 UFJ 銀行へ）
1890	尼崎紡績（現ユニチカ）設立
1893	摂津鉄道（現阪神電鉄）設立
1894	真島製紙所（現王子製紙神崎工場）設立
1895	尼崎共立銀行開設（その後、山口銀行に合併され、現三菱 UFJ 銀行へ）
1907	旭硝子創立
1910	日本リバーブラザーズ石鹸工場操業
1916	古河電気工業大阪電池製作所設立（現古河電工）
1917	久保田鉄工所尼崎工場設立
1918	麒麟麦酒尼崎工場設立
	関西ペイント設立
1920	日本スピンドル神崎工場設立
1921	阪神電鉄東浜発電所設立
	尼崎信用組合創立（現尼崎信用金庫）
1922	森永製菓塚口工場設立
	塩野義商店杭瀬工場設立（現塩野義製薬）
1925	日本電力尼崎火力発電所設立
1929	尼崎築港株式会社設立
1931	大同製鋼設立
	関西共同火力発電所設立
1934	日亜製鋼設立
	郡是製糸塚口絹製品工場設立
1935	日本亜鉛鍍（現日新製鋼）設立
1936	山岡内燃機（現ヤンマー）設立
1937	尼崎製鉄設立（後に、神戸製鋼所）
1938	住友化工材工業尼崎工場設立（現住友ベークライト）
1940	三菱電機神戸製作所大阪工場設立
1943	神戸製鋼所尼崎工場設立
1953	積水化学工業尼崎工場設立
1963	関西電力尼崎第3発電所設立

（出所）尼崎市（1996；2007b）を参照し筆者作成。

第5章　都市型産業集積の地域的特性と政策

　第2次世界大戦では，尼崎市の工業地帯は壊滅的な被害を被ったが，戦後，奇跡的な復興を遂げ，その後の高度経済成長期において，大規模工場が発展した。また，それとともに，着目すべき点は，第1に，表5-2の通り，大阪市からの移転企業が尼崎市内で移転しながら拡張している例が多い。第2に，図5-1からもわかるように，1960～80年代にかけて，事業所が急激に増加しているが，大規模工場は減少傾向にある中，一方多くの中小企業が創業している。尼崎市内の従業者総数に変化がないことから，大規模工場から人材が創出されていることが窺われる(1)。第3に，労働力として西日本地方を中心とした集団就職等により人材が供給され，その多くが職住近接地であった尼崎市に在住し，その後独立し企業経営者となった場合，故郷に分工場を設置する事例が見られることも尼崎地域の特徴の1つであろう(2)。

　尼崎市産業の工業生産は，高度経済成長期にある1960年代前半より少しずつ製造出荷額の鈍化が始まり，1973年のオイルショック後の世界的不況の影響や産業構造上の問題などが要因となって，尼崎市の工業活動の相対的地位の低下をもたらした。全国の製造品出荷額等総額における尼崎市の順位は，1960年7位，1970年8位，1980年13位，1990年15位，2000年20位，2006年29位と次第に下降している。また，こうした製造業の停滞原因として，①主力産業である鉄鋼・金属などの基礎素材型関連事業所がオイルショック等に起因する世界的不況の影響を受けたこと，②各生産拠点が，工場の生産設備の老朽化及び敷地の狭隘さにより，企業内での位置づけにおいて主力から補助的なものへと変化したケースがあったこと，③自動車，コンピューターなどの加工組立型産業の集積が乏しく，基礎資材型産業に代わる成長業種を輩出できなかったこと，など様々な要因が複雑に作用したものと考えられる（梅村，2005b）。

　しかしながら，2004年のパナソニックプラズマディスプレイ㈱尼崎工場（以下，パナソニック尼崎工場）の進出を契機として，近隣の大阪市や堺市等の立地状況とともに，活気ある産業集積都市としてかつてないほどに様々なメディアで取り上げられたことから，その後急速に，主に大阪市からの企業立地が進み，長年の懸案事項であった尼崎市内の休眠地や遊休地は，ほぼ解消されるに至っている(3)。

　尼崎市産業の変遷過程における特徴として，当初は大規模工場が立地するが，

第Ⅱ部　自治体産業政策の実際

表5-2　尼崎市における大阪市からの進出企業の展開状況

	業　種	移転前（大阪市から）	移転後（尼崎市内へ）
1	電機機械器具製造	1946年　京都府東山区創業，のち大阪市へ移転	1971年　尼崎工場開設 2000年　本社移転 2008年　本社移転
2	プラスチック加工	1974年　大阪市西淀川区創業	2001年　本社・工場移転
3	電機機械器具製造	1934年　大阪市北区創業	1991年　工場移転 1993年　本社移転
4	容器製造	1963年　大阪市北区創業	1967年　尼崎工場開設 1971年　本社移転 2001年　本社・工場を移転
5	金属製品製造	1923年　大阪市大正区創業	1935年　本社・工場移転 1960年　本社・工場移転 1979年　工場を移転，その後本社も集約
6	金属製品製造	1953年　大阪市住吉区創業	1959年　尼崎支店開設 1969年　本社・工場移転 1977年　本社・工場移転
7	産業機械製造	1955年　大阪市北区創業	1965年　工場開設 1981年　本社・工場移転 1991年　本社・工場移転
8	金属加工	1947年　大阪市西淀川区創業	1985年　本社・工場移転
9	電子機器製造	1961年　大阪市東淀川区創業	1963年　本社・工場移転 1981年　事業所（営業）新設 1986年　研究所新設
10	印刷	1914年　大阪市北区創業	1951年　本社移転，その後工場開設 1975年　本社・工場移転
11	印刷	1957年　大阪市西淀川区創業	1967年　本社・工場移転 1986年　本社・工場移転 1996年　工場増設

（注）移転後の経過は，すべての事例において尼崎市内での移転及び増設結果を示している。
（出所）中小企業総合研究機構（2010）を一部修正して作成。[4]

第5章 都市型産業集積の地域的特性と政策

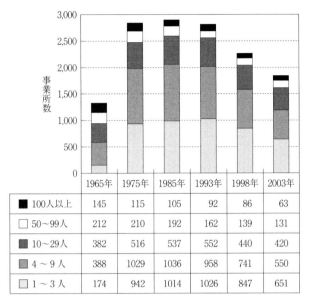

図5-1 尼崎市における従業者規模別事業所数
(出所) 尼崎市『尼崎市の工業』。

その後中小企業が立地し，ピークの年度として概ね1975〜85年に最盛期を迎えたこと，また，その後減少傾向にあるも，従業員者数10〜29人規模の企業が根強く存在していること，などの点が指摘できる。

(2) 尼崎市産業の推移

尼崎市産業の推移として，製造事業所数は2006年を底に下げ止まりの傾向が見られる。具体的には2007年の事業所数，従業員数，製造品出荷額等総額は，それぞれ1000事業所，3万9096人，1兆6496億円となっている（表5-3，図5-2）。2004年の数値を100とした場合，事業所数では全国が95.3ポイントに対し尼崎市は99.9ポイント，従業者数では全国が105ポイントに対し尼崎市は113ポイントとなっている。また製造品出荷額等総額においても，全国の118ポイントに対し尼崎市は132ポイントと大きな差をつける形になっている。製造出荷額等総額は，前述のパナソニック尼崎工場の稼動が主な要因であり，それのみをとって活性化しているとは言い切れない面はあるが，事業所数は全国的に

第Ⅱ部　自治体産業政策の実際

表5-3　尼崎市等の工業の推移

		2004年	2006年	2007年
事業所数	尼崎市	1,001	983	1,000 (99.9)
	兵庫県	11,300	10,795	10,871 (96.2)
	全　国	270,905	258,543	258,232 (95.3)
従業者数	尼崎市	34,582	35,205	39,096 (113.1)
	兵庫県	359,850	363,478	383,164 (106.5)
	全　国	8,111,614	8,225,442	8,518,545 (105.0)
製造品出荷額等総額（億円）	尼崎市	12,471	15,703	16,496 (132.3)
	兵庫県	129,452	144,549	157,846 (121.9)
	全　国	2,834,757	3,148,346	3,367,566 (118.8)

（注1）従業者数4人以上の事業所。
（注2）2007年の（　）内の数値は，2004年を100としてポイントを算出。
（出所）尼崎市『尼崎市の工業』。

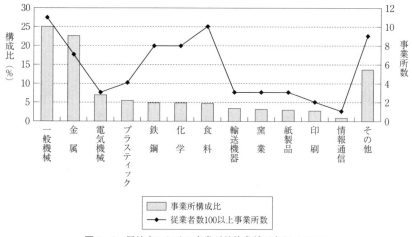

図5-2　尼崎市における事業所数等業種別内訳（2007年）
（注）従業者数4人以上の事業所対象。
（出所）尼崎市『尼崎市の工業』。

も依然として下降傾向のところ，尼崎市では増加傾向を示しはじめており，産業集積の再編が尼崎市において起こりつつあるといえるだろう（梅村，2010）。

2　主な都市型産業集積地との比較

（1）産業集積地の特徴

次に，主な都市型産業集積地の比較をする。国内における代表的な都市型産業集積地を取り上げ，尼崎市の産業構造の特徴を示したい。

既述したように，東大阪市，大田区の産業集積にかかる研究は，非常に数多くなされ，我が国における産業集積地の標準的モデルとなってきたといえる。例えば大田区は，先駆的な「産業集積地域」として研究者によって，1970年代から「技術力の高さ」が見出され，他集積の「モデル」として位置づけられてきた（大澤，2004）。

では，尼崎市の産業集積はどのように位置づけられていたのであろうか。尼崎の主な先行研究として，①幸田（1963）において，高度経済成長期を支える尼崎工業の実態が明らかにされている。②加藤・森（1986）においては，製造事業所の訪問調査から尼崎市における下請取引の関係が示されている。③増谷編（1987）は，鉄鋼業を中心に尼崎市の産業構造の発展及び衰退過程から分析し，地域課題等に言及している。このように優れた先行研究は存在しているが，東大阪市や大田区と比べ研究事例はきわめて少ない。

事業所規模　表5-4を概観すると，事業所の規模では，従業者数，出荷額ともに，尼崎市が東大阪市，大田区より大きいことがわかる。その理由としては，産業集積の歴史的過程から，我が国を代表する企業の大規模事業所が臨海部と内陸部のJR沿線に立地し，幾多の経済不況やグローバル化による事業所集約の中にあって，いまだに100人以上の従業者数を有する事業所が72カ所も存在し，それらの企業を核としながら，周辺地域も含めた下請・外注関係が相互に連関しているからであろう。

立地係数　次に，製造業における各地域の傾向を，立地係数[5]（製造品出荷額等ベース，2007年）を用いて全国的な見地から比較検討してみたい（表5-5）。

表5-4 主な都市型産業集積地の比較(2007年)

	尼崎市	東大阪市	大田区
製造事業所数	1,000	3,417	2,066
製造業従業者数	39,096	54,629	31,432
製造品出荷額等(億円)	16,497	12,538	7,829
上位5業種(事業所数割合)	① 一般機械 (24.8) ② 金属製品 (22.5) ③ 電気機械 (6.8) ④ プラスチック製品 (5.5) ⑤ 鉄鋼,化学 (5)	① 金属製品 (26.5) ② 一般機械 (18.4) ③ プラスチック製品 (11.8) ④ 印刷 (6.9) ⑤ 電気機械 (5.3)	① 一般機械 (27.5) ② 金属製品 (19.4) ③ 電気機械 (8.8) ④ プラスチック製品 (6.8) ⑤ 輸送用機械,印刷 (5.8)
上位5業種(出荷額割合)	① 鉄鋼 (18.3) ② 一般機械 (12.1) ③ 情報通信機械 (11.2) ④ 電気機械 (8.2) ⑤ 非鉄金属 (8)	① 一般機械 (16.9) ② 金属製品 (16.8) ③ プラスチック製品 (9.4) ④ 鉄鋼 (8.4) ⑤ 印刷 (7)	① 一般機械 (27.1) ② 金属製品 (10.3) ③ 電気機械 (8.6) ④ 食料品 (6.7) ⑤ 鉄鋼 (6.2)
従業員数100人以上の事業所数(%)	72 (7.2)	49 (1.4)	31 (1.5)
事業所規模(平均人数,名)	39.1	15.9	15.2
事業所規模(平均出荷額,億円)	16.49	3.66	3.78

(出所) 尼崎市,東大阪市,大田区の工業統計を参照し筆者作成。

　対象地域である3地域の製造事業所数は,一般機械器具,金属製品がともに1位,2位をしめている。

　しかし,製造品出荷額の立地係数から見ると,①尼崎市の1位は,世界に8社しかないといわれているチタン製造企業が立地していることを主因として非鉄金属であり,2位以下でも,鉄鋼,パルプ・紙などが高い数値を示していることから,素材型産業の集積特徴をもつ地域特性ともいえるだろう。②東大阪市は,家具・装備品,プラスチック製品,非鉄金属,金属製品が高い数値を示しているが,特徴としてはすべての業種(産業中分類)について立地が見られることであり,多くの先行研究(衣本,2003;湖中,2009など)においても「多様性」は指摘されているところである。③大田区は,高い技術力をも

第5章　都市型産業集積の地域的特性と政策

表5-5　主な都市型産業集積各地域における各製造業別の立地係数（2007年）

製造業	尼崎市	東大阪市	大田区
食料品	0.5	0.5	0.0
飲料・たばこ・飼料	0.0	0.1	0.1
繊維工業	0.0	0.8	0.0
衣服・その他の繊維製品	0.1	0.7	1.1
木材・木製品	0.2	0.2	0.2
家具・装備品	0.4	4.1	1.1
パルプ・紙・紙加工品	1.8	2.0	0.3
印刷・同関連産業	0.3	2.9	2.0
化学工業	0.7	0.4	0.5
石油製品・石炭製品	0.0	0.0	0.0
プラスチック製品	0.9	2.5	1.1
ゴム製品	0.1	0.8	0.6
なめし革・同製品・毛皮	0.0	2.0	0.0
窯業・土石製品	1.7	0.5	1.0
鉄鋼業	3.2	1.5	1.1
非鉄金属	3.5	2.2	1.6
金属製品	1.6	3.5	2.1
一般機械器具	1.2	1.6	2.6
電気機械器具	1.3	0.9	1.3
情報通信機械器具	2.8	0.1	1.0
電子部品・デバイス	1.2	0.1	0.8
輸送機械器具	0.2	0.4	0.2
精密機械器具	0.2	0.9	2.2
その他	0.3	1.7	1.6

（注）立地係数は，全国の製造出荷額等総額の構成割合に対するその地域の構成割合を示す。立地係数が1.0を超えるものは，特化しているものと見なせるので網掛けして示している。
（出所）尼崎市，東大阪市，大田区の工業統計を参照し筆者作成。

つ集積地として位置づけられており（関・加藤，1990；内田，2002など），一般機械器具，精密機械器具，金属製品などが中心業種となっている。内容的には，最終製品というより部品，ユニットあるいは加工といった中間財が主力であるとされている（山田，2009）。

こうしたことから，尼崎市，東大阪市，大田区の3地域を比較した結果，産業集積の性格としては，大きくいえば尼崎市は素材・加工型，東大阪市は完成品・加工型，大田区は部品・加工型といった特徴を示すことができよう。

表5-6 主な都市型産業集積地におけるネットワークに関する
アンケート結果

	尼崎市	東大阪市	大田区
協力会社が多い	66.7%	70.8%	71.1%
高い技術力のある企業が存在している	16.1%	20.5%	30.8%
技術ノウハウが共有しやすい	7.5%	11.7%	14.5%

(出所)東大阪市・中小企業都市連絡協議会(2009)。

(2) 尼崎市・東大阪市・大田区の集積ネットワーク

　尼崎市，東大阪市，大田区のネットワークに関するアンケート調査結果を表5-6に示した。これによれば，地域に協力会社が多く，技術力の高い企業が存在している地域としては，大田区，東大阪市，尼崎市の順になろう。中小企業白書(1995年版)も，ネットワーク機能がともに発展している地域として大田区と東大阪市を紹介しているが，さらにこの2地域を比較した場合には，ヨコの連携を活かしながら試作品などを受注することにより，技術力を高め，情報力を得ようとしている企業が東大阪市より大田区に多いことを指摘している。その理由として柳沼(2007)は，大田区は，汎用機械に依存しつつ特定の工程に特化した工場と，そこにいる熟練工が絶えず柔軟に連結している分業によるネットワークが存在し，機能していることにあるとする。

　東大阪市について，粂野(2003)は，大田区に見られるような「仲間取引」「横のつながり[7]」が相対的に少ないと指摘し，その理由として，独立心が強く，地場産業(例えば，鋳物，伸線，作業工具，鋲螺など)からの影響を強く受け，比較的企業間分業構造が広がらずに生産が完結してきたこと，また大田区よりも企業数の減少が少なかったことから，横のつながりを重視してこなかったのかもしれないと言及している。しかし，東大阪市でも，「ロダン21[8]」のように我が国を代表する異業種交流を出発点とした共同受注グループ化が進展しており，それは，東大阪市がもつ多様性がその可能性を開花させたと考えられ，決して地域としてのネットワークが弱いとはいえないだろう。

　一方，尼崎市は，従前から東大阪市や大田区のような企業間ネットワークが少ない点が地域産業の課題として挙げられていた。自治体の中小企業政策として，企業力向上を目的に脱下請やネットワークに特化した試作品等の共同受注グループづくりなどに注力してきた経過は見受けられるが，研究会の設立まで

第5章　都市型産業集積の地域的特性と政策

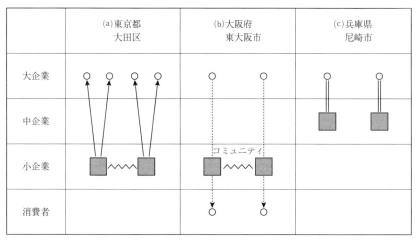

図5-3　主な都市型産業集積の構造比較

（出所）筆者作成。

たどり着いた例はいくつかある程度で，あまり効果を見ることができなかった。

こうしたことから，地域に協力会社が多く，技術力の高い企業が存在し，ヨコの連携が充実している地域としては，大田区，東大阪市，尼崎市の順になろう。しかし，技術力が高く，中小企業間連携が強いといった一般的な観点だけが産業集積地のモデルではないだろう。

全体的には，図5-3のように，(a)小企業がコミュニティをもち，高い技術力で大企業と取引する東京都大田区型のモデル，(b)大企業とのつながりが弱いため，小企業がコミュニティをもち，直接消費者と結びつく東大阪市型のモデル，(c)中企業があまりコミュニティを作らず，大企業と直接結びつく尼崎市型のモデル，という様相が観察される。

3　中核企業への調査事例

（1）中核企業の選択理由

前節において触れた，産業集積の形態を見ていくにあたり，個々の企業活動分析の視点が希薄であったことから，尼崎市の中核企業を対象にインタビューを実施した。

第Ⅱ部　自治体産業政策の実際

表5-7　尼崎市における中核企業例の概要

	Y社	N社	D社
独立年	1986年	1976年	1960年（前身企業）
創業（現会社）	1986年	1976年	1985年
資本金	1000万円	2700万円	7900万円
従業員数	約50名	約30名	約170名
主な製品	冷間鍛造金型製品及び周辺部品製造	高周波加熱コイル，焼入装置等の設計製作	・情報通信インフラ設備機器の自装から総合試験 ・電子機器および検査開発試験装置などの設計，製造
技術	鏡面仕上げ加工技術	高周波・低周波誘導加熱装置の設計製作から据付までの一貫システム	プリント基板の設計製作から試作，実装，本体組立，出荷までの実施体制
事業所	本社のみ	工場：相模原（神奈川県）	工場：丹波（兵庫県）

（出所）筆者作成。

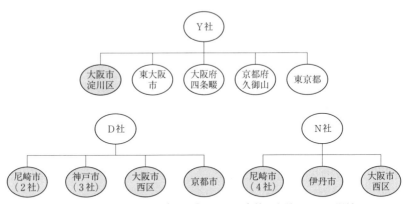

図5-4　尼崎市における事例企業（創業者）各社の取引（販売先）関係
（注）色付き円は大企業，色なし円は中小企業。また，円内の社数は取引企業の数を表している。
（出所）帝国データバンク資料を参照し筆者作成。

「中核企業」とは，磯辺（1998）において，「優れた経営者によって激動する環境に果敢に挑戦し，独自の製品や技術，あるいは優れた経営理念によって成長を続ける中堅・中小企業のこと」と定義されている。筆者も同様の観点から，特に尼崎地域に根ざし，「阪神モノづくりリーディングカンパニー100」[9]として認定された企業に対して，2007年4月～2008年11月までに計15社のインタビューを実施した。本章では，インタビューを行った15社のうち，特に尼崎市の立地性を高く評価し，地域に根ざした事業活動（地域社会貢献等も含む）を展開している以下の3社を，基礎的な資料として紹介する（表5-7，図5-4）。また，インタビューに際しては，創業の経緯，事業化の過程，現在の取引から尼崎地域の産業集積との関与を引き出すことを目的としている。

（2）Y社

創業の経緯と事業化　　Y社長は，高校卒業後，尼崎市内の大手製菓メーカーに就職し，製造部門における生産ラインのメンテナンス業務に従事し，各種の改善業務を手がける中で，いかに効率的にかつきれいに仕事ができるかを常に工夫していた。持ち前の負けん気の強さから，菓子製造現場での3年の間に，多くの経営合理化策や改善提案を行い，社長賞を数回受賞した。そうしたY社長の姿勢が高く評価され，入社4年目に包装部門に転属となり，包装機械のメンテナンスに携わり，コーティング技術を習得したことが転機となった。

その後，セラミックコーティング技術を活用して金型や刃物の長寿命化を支援する業務に関わっていきたいと考え，学生時代から起業をしたいとの強い思いをもっていたこともあり，1986年に独立し尼崎市にて創業することになった。当初は，友人と2名で開始したが，徐々に仲間を増やし4名で金型のバフ磨き（手磨きによる鏡面仕上げ加工）の仕事を手がけるようになった。創業当初は，大手金属コーティング会社の構内下請としてスタートし，磨き技術（セラミックコーティング）の腕をあげていったが，下請としての待遇（主に賃金）に不満を感じ，賃加工からの脱却を図ることになった。1988年には，第2の事業として，冷間鍛造金型用の部品製造を開始し，NC旋盤等の設備設資を進め，事業としては後発ながら丸もの（丸パンチ）の特注品を中心に，「早くてキレイに」仕上

げることを強みとして順調に業績を伸ばしたが，バブル崩壊後は受注が激減し事業の再構築を迫られた。

こうした中で，Y社の原点でもある磨きの技術にあらためて着目し，これまでの熟練工の手磨きに頼るしかなかった複雑な形状の金型等の鏡面仕上げ加工を容易に短時間で可能にする技術の開発とその装置化に着手することになった。開発には，尼崎市内で行われていたビジネス研究会に参加していた伊丹市の企業の協力とともに兵庫県の助成（兵庫県新産業プログラム助成制度）も受けて，1995年に装置を完成させ，特許も取得した。

装置の開発後2年間は，問い合わせがあった顧客の依頼に応じての賃加工や自社の仕上げ工程の使用にとどめていたが，自動車部品メーカーなどからの自社製品の評価が高まるにつれて「ぜひ装置を購入したい」との要望が強まり，装置本体と研磨剤をセットで販売することとした。

取引及び製造体制　主力製品である冷間鍛造金型部品及び周辺部品製造は，主として自動車関連企業との取引であったが，リーマン・ショック以来の世界同時不況で急減し，これを補う形で関西の製薬関連企業との取引が主流になった。その他には，自転車や医療器具などを含め新たな分野にも挑戦している。また，金型部品の顧客は，自動車メーカーであることから，トヨタ（愛知）・マツダ（広島）・ホンダ（静岡）等が立地する地域が中心である。次に，製造体制であるが，組織体制としては，金型部品関係の「ものづくり部門」に社員の約80％を配置し，設計図面の作成から粗加工→仕上げ→検査までを一貫で行っている。また，内製できない熱処理やメッキは，尼崎市内のほか大阪市，京都市等の協力会社に外注している。

その他　Y社は，Y社長がもつ独立心を社員にももってもらい，仕事へのモチベーションを高めるため，Y社以外に3つの関連会社を設立し，従業員が努力すれば社長になれるというスキームを整えている。また，社員のほとんどが中途採用であり，様々な経歴をもっているが，採用時の面接の際に志願者に確認するのは，「やる気があるかどうかだけ」であり，Y社長の経験談を交え，ものづくりの現場から「社長になるチャンスがある」ことを意識づけている。

（3）N社

創業の経緯と事業化　J社長は，当初，大阪市内の大手高周波焼入装置製造メーカーに就職していたが，当時，高周波加熱に関する装置の製造はしていても，メンテナンスの対応をしているところはほとんどなかった。

そうした折に，顧客よりメンテナンスを依頼する声が高まり，友人（4名）とスピンオフして，高周波加熱装置の保全サービスを行う会社を1976年に尼崎市に設立した。尼崎市に設立した理由として，当初は東大阪市への立地を考えたが，主な取引先の立地状況，中小企業の集積，交通の利便性等を勘案して決めたという。設立当時は，メンテナンス以外に技術アドバイスや部品交換などを行っていたが，1978年に大阪市西区にある高周波関連企業の「協力会」に参加し，協力会の得意先であるM電機（尼崎市）を足がかりとして顧客の開拓を行い，その結果メーカーからエンドユーザーまでその対象を広げ，2009年までに事業所拡張のため，計2回尼崎市内にて移転している。

取引及び製造体制　現在の顧客は，ベアリングメーカーを主力としながら，関西圏だけでなく，北陸，九州，関東など約150社の取引がある。N社の強みは，仕様決定，設計から製品の製作，システム開発，装置据付，メンテナンスまでを一貫して行うことができることである。近年，小規模企業の同分野への参入があり，コスト面では厳しい競争が出てきているが，一貫受注システムの強みを活かして顧客の確保を図る考えである。また，外注先は約15社あり，その多くが尼崎市内の企業で，プレス，機械加工，制御を主体に外注している。

その他　尼崎市内の経済団体や関西の業界団体にも加入しているが，企業間交流による外注企業としての取引はあるが，企業相互の技術力を活用するケースまではいまだ発展していない。しかし，将来的な必要性は認識している。

（4）D社

創業の経緯と事業化　D社の前身は，通信設備関連の建設工事会社として，1960年に豊中市にて設立された。当時の業務内容は，電

話線工事が主力であったものの，時代の流れに合わせて衛星通信や気象・航空レーザー，携帯電話の基地局，ETCなどの業務を手がけながら，通信・電気・情報分野に特化した技術力を高めてきた。また，設立後にレーダー分野で高い評価を得ていたM電機と取引をすることになり，その業務を一手に引き受けることができた。このことで技術力を着実に高めていき，M電機とともに会社は成長していった。

しかし，通信工事の請負だけでは顧客ニーズの対応に限界も感じていた。1980年代初頭，M電機が，移動体・携帯電話端末の開発を行っており，本格的に携帯電話事業の参入を視野に入れていた。これを契機に製造業に携わることを決め，1985年にD社を設立し，携帯電話端末機器の基板製造を手がけることになった。それ以来，D社は，工事と製造業の2本柱の体制をとっており，グループ企業計4社で構成されている。

D社では，自動装着機などの最新鋭の設備を導入した氷上工場を1989年に，尼崎工場を1994年に新設し，携帯電話のみならず電子機器，情報通信機器ならびに無線通信機器のプリント基板の実装から本体組立，検査・試験調整，出荷納品まで一括した生産対応を可能としている。顧客については，M電機も主要な取引先であるが，他の電機メーカーなどとの取引もある。ただし，近年，M電機が携帯事業から撤退したことを受けその割合は減ったものの，8割近くがM電機との取引である。一方，今までの技術力等については他の取引先からも高く評価されており，今後も新規取引先を徐々に開拓し，受注拡大を目指している。

取引及び製造体制　主要製品として，携帯電話をはじめとする情報通信機器の一貫生産，情報通信インフラ設備機器の生産，電子機器の製造・検査などを取り扱っている。業務の工程は，①プリント基板の設計・製作→②部材手配→③実装→④品質管理→⑤洗浄・加工他→⑥試験→⑦出荷となる。50社程度の取引があり，そのうちの約60％が尼崎市内の企業で，主に板金を外注している。

その他　尼崎市に移転してから現在の業態となったが，尼崎市内にある大手電機メーカーM電機が近くに存在していたことが，D社の発展につながった。また，その周辺にはM電機の一次，二次企業が集積しており，その

企業と情報交換ができたことも好影響をもたらした。M電機が新規事業として携帯電話事業をはじめたおかげで、技術力が蓄積され、その技術力により企業としてレベルアップしたことから、様々な仕事に対応できるようになり、他社からの受注につながっている。以前は、外注企業の「協力会」が存在しており、受注などでの配慮もあったが、外注企業間のコスト面での競合がますます激しさを増している。また、D社の場合、市内中小製造業の交流はなく、企業間連携による製品づくりについては、厳しい見方を示していた。

4　尼崎市の産業集積の特徴

(1) 下請取引：緩やか、かつ長期・安定的な下請取引が存在

　1992年に実施された尼崎市内事業所アンケート調査による大企業と中小企業の関係を見ると、「下請率」[11]が80％の企業が全体の約3割を占めている。尼崎における中小企業の場合、親企業から下請受注した製品・部品の生産を再下請・二次下請に回す場合がかなりの割合で含まれている（森本，1987）と推察されることから、相当の下請企業が存在することが窺える。

　また、尼崎市における事業所調査によれば、1979年調査時の「下請取引なし」の事業所割合は、36.1％であったが、1992年調査には45.5％、2002年調査では51％にまで増加していることから、自立性の高い事業活動を展開する事業所が増加しつつある一方、景気の長期低迷、経済のグローバル化の中で受託・請負業務を担う中小企業が、長期的かつ安定的な取引関係を前提に経営資源を活用しあう垂直連携ネットワークの枠組みが変化しつつある。この変化をビジネスチャンスと捉え、取引先である大企業（大規模事業所を含む）から一括受注などによりむしろ受託・請負業務を拡大しているY社のような企業や、他企業では代替しにくいコア技術などの専門性や独自性を背景に取引先である大企業を支えるD社のような「強い下請企業」[12]が存在していることは、注目される。

　尼崎市では、早くから大企業、大規模事業所によりそうした取引関係があったことは企業インタビューから明らかである。しかし、だからといって取引をめぐる企業間競争が弱いわけではなく、むしろ取引企業の選択には、オープン的であるがゆえにドライな面も垣間見える。

尼崎市の企業間取引は，加藤・森（1986）からも「多層的都市工業を基盤とした親工場を中心とする強固な組織拡大というよりは，どちらかといえば柔軟で緩やかな連携を指向するもの」と指摘されており，以前から域内外を問わず，企業を受け入れる風土が根底にあり，どちらかというと開放的で柔軟な集積地であることから，大阪市をはじめ近隣からの工場移転・その後の拡大なども可能であったのではないかと考えられよう。[13]

（2）希薄な中小企業間連携

尼崎市においては，都市型産業集積のメリットを活かし，企業間取引は活発であるが，企業間連携の関係が希薄である。その要因は，前述した長期・安定的な取引の存在にあると思われ，さらに尼崎市内の中小企業は，東大阪市や大田区で積極的に取り組まれている試作品受注などのスポット的な仕事は好まない傾向があり，企業間連携が重視されていない。一般的には企業間連携で期待されるものとして，「新製品等の開発」などがイメージされる。しかし，尼崎市産業振興協会（2001）によると，尼崎では，第1位は，「受注・販売・営業・顧客開拓活動の強化」である。また，企業間連携への参加意思は，「是非参加したい」7.5％，「参加したい」17.6％で，「あまり参加したくない」23.5％とほぼ同等になっている。

こうした企業の姿勢については，関西圏の大学・リエゾンセンター（産学連携）のコーディネーターからも，「なぜ，尼崎市の企業には東大阪市のようにガツガツとした貪欲さがないのか？」と指摘されている現状がある。[14]

また，参加したくない理由としては，企業インタビューにおいて，「企業間連携に参加する最終目的は，製品開発及び生産品の受注であり，本音として参加企業は，できるだけ利益が薄い小ロットではなく，大ロットの『帯』の仕事がしたい。だから，最初からそうした連携には力を入れないのが経営感覚としての当たり前ではないだろうか」との回答があった。

つまり，尼崎市の中小企業は，東大阪市や大田区で積極的に取り組まれている試作品受注などの「スポット的な仕事」は好まない傾向があり，企業間連携が重視されていないといえるのではないだろうか。

（3）親密な取引企業間関係

 一方，尼崎市においては，都市型集積の特徴である近隣との広域的取引は盛んであり，特に，尼崎市と大阪市の濃厚な取引関係は従前から指摘されているが，大規模工場を核とした大阪西部地域（主に大阪市西淀川区・西区・尼崎市）の集積構造は，グローバル化の中でも確固たる形態を残していることが窺われる。要因の1つとして，N社が独立後にかつての親企業の「協力会」の支援により業務安定が可能となったこと，さらにD社が親企業の「協力会」を通して技術支援，下請取引の拡張につなげてきたケースから，親企業の「協力会」が，中小企業の育成，あるいは下請企業間のネットワーク構築など，中小企業の育成に多大な貢献をしてきたことが，明らかになった。

 しかし，現在，親企業の下請取引に参加するための「協力会」においても，親企業からの支援内容に変化が起きており，かつてのように参画企業の育成やそのための技術指導を無償で行うことは少なくなってきているようである。[15]

（4）開放性と「のれん別れ的」スピンオフ

 尼崎市では，創業者が尼崎市あるいは大阪市をはじめとした近隣地域で就職し，その後，旺盛な独立心や勤務先との人間関係の問題等からスピンオフし，尼崎市内にて起業しているケースが多く見られる。

 これは，産業集積地ではよく見られることであろうが，前勤務企業からの直接的な下請を受注したり，あるいは前勤務企業時代からの取引経験を通して，新たな取引につなげている事例がY社やN社から確認できた。

 これは，いわゆる「のれん分け」ではなく「のれん別れ」的なスピンオフ形態といえる（図5-5）。この形態が多く見られる点が特徴といえ，その背後に開放的かつドライな起業構造の存在が見て取れる。

 なお，のれん別れとは，のれん分けのように，店を出させて同じ屋号を名乗ることを許されたり，あるいは独立の際に資本の援助や商品の貸与などを受けたりすることまではいかないまでも，独立した場合に，親会社の構内作業の下請企業として発注を受けたり，社員時代に培ったノウハウや得意先の情報を活かして活動することを暗黙の了解事項として許されたりするなど，独立を支援する緩やかな関係のことと定義する。

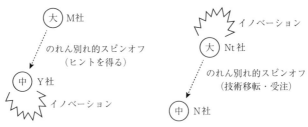

図5-5　Y社，N社のイノベーション
（出所）筆者作成．

5　地域特性と政策

（1）分析結果

　これまで我が国の都市型産業集積研究では，東大阪市と大田区の事例が代表的なものと見なされ，中小企業のヨコのつながりが中心の都市型集積のモデルが多く論じられてきた。

　ところが，筆者が尼崎市を分析した結果，日本の代表的な都市型産業集積地である東大阪市，大田区と比較して，尼崎市の集積では，①企業規模はやや大きく，②中小企業間の連携が弱い反面，開放的な取引が存在し，③中小企業と大企業の結びつきが強いなど，かなり特徴が異なることがわかった。

　すなわちこれまで，産業集積論では，(a)小企業がコミュニティをもち，高い技術力で大企業と取引する大田区型のモデルや，(b)大企業とのつながりが弱いため，小企業がコミュニティをもち，直接消費者と結びつく東大阪市型のモデル，が典型例として重視されてきたが，ここで，(c)中企業があまりコミュニティを作らず，大企業と直接結びつく尼崎市型のモデル，という様相が観察される。

　3地域の比較から，1つのフレームで捉えられてきた従来の都市型産業集積の中小企業モデルをさらに細分化し，例えば東大阪市及び大田区は「内陸型中小企業連携型集積モデル」，尼崎市は「臨海部型・大企業・中小企業連携型集積モデル」のように分類することも可能なのではないだろうか。

　その結果，政策的含意として，産業集積地ごとに形成要件が相違しているこ

とがあり，集積地の活性化には，画一的な政策ではなく，地域特性に基づいた産業振興のあり方，産業政策が求められることが示唆される。

（2）地域特性を活かした政策立案

尼崎市の産業政策は，これまで産業集積を活かした地域経済の活性化を指向してきた。それは，東大阪市や大田区をモデルとした「中小企業間連携型」の産業振興政策が中心であったといえる。しかしながら，これまで明らかにしたように，東大阪市や大田区のモデルは，すべての産業集積の実態に合致しているとは限らないのである。従来，産業集積研究は，東大阪市，大田区などを典型としたステレオタイプ的産業集積地像を前提とするものが多かったが，本来，産業集積には，多様な形態がありうるはずであり，それに対する政策も多様であるべきである。本章では，尼崎市についてそれを検討し，「中企業が大企業とつながるモデル」「のれん別れ的スピンオフ」といった新しい特性を明らかにした。

本章における検証から，尼崎市がこれまでの実施してきたネットワーク化施策がなかなか成功しない理由の1つは，中小企業間連携の弱さにあることがわかる。

それでは，尼崎市のようなタイプの産業集積にふさわしい中小企業支援策とは何か。

今後は，頭脳型産業，知識型産業の時代であり，中小企業支援策においても，ノウハウの高度化やスキルアップが最も重要な点になるであろう。

その際，重要となるのは，マーシャルのいう「企業に蓄積された様々なノウハウ／技術が立地する企業間で移動するスピルオーバーによるイノベーションの可能性」や，フロリダらのいう「学習地域」的な視点であろう。公共政策として，単なる補助ではなく，知識の移転や，中小企業の高度化などの面の応援がより重要となってくると考えられる。

そこで注目できるのは，尼崎市ではかつて企業間連携の特徴として，親企業の「協力会」というものがあり，これまで中小企業の育成及びイノベーションに貢献してきたということである。こうした点を復活させて，かつてとは完全に同じ枠組みでなくとも，自治体施策として中小企業の活性化を目的に，「学

習地域理論」(Florida, 1995) に基づく企業の学習機能の維持向上のための新しい「協力会」的な組織の存続・強化への支援施策（学習政策）が有効なのではないだろうか。その際，公的機関が中小企業と大企業の間にコーディネート役で仲立ちに入り，一定のルールづくりをするなどの役割を果たす新しい枠組みを作ることも重要なのかもしれない。

　具体的には，単に「協力会」への支援に終わらず，さらなる中小企業の育成につなげるため，これまでのネットワーク化施策を活用し，企業間における秘密保持の協定づくり，大学等研究機関との連携による高度技術の取得を踏まえた，ソフトなコーディネートを基本とした施策が考えられよう。

　産業集積地は様々な形成過程により，現在の形を保っており，産業集積ごとの地域特性に基づいた産業振興のあり方，産業政策が存在すると考えている。本章において検証した尼崎市，東大阪市，大田区はともに産業集積形成の要件が相違しており，同じ政策では地域活性化につながらないことは明らかであろう。

注
(1) 尼崎市製造事業所の特徴として，比較的規模の大きい事業所が多いことは前述しているが，加藤・森 (1986) においても，10〜29人規模の事業所の動きに注視する重要性を示す一方，小零細層の事業所を中心にかなり激しい生成・消滅が繰り返されていることも指摘されている。
(2) 例えば，故郷（出身地）の雇用貢献のため，尼崎市内のM社は鹿児島県いちき串木野市，S社は，鹿児島県川内市に工場を設置している。また，尼崎市内では，現在も県人会活動が盛んであり，2世・3世世代の郷土理解の意識が醸成されていることも分工場設置の要因の1つであろう（2008年1月25日実施の尼崎各県人会連合会会長M氏［元A硝子関西工場 OB・島根県出身］へのインタビューに基づく）。
(3) 例えば，2006年より兵庫県・尼崎市の分譲工業団地である「尼崎臨海地区」20区画のうち，大阪市内からの進出企業は9社に及んでいる。また，その企業の尼崎市への主な移転理由として，取引先の近接地であったことが挙げられている（2010年3月19日，尼崎市都市整備局臨海担当へのインタビューに基づく）。
(4) 2009年度に中小企業総合研究機構の地域産業支援事業として実施された「尼崎市中小製造業の競争力強化に向けた調査研究」は，2009年3月に筆者（当時，尼崎市産業振興課長）の発案・依頼により，尼崎市との共同研究が採択されたことから，調査研究にオブザーバーとして参画した。

(5) 立地係数＝1地域における業種Aの数値が製造業計に占める割合（構成比）／全国における業種Aの数値が製造業計に占める割合（構成比）。
(6) 大澤（2003）によると，東大阪市はどちらかといえば完成品を多く含む業種において卓越性が見られると指摘している。
(7) 「ヨコ型の連携」の同義語として取り扱う。
(8) 詳しくは，ロダン21のホームページを参照。http://www.rodan21.com/ （2018年9月25日アクセス）。
(9) 兵庫県阪神南県民局，阪神地域商工会議所・商工会連絡協議会，㈿尼崎工業会で構成する「阪神モノづくりリーディングカンパニー100実行委員会」が，モノづくりの先進地域としての阪神地域のブランドイメージを形成する目的で，「阪神モノづくりリーディングカンパニー100創出事業」として，世界的な技術力を有するなどの特に優れた企業を"リーディングカンパニー"として認証したもの。
(10) 国内では自動車・医薬品関連を中心に，かつ国外では2005年に開設したタイ工場を拠点にするなど多くの販売実績がある。
(11) 下請とは，自企業より資本金又は従業者数の多い他の法人又は個人から，製品，部品等の製造又は加工を受託する形態のことをいう（中小企業庁編，2000b）。
(12) 強い下請企業とは，中小企業金融公庫総合研究所（2006）において，旧来型の下請企業と違い，取引先企業からパートナーと認識される存在価値を確立した企業のことを指すとしている。
(13) 2005年頃より，尼崎市内に山陰合同銀行や南都銀行，播州信用金庫などの地方銀行が新設され，銀行進出が活発化している。進出要因については，①尼崎市には仕事があり，地元企業の支援をしたいこと，②地元企業との取引支援から新たな顧客開拓につなげたいことなどである（2007年1月19日実施のS銀行へのインタビューに基づく）。
(14) 2007年7月24日実施の関西圏にある5大学の産学連携関係のコーディネーターへのインタビューに基づく。
(15) 企業へのインタビューから，親会社の技術指導は，有償で行われることが一般的になりつつあることが明らかになった。
(16) 学習地域とは，シリコンバレーに見られるような，イノベーションと集団的学習が行われる空間であり，大量生産地域との比較を通じて，知識・アイデア・学習の流れを良くする制度やインフラの意義に特徴を見出している地域であると長山（2005）は指摘している。また，フロリダ（2010）は，創造性に富む地域特性こそが知識産業集積に重要であると指摘している。

第6章
行政経営と自治体産業政策

本章では、尼崎市を事例に、自治体産業政策の政策形成過程及び政策の位置づけについて考察する。また、具体的に尼崎市の産業政策を確認し、行政経営における自治体産業政策の潮流を理解する。

1 地方自治体と産業政策

(1) 地方自治体における産業政策の展開

日本における産業振興においては、中小企業が大きな役割を果たしている。日本における中小企業の比率は世界の中で見ても高く、企業数の約99.7％を占めている。雇用でも約70％の労働者が中小企業において従事している。また、中小企業の多くが、存立する地域に本社を置き、地域に根ざした経営を展開している。このように中小企業は、日本においては産業振興の中核的役割を担っており、また、日本経済はもちろんのこと地域経済の基盤でもあり、地域経済の発展のためにはなくてはならない存在となっている。

中小企業は、規模が小さいゆえに、大企業と比べて意思決定が早いことから、顧客ニーズの変化や多様化に迅速に対応できると評価される。しかしながら、その反面、中小企業は規模が小さいゆえに、ヒト・モノ・カネといった経営資源で大企業と比べて制約があり、迅速な意思決定とは裏腹に、経営環境の変化に対応できないといった課題もある。それゆえ、中小企業が存続していく上では、中小企業自らの自助努力はもちろんであるが、それと合わせた形で中小企業が存続可能となりうるような政策的な支援が必要となる場合がある。

日本においては、中小企業の支援施策には多様なメニューが用意されている（関，2004）。これら多様な施策の方向性を決定づけているのが「中小企業基本法」である。「中小企業基本法」は1963年に制定され、1999年に抜本的な改定

が行われたが，基本法の中には，中小企業支援施策の方向性が記載されているだけでなく，地方自治体の役割についても述べられている。1963年に制定された「中小企業基本法（旧基本法）」では，中小企業数の過多性，企業規模の過小性という画一的な中小企業像を前提とし，大企業と中小企業の格差の是正が最大の課題とされており，そうした中小企業問題を解消するための中小企業政策が方向づけられた。また第4条に地方自治体についての記述があるが，ここでは，「地方公共団体は，国の施策に準じて施策を講じるように努めなければならない」とされていた。つまり，国が策定した施策を受けて，地方自治体が中小企業支援施策を展開するという構図が一般的であった。

しかしながら，1999年に改定された「中小企業基本法（新基本法）」では，新たな中小企業政策の理念として「多様で活力ある独立した中小企業の育成・発展」を掲げ，政策の基本的課題は「中小企業の操業や経営の革新が活発化されるとともに，多様で独立した中小企業がのびのびと創造性を発揮し得るような経済システムの構築にある」とした。その上で，政策の目標として，①経営基盤の強化，②創業や経営革新に向けての中小企業者の自助努力支援，③セイフティーネットの整備，を掲げ，政策の担い手については，従来の国を中心としたものから，民間企業や自治体の役割を重視するとしている（中小企業庁編，2000a）。このように「地方公共団体は，（新基本法の）基本理念にのっとり，中小企業に関し，国との適切な役割分担を踏まえて，その地方公共団体の区域の自然的社会的諸条件に応じた施策を策定し，及び実施する責務を有する」というように変更された（中小企業基本法第6条）。これは，中小企業に対して地方自治体の果たすべき役割がより高まったことの表れである。つまり，地方自治体にも中小企業政策の「策定」から「実施」までを行う「責務」が生じ（植田，2007），全国の都道府県ならびに市町村において，独自の中小企業施策が展開されるべきであるとされたのである。その展開の1つの方向性が，各地方自治体が進めている中小企業の振興に関する基本条例の制定である。日本全国では，いくつかの都道府県，市町村で基本条例の制定の動きが進んでいる。

このような日本各地の地方自治体による当該地域の産業振興や中小企業振興のための「独自」の施策形成は，確かに地域経済や日本経済の振興にとって望ましいものである。しかしながら，中小企業基本法の改定により中小企業に対

する地方自治体の役割が再確認されたからといって，地方自治体がいかなる産業振興及び中小企業振興のための施策を形成し，いかにその役割を果たしうるのかについては，検討の余地が残されている。施策形成の展開を詳細に検討することにより，地方自治体の役割を見出していく必要があろう。そこで本章では，地方自治体における独自の産業政策及び中小企業政策，特にものづくり支援策に焦点を絞り，その役割についてケースをもとに検討していく。

　取り上げるのは，前章に引き続き，戦前・戦後と日本の経済成長を支えてきた工業都市である尼崎市である。尼崎市は，大阪市と神戸市に挟まれた阪神間の中心的な工業都市である。公害やアスベスト問題など環境問題の側面での脚光を浴びたが，一方で，独自性のある中小ものづくり企業が多く立地しているばかりでなく，2003年にはパナソニックプラズマディスプレイ株式会社の主力工場が進出するなど，工場の進出・立地が全国的に見ても活発な地域でもある。これは尼崎市独自の産業ないし中小企業政策の展開と無関係ではなかろう。本章の結論を先取りすれば，尼崎市において現在の活力がもたらされたのには，尼崎市の産業ないし中小企業政策の「役割」が果たされたことが関連していると考えられる。この「役割」は，日本各地の地方自治体の産業ないし中小企業振興の取組みにとって大いに参考になるものと期待される。

　既に述べているように，産業振興の視点から従来実施されてきた産業政策は，その効果が限定的であったことも事実である。そこで，自治体産業政策としては，比較的政策効果が表れていた尼崎市をはじめとしたものづくり都市を事例に，その限界と今後の問題点を検証する。

（2）ものづくり都市の現状

　尼崎市は，大阪と神戸の大都市圏に挟まれ，これまで鉄鋼，化学，機械金属などの基礎素材型産業を中心に，産業都市として発展してきた。しかしながら，工業化が進展するにつれて，他方では環境・公害問題が顕在化し，1960年代後半以降には，特に市民生活に与える影響が深刻な問題となった。また，市域の約6割が法律により工場などの新増設の制限区域となるなど，国の産業立地政策により，尼崎市外への工場の移転誘導が進んだ。こうした中，バブル経済による地価の高騰，土地利用の複雑化による新たな住工混在問題の発生や経済情

表6-1 尼崎市製造業の推移（全事業所）

		1995年		2000年		2005年	
事業所数	尼崎市	2,541	100.0	2,108	82.9	1,581	62.2
	兵庫県	25,374	100.0	22,761	89.7	18,337	72.2
	全国	654,436	100.0	589,713	90.1	468,621	71.6
従業者数	尼崎市	58,516	100.0	44,608	76.2	36,151	61.7
	兵庫県	481,150	100.0	419,569	87.2	374,265	77.7
	全国	10,880,240	100.0	9,700,039	89.1	8,534,938	78.4
製造品出荷額等総額（億円）	尼崎市	18,321	100.0	15,893	86.7	13,302	72.6
	兵庫県	145,267	100.0	141,828	97.6	135,645	93.3
	全国	3,094,369	100.0	3,035,824	98.1	2,979,402	96.2

（注）1995年を100.0とする。
（出所）尼崎市工業統計調査を参照し筆者作成。

勢の変化により，工場の移転・閉鎖が増加するなど産業活動の停滞を招くこととなった。尼崎市は人口では1971年の約55万人を，また製造事業所数でも1983年の2996件をそれぞれピークとし，それ以降は減少傾向を辿った。2005年の国勢調査によれば，尼崎市の人口は約46万人であり，また尼崎市における製造業の推移は，1995年と2005年の全数調査を比較すると，事業所数，従業者数及び製造品出荷額等総額において全国及び兵庫県の減少割合よりも下回るデータが見られる（表6-1）。製造事業所の低迷は，地域経済の活力の喪失につながりうることであり，「ものづくり都市」としての再生に向けた積極的な取組みが重要な都市課題となっていた。こうした課題解決のため，尼崎市においても産業活力再生のための1つの方策として，2003年から産業立地課を創設し，精力的に企業立地促進を図ることになった。

（3）予算比率と職員数

次に，産業政策を遂行するための尼崎市における商工費予算と職員数の推移を見ていくことにする。

まず，商工費予算について2008年度予算で見てみると，一般会計総予算額の約1834億円に対し約33億円となっており，その比率は1.8％である。職員定数の削減などによって人件費は減少しているものの，生活保護費などの扶助費は増加しており，義務的経費（必ず支出しなければならない経費）が依然として高

第Ⅱ部　自治体産業政策の実際

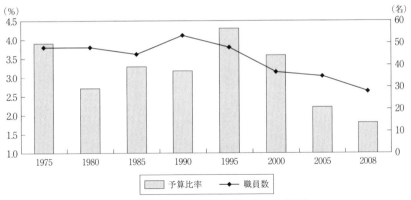

図 6-1　尼崎市産業部門の予算比率及び職員数
(出所) 尼崎市『予算説明書』,尼崎市議会『常任委員会資料・主要事務事業』,尼崎市『尼崎市統計書』の各年度版を参照し筆者作成。

い水準にあることから,1995年度（一般会計総予算額に占める商工費予算の割合は4.3%）頃より事業経費である商工費予算の占める予算比率が減少傾向にある。また,職員数についても,1975年度に約50名を数えたが,厳しい財政事情や市民サービスの見直しなどの行財政改革の取組みにより,2008年度には約30名まで削減され,バブル期の1990年頃にはものづくりの拠点整備などがあったことから一時的に職員が増員されたが,その後は職員数の全体減少に伴い,減少傾向にある。以上を図示したものが,図6-1である。

また,職員数に連動し組織も改変され,商工費を所管する担当課は1992年度には5つ（産業労働局総務課,産業振興課,商業課,工業課,リサーチ・コア担当）あったが,2008年度では3つ（産業経済局総務課,産業振興課,産業立地課）に整理されている。

（4）東京都墨田区と尼崎市の産業政策の対比

次に,全国の自治体の中でも,産業政策の草分け的存在といわれる東京都墨田区と尼崎市の産業政策をものづくり支援施策に絞って対比を試みてみるが,その前に墨田区が草分け的存在といわれる所以を説明する。

墨田区では,1977年に墨田区内全事業所を対象とした「墨田区製造業実態調査」を約200名の係長で実施し,この実態調査により,産業振興が区にとって

重要なものであるという認識をもったとされる。そして、その成果を基に1979年「中小企業振興基本条例」が制定された。この条例の特徴として、第1に、まちづくりの中に産業振興が位置づけられていること、第2に、中小企業の振興策を国に任せきりにするのではなく、区が企業、区民とともに推進するとしていることが挙げられる。

この条例を受けて、研究者や専門家を交えた「墨田区中小企業振興対策調査委員会」が設置され、具体的な振興策の内容と体制づくりが検討され、墨田区に対し提言が行われた。そして、その提言を実現し具体化する審議会として、1980年に「墨田区産業振興会議」が設置され、墨田区独自の産業政策が強化されることになった（吉田、1996）。また、墨田区中小企業振興基本条例と墨田区産業振興会議は後述する大田区産業のまち条例と八尾市産業振興会議のモデルとなったとされている。

では、その墨田区と同時期から産業を市政の重点課題として取り組んできた尼崎市の産業施策を比較検討してみることにする。

そこで、表6-2のように施策を概ね5つ（産業立地支援・技術支援・経営支援・人材育成支援・活性化支援）に分けて比較してみたが、2つの自治体の施策には、さほど大きな差はないだろう。しかしながら、墨田区と尼崎市では大きく違うことがある。それは、墨田区が早くから産業、中小企業の振興をまちづくりの基本に据え、まちづくりと一体化した産業政策に取り組んできたことである。代表的な施策として、1984年から取り組まれている「3M運動」が挙げられる。

3M運動とは、墨田区の産業と文化の評価を高め、伝統と優秀な技術力を知ってもらい、製品の良さをアピールするものである。各々の事業としては、①「小さな博物館（museum）運動」：墨田区を象徴する産業と文化にかかわる「もの」のコレクションを、工場、作業場、民家の一部に展示し、区内産業のPRに役立てる、②「マイスター（meister）運動」：墨田区の産業を支えて、付加価値の高い製品づくりの技術を体得した技術者をマイスターに認定し、その技術の公開・継承を図り、技術の育成に取り組む、③「工房ショップ創出支援（model shop）」：墨田区の提唱してきた「工房文化都市」や「ファッションタウンすみだ」を実現するため、区内の製造業者を対象に、製造と販売を一体化さ

表6-2 東京都墨田区と尼崎市の2002年度産業政策の比較

	東京都墨田区	尼 崎 市
産業立地支援	・工場建替え用貸工場事業 ・工房サテライト（工場アパート）事業	・リサーチコア整備事業 ・業務系機能等立地促進検討事業 ・都市型産業等立地促進事業 ・尼崎コスモ工業団地管理事業
技術支援	・新技術開発共同研究事業 ・CAD技術支援事業 ・新技術開発共同研究事業 ・技術・製品開発推進事業 ・商品企画開発支援事業	・ものづくり試作開発支援事業 ・ものづくり体験教室運営事業 ・中小企業共同研究開発助成事業 ・中小企業技術開発支援システム運営事業（テクノサポート） ・産官学連携新産業創造事業
経営支援	・インキュベーションオフィス創造的事業活動立地・交流促進事業 ・工業振興スクール事業 ・IT活用セミナー事業 ・新入社員研修セミナー事業 ・異業種交流の促進事業 ・共同受注グループ支援事業 ・区内生産品等販路拡張補助事業 ・アドバイザー派遣事業 ・ビジネスジョイント事業 ・ベンチャーサテライトオフィス事業 ・国際規格取得支援事業 ・インターネット・電子メールによる情報提供 ・空き工場・店舗・企業向けオフィス情報の提供 ・産業団体名簿の発行 ・すみだ企業ガイドの作成 ・区内景況情報の提供 ・産業情報の提供 ・優秀製品ウインドーの設置 ・区内生産品展示コーナーの設置	・インキュベーションマネージメント機能促進事業 ・産業情報データバンク事業 ・ベンチャー育成支援事業 ・海外ビジネス交流支援事業 ・地域産業実態調査事業 ・事業所景況等調査事業 ・産業レーダー発行事業 ・共同受注組織化支援事業 ・国際標準化機構規格認証取得支援事業 ・eコマース支援事業 ・事業者とのネットワーク事業
人材育成支援	・産業イメージアップ運動事業（3M運動・イチから始める運動・すみだ子供IC教室・次世代への技術・技能継承事業） ・優良工場推進運動（フレッシュゆめ工場） ・中小企業等永年勤続優良従業員表彰 ・産業優秀技能者表彰 ・伝統的手工芸技術保持者表彰	・ものづくり基盤技術人材育成事業 ・ものづくり達人顕彰事業 ・IT人材育成事業 ・産業功労者等表彰事業 ・技能フェスティバル開催事業
活性化支援	・産業振興会議の開催 ・工業振興マスタープランの策定 ・フォーラムの開催 ・業種別懇談会開催事業	・中小企業都市サミット開催事業

（出所）尼崎市産業経済局（2002），墨田区地域振興部（2002）を参照し筆者作成。

せた工房ショップの創出支援を図る，といった内容である（墨田区地域振興部，2002）。

この3M運動の成果を踏まえて，「メイド・イン・すみだ」という地域ブランドの確立を目指した事業として1992年から「イチから始める運動」が展開された。また，工場のイメージを変えることと，まちのイメージチェンジを一体化させた「フレッシュ夢工場」づくり運動が1991年から始まり，現在も「優良工場推進運動」として継続されている。

このように，墨田区で展開してきた産業政策は，1987年に発表された墨田区版の産業白書「イーストサイド」で示された基本理念である「工房文化都市」を目指したまちづくり事業と一体化した形で，地域内にこれまで形成・継承されてきた「ものづくり力」の認知と向上に取り組んできた（吉田，1996）。

しかしながら，充実した施策を展開する墨田区においても，事業所数や製造品出荷額等総額の減少は止まらないのが現状であり，これまでとは異なった産業政策が待望されている。

2 産業政策の体系的展開と総合計画

（1）産業政策の展開：1945～71年

尼崎市は，古くより商工業の立地条件に恵まれ，戦前より日本有数の工業都市として発展し，日本経済を支えてきた。尼崎の工業は，機械，金属，化学，紡績など多彩な業種にわたるとともに，大企業による多くの工場が存立しており，大企業に並存した形の中小企業が数多く存在していた。1950年の尼崎市産業要覧によれば，尼崎市に存在する工場数は741であり，そのうち従業員10人未満の事業所が391となっており，占める割合は52.7％であった（尼崎市，1950）。また，多くの機械器具の工場は，大部分が大阪に親工場をもつ大企業の下請工場であった。そうしたことから，商工業の振興を図る産業政策も，中小企業に対する保護や助成施策が中心とならねばならなかった（尼崎市議会事務局，1971）。

金融対策　戦後の中小企業対策は，金融問題に集中されたといっても過言ではないだろう。尼崎市では，中小企業金融対策の基本方針として，

市中銀行の融資促進，これに伴う信用保証などの金融支援体制の強化拡充，ならびに中小企業の専門金融機関（現在の株式会社商工組合中央金庫，株式会社日本政策金融公庫［旧国民金融公庫及び旧中小企業金融公庫］）からの資金導入対策などを推進してきた。そして，朝鮮戦争に伴う特需が終息したのち，尼崎市の経済は低迷していたことから，1952年度施政方針において「都市の商工政策はややもすれば姑息にして散発的なものとなり，実効を伴いがたい傾向があり，本市もまた在来はこの類でありましたが，明年度はそれら散発的な施策を整理し，重点を中小企業者に対する金融対策におくことに致しました」と表明した（尼崎市議会事務局，1971）。この時期より，尼崎市においての産業政策の基本は金融対策に重点が置かれ，今も「中小企業融資斡旋制度」として，産業政策の基本施策である。

工場誘致条例　戦後の尼崎市は，1950年の朝鮮戦争に伴う特需により，再び鉄鋼のまちとして再生された。しかし，この特需も長くは続かず，翌年の1951年には鉄鋼業の第一次合理化計画が進められ，電力供給不足といった諸要因も加わり，1952年には不況の波が押し寄せてきた。こうした特需の反動を受けた自治体の財政は，逼迫した状態となった。このため，地域に新しい雇用を創り，労働力人口を安定させ，人口の流出に歯止めをかけ，住民の所得と地方財政を豊かにし，行政収入の増大を図るため，多くの自治体が工場誘致に積極的に取り組むようになった（松本，1979）。尼崎市においても，工場誘致の必要性が市議会で討議され，1954年に工業都市としての尼崎市のイメージアップを期待して，尼崎市工場誘致条例（以下，工場誘致条例）の制定に踏み切った。

　工場誘致条例の目的は，「市内において，工場の新設または拡充をする者に対して必要な措置を講じ，もって工業の振興を図る」としており，概要は表6-3の通りであった。工場誘致条例施行後の1年間での適用件数は20件（新設4件，増設16件）であり，投資総額は110億円に至った。また，奨励金の支給総額は，1954年には該当工場11社（主な企業は，関西電力，神崎製紙，尼崎鉄鋼所，尼崎製鉄，三菱電機，麒麟麦酒，関西ペイントなど）に対して946万円であり，1955年度には該当工場23社（主な企業は，住友金属，日本油脂，森永製菓，グンゼ製紙，大日電線，久保田鉄工，大阪酸素，積水化学，大阪チタニウムなど）に対して995.4

第❻章　行政経営と自治体産業政策

表 6 - 3　尼崎市工場誘致条例の概要

対象基準	投資額5000万円以上，常時使用従業員200人以上の企業
奨励金交付	尼崎市は毎年度1000万円の予算を計上（奨励金は申請件数により配分）
便宜供与	道路・橋梁・運河・港湾施設の新設または改良，河川の付け替えまたは改良，土地区画整理，水道施設の新設または改良，乗合自動車路線の新設または変更

（出所）尼崎市議会事務局（1971）。

表 6 - 4　尼崎における製造業の推移（1954～1957年）

年	事業所数	従業者数	製造品出荷額等総額
1954（基準）	730（100.0％）	45,957（100.0％）	102,919（100.0％）
1955	722（98.9％）	48,334（105.2％）	111,948（108.8％）
1956	718（98.4％）	54,130（117.8％）	158,893（154.4％）
1957	963（131.9％）	62,485（136.0％）	199,096（193.4％）

（注1）1954年を100.0％として1957年までの伸び率を算出。
（注2）単位は，事業所数：件，従業者数：人，製造品出荷額等総額：百万円。
（出所）尼崎市『工業統計調査』各年度版から筆者作成。

万円であった。

　工場誘致条例は，尼崎の製造業にいかなる効果をもたらしたのであろうか。工場誘致条例が制定された1954年から，工場誘致条例に基づく奨励金が廃止された1957年までの4年間における尼崎市の製造事業所数を見ると，1954年には730社であり，その後2年間についてはあまり変化は見られなかったが，1957年には963社と急激に増加した。従業員1000人以上の大企業でも，1954年には7社，1955年と1956年には8社，1957年には12社と増加した。また，製造品出荷額等においても，1954年を100として，1957年には193.4と大きく伸びている（表 6 - 4）。この時期は，景気の上向きによって輸出が増大した時期でもあり，工場誘致条例が制定されたために製造事業所数や製造品出荷額等が増加したというその効果を断言することは困難であるという見方もある（松本，1979）[11]。踏み込んだ検討は必要であるが，工場の投資をより促進させることに対する一定の効果を全く否定することにもならず，一応の効果はあったと考えている。

　しかし，工場誘致条例による各社への奨励金は，該当工場が多くなったことから，1工場あたりの支給額が大変小額となった。具体的には，1954年に該当工場で平均87.6万円であったのが，1955年には該当工場で平均43.3万円と小額

になった。このため，尼崎市は方針を転換し，奨励制度を強化するよりは，他の産業政策を充実すべきとして，1957年に奨励金を打ち切ることにした。その後，尼崎工業経営者協会からも工場誘致条例の存続について要望がなされた結果，便宜供与のみが奨励措置として残った。しかし，1963年には企業からの便宜供与の申請もなくなってしまった。その要因は，1963年に制定された「近畿圏整備法」にあると思われる。同法の目的は，近畿圏のいわゆる都市部への人口と産業の集中を防止しようとするものである。翌年の1964年には同法に対応して工場などを制限する目的で「近畿圏の既成都市区域における工場等の制限法」が成立し，国道43号線以北に対する大工場（1000㎡以上）の進出が事実上できなくなり，既設の工場においても合理化などに基づいた設備拡張が困難な状態になった。また，当時，公害問題が顕著になってきており，これ以上大工場が建設されればますます公害がひどくなるという懸念もあった。そうしたことから工場誘致条例は存在意義を失い，1968年に同条例は廃止されることになった（尼崎市議会事務局，1971）。

工業系大学の誘致　戦後の経済復興により工業都市として躍進する尼崎市は，1953年に移転整備のため候補地を探していた神戸大学工学部（当時，神戸市長田区）に対して，「武庫川河畔４万坪の無償提供」を申し出た。1954年には，神戸大学の大学評議会はいったん尼崎市への移転を確認した。しかし，その後神戸市は大学側への確認の保留の申し出をする一方で，六甲ハイツの接収解除を駐留軍に申請した。その結果，大学側は「尼崎市の土地受け入れの決定と，工学部移転問題は別問題」として，1956年には「尼崎市への移転計画中止，六甲台移転」が方針決定され，神戸大学工学部の誘致は実現には至らなかった（尼崎市，1996）。

工業団地の造成　尼崎市では，1969年より，工業団地の造成を積極的に推進し，14の工業団地を造成してきた。工業団地の概要（名称，所在地，建設主体，団地規模，企業立地数，完成時期，業種）は表6-5の通りである。このような工業団地造成施策に期待されたのは，人口の過密化による住工混在の解消と工場の操業による公害の発生を抑える環境改善の役割である。しかしながら，これらの施策は，目の前の問題解消に重点が置かれ，移転跡地に対する産業再編成や都市再開発という観点からのビジョンが示されなかったこ

表6-5 尼崎市の工業団地の概要

名 称	所 在 地	建設主体	団地規模（㎡） 総面積	団地規模（㎡） 工場用地	企業立地数	完成時期（年）	業 種
尼崎鉄工団地	東海岸町	公害防止事業団・中小企業振興事業団	60,510	51,268	23	1969	非鉄，鉄筋，土木基礎，合金，製缶，各種産業機械等
尼崎金属工業団地	東海岸町	中小企業振興事業団	28,381	28,381	8	1969	金属機械一般等
尼崎油脂団地	東海岸町	公害防止事業団	18,811	17,042	9	1969	油脂加工一般等
阪神精密工業センター	田能	中小企業振興事業団	4,127	4,127	5	1972	電気機械加工，精密機械等
阪神廃酸処理センター	大高洲	中小企業振興事業団	3,305	3,305	22	1972	クローム，アルミ，銅，ニッケル等金属加工鍍金処理
尼崎武庫川工業団地	平左衛門町	公害防止事業団・中小企業振興事業団	38,981	26,981	22	1975	自動車関連，建設資材製造工事，プラント建設等
尼崎田能工業団地	田能	公害防止事業団・中小企業振興事業団	13,013	11,673	10	1977	プラスチック，プレス機械等
東初島工業団地	東初島町	尼崎市土地開発公社	29,726	27,159	22	1979	金属，プレス機械等
北初島工業団地	北初島町	尼崎市土地開発公社	18,635	17,855	10	1981	金属，鉄材，建築機械等製造産業用機械
西高洲工業団地	西高洲町	尼崎市土地開発公社	7,235	6,318	5	1984	シーリング，一般産業機械等
尼崎市中小企業共同工場	次屋	尼崎市	2,000	930	8	1985	プレス，製缶，精密機械等
尼崎テクノ工業団地	西長洲本通	尼崎市・公害防止事業団	10,464	9,078	10	1987	電子関連，電気，マイクロコンピューター等

第Ⅱ部　自治体産業政策の実際

尼崎市尾浜中小企業共同工場	尾浜町	尼崎市	969	969	8	1989	金属,一般機械等
尼崎コスモ工業団地	南初島町	尼崎市・公害防止事業団	23,000	19,377	23	1991	金属製品,一般機械,電気機械,精密機械等
合　計			259,157	224,463	185		

（注）企業立地数は各団地の完成年度時点での入居数を記載している。
（出所）尼崎市（2001）。

とについてむしろ問題視されることとなった（小西・土井,1987）。

　一方で,現在においても,尼崎沖での埋め立て工事が進んでおり,「大阪湾フェニックス計画（尼崎沖）」が進行している。規模としては,総面積は113haのうち,工業用地約43haを確保し,早期分譲に向けて兵庫県や尼崎市を構成団体とする検討協議会が設立され,当初の土地利用の考え方である住工混在の解消等に資する可能性も含めて,分譲整備に向けた検討が行われている。[13]

産業政策の長期的総合基本計画の存在　尼崎市には,産業政策の方向性を決定づけるような計画等はなかったのであろうか。実は,尼崎市には他都市に先駆けて,早くから産業政策の大綱（方針）があったと考えられる。この根拠は,1969年の尼崎市議会民生経済常任委員会の当初予算審議に係る資料である[14]「主要事務事業」による。この中に,「産業政策専門委員協議会の開催」とあり,その説明では「産業政策の長期的総合基本計画は既に,その大綱的な方向づけはなされているが,経済情勢の変化と時代の進展に対応した産業政策を展開していく必要から……」とある（尼崎市議会,1969）。後述するように,1971年の尼崎市総合基本計画において産業政策の重点化が図られていなかったために,その後の産業振興にかかる計画は検討されなかった。しかしながら,1979年の尼崎市総合基本計画において,市政の方向性の１つに「市民経済をつちかう産業都市」が示され,また経済活動の停滞が顕在化していることから,市長の諮問である「長期的展望に立った望ましい産業構造及び産業基盤のあり方など尼崎市産業の振興策について」を受け,「尼崎市産業政策調査会」が1979～80年にわたって設置された。その答申は1981年策定の長期振興ビジョンに反映されることとなる。

（2）尼崎市の総合計画策定

　地方自治法の第2条4項では，「市町村は，その事務を処理するにあたっては，議会の議決を経てその地域における総合的かつ計画的な行政の運営を図るための基本構想を定め，これに即して行なうようにしなければならない」と定められており，都道府県や市町村などの地方自治体には，基本構想の策定が義務化されていた。この地方自治法に基づき，尼崎市でも総合計画が策定されることになった。なお，尼崎市では4つの総合計画の名称を「尼崎市総合基本計画」としている。

　尼崎市では，1971年の策定に始まり，これまで4つの総合計画が策定されている。基本構想には，その市町村の将来あるべき姿や，その実現に向かって取るべき基本的方針，施策の方向が定められている。総合計画の時期とその時々の都市像，そして政策の基本方向などをまとめたものが表6-6である。

　1971年策定の総合計画では，尼崎市の将来の都市像として「快適な職住都市」が示されており，7つの政策の基本方向がある。そのうち，「豊かなくらしをつくる施策」に産業政策が位置づけられた。当時の産業政策の基本的な考え方の特徴は，基本構想におけるまちづくりの基本理念に表れている。「産業は集積の利点と便益を求めて立地し，人は職場と便利な生活を求めて集まり，都市が生まれるあるいは発展拡大していった。しかし一方，経済成長を急ぐあまり，ともに行われねばならない人間の生活基盤に対する整備が第二義的となり，産業公害，都市公害，過密化現象など各種の都市問題の顕在化を招いている。産業振興を行う真の目的は，人間の福祉の向上にあり，快適な市民生活がなににもまして優先されねばならない」とある。当時は「公害問題の解消」が尼崎市の最大の課題であり，工場はその原因の1つでもあった。その工場の発展を支える産業政策は，当時の基本方向として掲げられた7つの政策のうち，最下位に位置づけられていた。産業政策が尼崎市政の重点項目ではなかったことが窺えるとともに，産業政策を排除するのではなく，市民の生活の一部として融合を目指しながら産業振興を図っていくという方向性であったことが理解できよう。1979年策定の新たな総合計画は，都市像を「人間性ゆたかな職住都市」とし，3つの政策の基本方向が打ち出された。産業政策は，これら基本方向の1つに「市民生活をつちかう産業都市」として掲げられた。ここでは「産

表6-6 尼崎市の総合計画

策定時期	期間	都市像	施策の基本方向など
1971年	1971〜1981年	快適な職住都市	① 健康なくらしをつくる施策（公害・浸水・保健など） ② 安全なくらしをつくる施策（交通安全・消防） ③ 安定したくらしをつくる施策（福祉・同和など） ④ 快適なくらしをつくる施策（市街地開発，住宅など） ⑤ 若い世代のための施策（学校教育・青少年対策） ⑥ いきがいづくりの施策（社会教育・文化） ⑦ 豊かなくらしをつくる施策（産業・労働）
1979年	1979〜1989年	人間性ゆたかな職住都市	① 生活基盤をととのえる環境都市（住環境・緑・交通・安全など） ② 市民生活をつちかう産業都市（産業基盤・中小企業・消費生活・勤労者） ③ 人間社会をきずく市民都市（福祉・保健・教育・文化・同和など）
1986年	1986〜1995年	人間性ゆたかな職住都市（改訂）	同上
1992年	1992〜2025年	にぎわい・創生・あまがさき	① まちが魅力ある文化の生まれる舞台となる ② まちが新しい価値を創造する産業をはぐくむ ③ まちが心なごみやすらぎのある環境を生む ④ 人が豊かでうるおいのある生活を楽しむ ⑤ 人がふれあい学び成長する

（注）施策の基本方向の順位は，重要度の高さを示している。
（出所）各尼崎市総合基本計画を参照し筆者作成。

業は，市民に雇用の機会を提供し，所得を保障するなど市民生活を支えるとともに，都市の発展に重要な役割をもっている」とされ，政策の方向性として2番目に位置づけられた。1986年は，社会経済情勢の変化に伴い，総合計画の改訂を行ったが，産業政策については改訂前と同様に政策の主軸に位置づけられている。その後，1992年に総合計画は全面改訂され，新たな都市像として「にぎわい・創生・あまがさき」が打ち出された。政策の基本方向として，5つの政策の基本方向が打ち出され，そのうち2番目に「まちが新しい価値を創造する産業をはぐくむ」が掲げられ，市の重点項目とされた。

(3) 尼崎産業の長期振興ビジョンの策定

　尼崎市では，産業の振興と地域経済の再生を通じて都市の活性化を図るために，1981年に「個性ある文化産業都市」の実現をテーマに，産業振興を通じた都市の活性化，雇用の機会の安定，産業立地の再編成，新しい地域社会の構築などを目標に掲げた「尼崎産業の長期振興ビジョン」を策定した。また，1992年には新しく総合計画が策定され，社会経済情勢と産業課題の変化を視野に入れて，21世紀を見据えた尼崎市産業の方向と施策の指針を提示するため，1994年に「新たな尼崎産業の長期振興ビジョン」が策定された。この長期振興ビジョンは長期的展望に立った尼崎産業の振興の方向づけを行うとともに総合計画に位置づけられる「市民経済をつちかう産業都市」の実現への主たる道筋を示すものである。ここでは各長期振興ビジョンにおける尼崎産業の将来像とその基本理念及び将来像に向けた基本戦略を概観する。[16]

尼崎産業の長期振興ビジョン（1981年）　尼崎産業の長期振興ビジョンは，前述したように1979年の総合計画の産業分野を補完する形で，1981年に長期的な尼崎産業の振興の方向づけを示すものとして作られた。近年，産業振興のビジョンは，様々な自治体で策定されているが，2000年以前から策定している自治体（市）は，兵庫県下では尼崎市と神戸市だけである。[17]

　このビジョンにおける背景としては，1970年代におけるドルショック，オイルショックなどにより，日本経済の動きに大阪経済圏の全国的地位の低下も加わり，尼崎市産業の製造品出荷額等の伸び率も全国及び他の工業都市に比べて相当低く推移した状態があった。また，従業員数も，1970年と1980年を比較すると約3万人が減少し，移転・閉鎖の工場が相当数にのぼり，工場跡地の他用途への転用により，工業用地も大きく減少してきていた。その要因としては，①尼崎工業の主力業種である鉄鋼業の牽引力が落ちてきたこと，②好調な業種である出版・印刷，輸送用機械（自動車），電気製品（家電）などが業種構成上少ないこと，③地域経済活力の担い手である中規模企業層が先進工業都市に比べて比較優位性に乏しいため，活性化への推進力になりえていないこと，④大都市立地のため地価の高騰や法の規制により，生産規模の拡大・近代化ができ難く，他地方への用地転換が進んだこと，などが挙げられる。

　また，産業政策の方向性としては，既存工業の高付加価値化を図り，既存の

工業集積を活かした産業複合化を進めるとともに，土地の有効利用による新規工業を誘致し，工業構造を大都市圏産業都市にふさわしい「都市型工業」へ転換していくこととされた。そして，具体的な産業振興施策として特徴的な点は，中小企業の支援施設である「中小企業センター」の早期建設と「インダストリアル・イグジビジョン構想」を掲げていることであった。「インダストリアル・イグジビジョン構想」は，工業振興は市民の理解を得ないことには成り立たないという観点から，工業地域とその周辺を生活環境及び自然・文化環境と調和のとれた新しい生産空間として再編成することを目的とし，そのランドマーク（ホールやオープンスペースなど）を尼崎市臨海地域に建設しようとしたものであった。

新たな尼崎産業の長期振興ビジョン（1994年） 新たな尼崎産業の長期振興ビジョン（以下，新ビジョン）は，1994年に策定され，計画期間は概ね2010年までであった。この新ビジョンは，前ビジョンの目的を引き継ぐとともに，その後の社会経済環境の変化や産業の抱える課題を再度点検し，今後の指針を示すことを目的とした。新ビジョンが策定された背景としては，1980年代後半以降に進んだ製造業の海外生産拡大による国内産業の空洞化という問題がある。1985年のプラザ合意以降の急速な円高は，国内製造業の現地生産化を拡大し，一方国内生産は縮小を見せはじめていた。もっとも，バブル経済期は，海外生産の拡大は直接国内生産の縮小には結びつかなかったといわれているが，日本の製造業における輸出主導型の産業活動の限界が露呈し，生産拠点の配置をはじめとして，市場，技術，人材など多方面にわたる事業活動の再構築（リストラクチャリング）に直面していた。

尼崎市の製造業は，製造品出荷額等総額や粗付加価値額の伸び率が，全国や兵庫県，他の工業都市に比べて低かった。また，製造事業所数においても1983年より減少傾向に移り，かつ1事業所における製造品出荷額等総額の伸びも低い状態であった。その要因の1つとして，尼崎市内の各事業所における事業拡大が困難であったということが挙げられる。具体的には，次の通りである。第1に，市域が既に都市化されていることに伴う事業地の不足及び地価の高騰などにより事業所適地の確保が困難であった。第2に，工場の操業環境の変化である。工場周辺の住宅地化が進み，住工混在による住民と工場のトラブルが増

加したほか，工場跡地にはマンションなどの住宅が建設される傾向が強く，残された工場の操業環境を脅かしていた。第3に，工場等制限法などによる法の規制があった[19]。第4に，尼崎市の都市イメージが低く評価されていることである[20]。一方，尼崎市の製造事業所においては，多くが今後も尼崎市での操業を希望している実態もあった[21]。しかしながら，実際には移転・廃業などによって工場敷地面積は減少する傾向にあり，新規工場の増加をはるかに上回っていた。また，尼崎市以外にも工場をもつ大企業においては，尼崎工場の生産設備の更新や製造品目の高付加価値化の遅れにより，企業内での位置づけが主力工場から補助的なものへと変化しつつあると新ビジョンでは指摘している。

　次に，新ビジョンの将来像を見てみることにする。1992年に策定された尼崎市総合基本計画では，尼崎市の最大の課題は「都市魅力の創出」であり，それに対していかに尼崎産業が寄与できるかが求められていた。そうしたことから，尼崎産業の将来像では，まず基本理念としては，①大都市立地の有利さを活かした産業活動への展開，②環境や地域社会と産業活動の調和，③新たな価値創造への挑戦とし，尼崎産業の将来像を「環境との共生を図りながら，多種多様な事業所の集積を活かした交流と，蓄積された経営資源の融合による新たな価値の創造・提供をめざす産業」と位置づけている。そして，その将来像の実現に向けた基本戦略として，①ソフトな資源の蓄積，②創造的な交流ネットワークの充実，③個性ある中堅・中小企業群の育成，④知的活動にふさわしい地域環境の形成，⑤企業家精神にあふれた風土づくりを挙げている。

（4）総合計画と産業政策の行政運営的課題

　総合計画は，自治体が目指す地域将来像を明らかにし，その将来像を実現するための方向性を示すものである。尼崎市では，1969年の地方自治法の改正による策定義務化以降，4次にわたって基本構想を策定し，近年は1992〜2025年（33年間）を計画期間とした基本構想に基づき行政運営を行ってきた。

　その間，経済情勢はバブル経済の崩壊後，1990年代は，「失われた10年」といわれ，日本経済は深刻な長期不況に陥った。その後，2002年2月以来，景気の拡大が続き，戦後最長といわれたいざなぎ景気（57カ月）を抜いたが，実質成長率は平均2％弱と低く，「実感なき景気回復」といわれた。2008年には世

界金融危機が起こり，再び不況に戻った。既に，リーマン・ショックから10年が経過し，現在は戦後2番目の長さの景気拡張となったアベノミクス景気により，株価上昇や企業収益などの数値を見る限り，実感に乏しいといわれて久しいが，概ね良好な景気を保っているといえよう。しかし，AIのさらなる進化，米中問題，外国人労働者など「次」が読みにくい現実がある。

今後，短期間で社会経済情勢が大きく変化し，先が読めない時代にあって，時代の変化に対応できる総合計画の検討が求められている。そのためには，柔軟性に富んだ政策形成システムの構築が必要であろう[22]。地方分権の進展とともに，より地域の特性を活かした施策とするため，計画策定段階に加え，計画の進捗状況の点検などを含めた各プロセスにおける中小企業や経済団体の参画のあり方にも言及していく必要がある。

（5）産業政策の具体的展開：企業立地促進

尼崎市企業立地促進条例の制定　　自治体の企業立地促進施策としては，①直接助成として，条例や要綱による立地企業に対する税（固定資産税，都市計画税など）の不均一課税または施設建設や雇用創出の補助金支出，②サポート体制の整備として，企業立地における融資制度の新設や企業立地活動を行う自治体職員の増加や専門職員の雇用や商社などの誘致ノウハウをもつ企業への委託，③情報収集として，不動産業者や銀行などとの提携などが挙げられる。

前述したように，尼崎市は，かつて尼崎市企業誘致条例を1953年に制定（1968年廃止）し，大規模な工場を呼び込んだ実績がある[23]。しかし，高度経済成長期を経て，バブル経済崩壊後，各企業の主力工場として活動していた工場の規模の収縮あるいは東アジア地域への転出などにより，遊休地や低未利用地が続出した。このことから，その善後策として，対外的にも尼崎市の産業振興に向けた積極的な姿勢を示す必要性から，財政状況が厳しい中，2004年10月に立地企業への税の軽減を内容とした尼崎市企業立地促進条例（以下，企業立地条例）を制定した。これは，工場の新規立地，既存工場の増設・建替による産業の活性化，さらには工場の市外移転を防止するための施策を具現化することにより，「雇用の創出」，「税源の涵養」，「地域経済の活性化」，などにつなげるこ

とを目的とした条例である。

　企業立地条例に基づく優遇制度の具体的内容は，立地企業に対する家屋及び償却資産にかかる固定資産税（家屋・償却資産）・都市計画税（家屋）・事業所税（資産割）の2分の1を軽減するというものである。一般事業については，支援期間は3年間であるが，特に先端性の高い事業と認められた場合には5年間となっている[24]。企業立地に対する優遇制度の内容は，投資規模や雇用人数の条件を定め，最高額までの範囲で投資額の一定割合を支給するものから，対象の業種や地域を限定し，土地・家屋などにかかる固定資産税などの軽減あるいはそれに相当する額の助成など，支援内容や対象要件なども様々な形がある（梅村，2008b）。尼崎市では，企業立地条例の制度の方向性として，尼崎市にふさわしい新規産業の導入や既存工業の事業拡大を図り，尼崎市の産業構造を技術集約，知識集約的な事業活動へ転換させ，より付加価値の高いものづくりのまちを目指していることから，事業内容の「先端性の有無」により支援年限を決定している。このことから，大規模工場だけでなく地域経済の基盤である中小企業の存続・発展も重視したものとなっている[25]。

　実績については，第8章にて説明するが，企業立地条例制定時の予定立地件数は年10件程度であったのに対し，想定効果を遥かに凌ぐ結果になっている[26]。また，2006年度の工場立地件数の第1位が兵庫県となったが，尼崎市はその躍進の原動力となった地域の1つになっている。制定当時，都市部の自治体としては，尼崎市の取組みは大変思い切った内容であったが，尼崎市と同様，あるいはそれ以上となる施策内容を近隣自治体において実施したりまた検討したりする動きが出てきている[27]。

企業立地促進体制の整備と企業・行政の信頼関係　自治体の企業立地活動にとって，最も大切なことは，実際の企業との接触・交渉であろう。尼崎市における新規企業への訪問は，単に誘致を目的としたものではなく，尼崎市のものづくり力や立地優位性のPRにも努めている。また，産業集積地が育んできた既存企業へは，製造内容や操業上の課題などをインタビューし，増設・建替などの相談・誘導を図っている。そして，こうした活動を補完するために，様々な施策が実施されている。

　まず，シティセールスとして，2004年より東京や名古屋などの産業関連の大

規模フェアに出展し、地元企業とも連携して尼崎市のものづくりのアピールのために「産業のまち『あまがさき』キャンペーン事業」を展開している。

次に、企業立地担当の職員だけでは多くの企業を訪問するのに大変な労力と時間がかかることから、2005年より立地相談に迅速かつ的確に対応するため、企業とのネットワーク活動や企業内活動を通じた経験と専門知識をもつ人材（企業立地推進員）を活用した「企業立地アドバイザー事業」を実施し、市内外企業を訪問し、企業の動向把握や尼崎市のPRに努めている。さらに、2006年からは訪問した企業への立地要望に的確に応えるため、不足する工場用地を確保し、市内に立地意向のある企業に的確な工場適地を紹介するため、土地調査のノウハウをもつ人材（工場情報等開拓推進員）を活用した「工場用地等情報開拓推進事業」を実施し、迅速な情報提供などの対応を行っている。

また、工場用地を探している企業と物件情報を把握する不動産業者などとのマッチングを図るため、2007年から「企業立地マッチング支援事業」として公募により広く不動産関係者に周知した上で、尼崎市の企業立地活動に協力する不動産業者を工場用地などの情報提供者として登録し、連携した情報収集・提供を展開している。

以上のように、尼崎市では、新たな企業立地施策に取り組むことにより、立地相談企業に対して細やかに対応している。以上の施策の展開をまとめたものが表6-7である。

次に、企業と自治体との信頼関係であるが、1960年代初頭からの公害問題により、大阪湾沿岸の工場地帯は「煙の都」とまでいわれ、これまで生産力の強みを「誇り」としていた尼崎市をはじめとした自治体が（山本、1987）、企業優先から住民優先に転じ、環境政策を前面にして展開した。このことから、企業と自治体との関係は、非常に冷え切ったものであった。つまり、低成長期の初期に見られたような産業優先・成長至上主義への批判と公害・環境問題の深刻化を背景に、本来、住民と企業と行政とが三位一体となって地域経済の振興に取り組むべきであったにもかかわらず、前述したように三者間の不協和音・対立が生じることとなり、地域づくりに支障をきたすことになっていた現状があった。

こうした企業と行政の関係は、2003年時点においても改善されず、行政への

表6-7 尼崎市の企業立地促進施策

実施年度	事業名
2004	企業立地条例運営事業（優遇制度）
2004	産業のまち「あまがさき」キャンペーン事業
2005	企業立地アドバイザー事業
2006	工場用地等情報開拓推進事業
2007	企業立地マッチング支援事業
2008	企業立地促進法基本計画運営事業

（出所）梅村（2008b）。

不信感を表す企業は多数にのぼっていた。その後，行政が企業側の味方であり，サポートする役割を担っていることの理解を促すため，市内製造事業所のほぼすべてを訪問し，訪問事業所の現況，課題，問題点あるいは要望などを聞き取る，いわゆる「自治体の御用聞き」を実施し，企業と行政の信頼回復に努めてきた。

3　ものづくり都市の産業政策

　本章は，地方自治体における独自の産業政策の展開を検討することにより，産業振興及び中小企業振興，とりわけ中小ものづくり企業に対して，地方自治体がいかなる役割を果たしうるのかを検討することを目的としていた。対象地域は，関西屈指のものづくり都市かつ産業集積地域である尼崎市であり，尼崎市の戦後の産業政策ないし中小企業政策の具体的展開を，総合計画の中での位置づけを踏まえた上で，特に企業立地促進施策の展開を中心に検討してきた。
　尼崎市では，産業部門に関する予算比率及び職員数が1995年以降減少傾向にあるものの，全国と比べても著しい産業集積「縮小」の傾向を食い止めるべく，2000年には基本計画の中核にものづくり支援を据え，さらに2003年以降には企業立地促進施策の具体的展開を図った。この一連の施策の展開により，パナソニックプラズマディスプレイ株式会社をはじめとする工場の新規立地や，市内の中小ものづくり企業を始めとする既存工場の増設・建替などが行われた。尼崎市では，その立地の利便性を活かし，魅力ある事業を展開している中小ものづくり企業が多く集積している。大企業もそうであるが，とりわけ中小ものづ

くり企業にとって，今後も当該地域において存立維持・発展していくためには，長期的に存立可能な良好な操業環境を整備する必要がある。尼崎市では，市独自の産業政策及び中小企業政策としての企業立地促進施策の具体的展開により，中小ものづくり企業の操業環境を整備し，ものづくり都市かつ産業集積地域としての活力を再生し，地域経済の活性化を目指しているのである。

注
(1) 1999年の中小企業政策審議会答申によると，民間能力の活用として，政策の実施にあたっては，民間に委ねるべきは民間に委ね，できる限り市場原理を活用する形で実施することが重要であるとしている。次に，地方自治体の役割としては，地方分権を踏まえ，地域活力の源泉たる中小企業の振興を図るための施策を，地域の実情を踏まえ策定し実施するべき行政主体との認識のもとに，適切な役割分担を図っていくべきとしている。つまり地域の特性に応じて，地域中小企業の振興の全体計画の策定，国の施策メニューの選択と独自施策の追加，地域の支援体制の構築・整備などを創意工夫しながら進めていくべきとしているのである。
(2) 詳しくは，瓜田（2007），山濱（2009）を参照されたい。昨今，日本全国で中小企業振興基本条例を制定する動きが進んでいる。なかでも大阪府八尾市は，全国でも先駆けであり，しかも大阪府下では初となる産業活性化・中小企業振興基本条例を制定した。また，条例制定以降においても，産業集積・中小企業の活性化を目標とした様々な支援施策を展開している（植田，2005；関，2008）。中小企業振興にかかる基本条例は早急に全国の地方自治体に制定されるべきではある。しかし，基本条例の制定が目的になり，産業振興・中小企業振興の本来的な達成が軽視される懸念がある。条例を制定すると何がどのように変わるのか，特に中小企業振興基本条例の場合，当該地域の中小企業にとってどのようなメリットがあるかなどの諸点について慎重に検討していかなければならない（関，2008）。
(3) 尼崎市都市政策課が実施したネットモニターアンケート調査結果によると，尼崎市の都市イメージに対するアンケート結果として，①工業都市35％，②住宅都市14％，③どちらでもないが44％となっている。同アンケート調査は，2009年2月18日～2月28日にわたって実施され，回答率81％（112名／138名）であった。
(4) 都市課題の認識としては，製造業を中心に発展してきた産業都市であり，都市活力を維持する上で，ものづくりを中心に多様な産業集積を活かした地域産業活力の創出を図ることが必要であると記している（尼崎市，2000）。また，詳細なデータは割愛しているが，尼崎市の場合，人口動向と製造業従業者数がほぼ同じ傾向であることは興味深く，「職住近接」の都市であったことが窺える。
(5) 企業立地の促進は，2000年尼崎市第二次基本計画における戦略プランにおいて位

置づけられている。
(6) 詳しくは，尼崎市ホームページ「尼崎市の台所事情」を参照。http://www.city.amagasaki.hyogo.jp/shisei/si_zaisei/daidokoro/index.html（2018年9月29日アクセス）。
(7) 尼崎市においては，工場団地や工場アパートの建設費は特別会計に計上されていたことから，一般会計における商工費の予算額だけで議論するのは，正しい評価とはいえないかもしれない。また，自治体の予算や職員数の比較については，梅村（2008a）を参照されたい。
(8) 1948年に兵庫県信用保証協会が設立された。しかし，この信用保証制度を活用した資金調達は困難という理由で，利用者である中小企業者の多くから不満が出た。そこで尼崎市は，信用保証協会とは別枠で尼崎信用組合（現在の尼崎信用金庫）と尼崎市との間に尼崎市中小企業融資保証契約を結び，融資枠の拡大を図った。
(9) 詳しくは，尼崎市中小企業融資あっせん制度のホームページを参照。http://www.city.amagasaki.hyogo.jp/yusi_josei/068yuusi.html（2018年9月28日アクセス）。なお，尼崎市中小企業資金融資条例に基づく融資メニューは，信用保証協会の保証に基づき貸付が行われることから，一般的に借りやすい条件となっている。
(10) 中小企業融資斡旋制度の2009年度予算は約21億円（預託金）であり，尼崎市の商工費予算に占める割合は約52％にも至り，現在も基本施策であると考えてよいであろう。
(11) 1957年度版の『工業統計（産業版）』によると，全国的にも事業所数や製造品出荷額等の大幅な増加傾向を示している。詳しくは，経済産業省ホームページ「工業統計アーカイブス」を参照。http://www.meti.go.jp/statistics/tyo/kougyo/archives/index.html（2018年9月29日アクセス）。
(12) 1945年に労働組合に対する事業主団体として発足した団体であり，1948年尼崎工業経営者協会（1961年に尼崎経営者協会に名称改称）と改称し，日本経団連に参画している。主に労使間問題に係る調査研究，人材育成，労働・経営相談などの事業を展開する経済団体である。詳しくは，尼崎経営者協会ホームページを参照。http://amakeikyo.jp/profile/index.php（2018年9月29日アクセス）。
(13) 詳しくは，大阪湾フェニックスセンターホームページを参照。http://www.osakawan-center.or.jp（2018年9月29日アクセス）。
(14) 地方公共団体における各種の行政が分化，専門化しつつあるので，議会の内部における事件の審査及び事務の調査に万全を期し，議会における審議の自律的能率化を図るため，委員会制度が認められている。常任委員会では，その部門に属する事務に関する調査を行い，議案・陳情などを審査する（鈴木・中川・橋本，1994）。
(15) これまで総合計画については，地方自治法第2条4項において，市町村に対し，総合計画の基本部分である「基本構想」について議会の議決を経て定めることが義

(16) 尼崎市総合基本計画と尼崎産業の長期振興ビジョンの振興策を計画的に実現していくための産業分野における部門別計画として，①産業振興中期計画（1984～1988）②産業振興第2次中期計画（1989～1993）③産業振興中期計画（1995～2001）が策定された。産業振興中期計画では，尼崎市総合基本計画における産業政策を基本的な枠組みとするとともに，将来像の実現に向けた基本戦略を視点として，長期的展望から産業政策の方向性を示し施策を掲げている。
(17) 筆者が，2002年10月に兵庫県下の自治体（市）に電話調査をした結果である。また，神戸市の産業振興にかかる計画は，策定時期が尼崎市よりも早く1960年に策定され，その後コンスタントに改正されている。特に阪神・淡路大震災以降，「経済復興」を柱に，1995年，1997年，2001年，2007年と精力的に策定されている（2009年4月30日，神戸市工業課に実施したインタビューに基づく）。
(18) 都市型工業とは，以下の要件を満たす工業のことである。すなわち，①加工・組立機能などの比重が高い高付加価値化業種であること，②都市の機能集積に依存しつつ，高度かつ多様なニーズに即応しうるという市場志向性を発揮できる工業であること，③雇用吸収力が高く，特に知識，技能など専門労働力を吸収し，質の高い生産活動を営む工業であること，④大都市圏地域における市民生活と望ましい調和を図りうる工業であること，である（尼崎市，1981）。
(19) 新ビジョンでは，産業と人口の過度の集中を防ぐという工場等制限法の本来の趣旨は，少なくとも尼崎市においては達成したとして，抜本的見直しを指摘している。
(20) 1992年に尼崎市が実施した事業所アンケートでは，尼崎市内で企業活動をすることに対するプラス評価の割合は18.5％にしか至らなかった。
(21) 1992年尼崎市が実施した事業所アンケートでは，約45％の事業所に移転意思がなく，移転した場合も半数が移転先を尼崎市内としている。また，約40％の事業所が現在の事業を拡大する意向をもっていた。
(22) 尼崎市は，2013～22年までを計画期間とした新たな総合計画を2013年3月に策定した。時代の変化に対応できるスキームをもつ画期的な総合計画（まちづくり構想とまちづくり基本計画）として期待されている。
(23) 尼崎市企業誘致条例の適用件数は20件で，投資総額110億円であった。詳しくは，尼崎市議会事務局（1971）を参照されたい。
(24) この条例は，2004年10月～2010年3月までの期限付条例であったが延期されている。
(25) 尼崎市企業立地促進制度は，尼崎市企業立地促進条例（2004年10月施行）の改正に基づき，2018年4月より尼崎市企業投資活動促進制度としてリニューアルされて

⑯　パナソニックプラズマディスプレイ株式会社尼崎工場に隣接した兵庫県・尼崎市の分譲工業団地である「尼崎臨海区」産業の育成・支援拠点（8 ha）も2018年9月末現在，1区画を残しほぼ完売状態であり，市内間移転企業もあるが，尼崎市外より優れた技術をもった企業19社が集積している。詳しくは，兵庫県ホームページを参照。http://web.pref.hyogo.jp/ea06/ea06_000000010.html#h03（2018年10月5日アクセス）。また，尼崎市内からの撤退を既に決定事項としていた企業が，尼崎市の立地優位性を再考し，方向転換したケースも出てきているという現状がある。

⑰　関西地区における企業誘致の優遇制度として特に突出しているのは，市町村単位でいえば，①大阪府堺市（2005年条例制定）：投下固定資産額600億円以上の場合，家屋・償却資産にかかる固定資産税，都市計画税，事業所税を10年間，5分の4の軽減（不均一課税），②大阪府岸和田市（2006年条例改正）：土地取得の場合，土地・家屋・償却資産の固定資産税相当額を10年間全額助成（補助金），などがある。大阪府堺市や三重県亀山市の優遇制度では投資額（投下固定資産総額）で奨励措置の補助限度額の区別をしている。この点について，詳しくは，大阪自治体問題研究所・堺市企業立地とまちづくり研究会（2008）を参照されたい。

⑱　年間の市内外企業の訪問社数は約700社である（2005年度実績）。

⑲　筆者が，産業立地課職員として尼崎市内の企業訪問を実施した際の調査経験に基づく。

第7章

創業・起業支援
——これまでの自治体産業政策(1)——

　本章では，創業・起業支援のために設置された尼崎市のビジネス・インキュベーション施設を事例に，現状分析と課題について検討を行う。また，検討結果から，今後の尼崎市の創業支援事業へのインプリケーションを示すとともに，米国発の地域経済活性化政策「エコノミックガーデニング」にも触れる。

1　ビジネス・インキュベータへの取組み

　バブル崩壊後，実感のないまま，戦後2番目の長さとなった景気回復期の今，地域での新たな活力を生む中小企業が注目されだし，その創業支援・企業育成施設としてのビジネス・インキュベータ（以下，BI）の機能向上に大きな期待が寄せられだしている。BIは，もともと米国においてスタートアップ期の企業をハード・ソフト面から支援する機関として1980年代中頃より増加し，米国経済の活性化に貢献したとされている（大阪府，2004）。我が国においては，高度成長期から安定成長期を通じ，一貫して開業率が廃業率を上回っていたが，平成不況に突入した1991～96年の期間に初めて廃業率が開業率を上回った。こうした傾向を改善すべく，国内各地域においては経済活力の創出のために，BIの整備等をはじめ，新規創業を促進する支援施策や各種環境整備が展開されてきた（小林，2003）。2006年度に実施されたインキュベーション施設の現況調査によると，その数は323施設を数え，そのうちBIの定義（後述）を満たす施設数は190（58.8％）であり，その87.4％を地方自治体等の公的セクターが占めている状況にある（経済産業省，2007a）。一方，施設機能が十分でなく，入居率の低迷に悩むインキュベーション施設も多い現状がある。こうしたインキュベーション施設に対して，経済産業省は戦略的にバックアップしていくことを明言しているが（経済産業省，2005），既存施設の再生に十分な支援策が用

意されているわけではなく，基本的には設置主体の創業支援事業としての新たな取組みが求められており，現実的には厳しいといわざるをえない。

これまでの先行研究においては，BIの運営に対する指摘が数多くされ，BI導入の初期の頃は，必要とされるソフト支援事業と施設を中心としたハード支援事業のミスマッチ等が指摘されていた（関・吉田編，1993）。創業支援に関する研究や理解が進むにつれ，支援方法も多様化し海外事例との比較（坂田・藤末・延原編著，2002）や，最近ではBIの日本型モデルを追求する研究が進んでいる（鹿住，2007；前田・池田編，2008）。また，我が国を代表するBIとして「かながわサイエンスパーク」などのケーススタディも行われ（関・関編，2005；太田，2008），目指すべきBIモデルは明らかになりつつある。しかし，BIとしての機能を構築・活用できないインキュベーション施設も相当数あるにもかかわらず，その進展を拒む要因分析について，深く論じられている研究は見ることができない。

本章では，こうした問題意識から，BIの設置主体として最大のシェアをもつ地方自治体に焦点をあて[2]，厳しい経営状況にある尼崎リサーチ・インキュベーションセンター（以下，ARIC）を事例として[3]，なぜこのような事態に陥っているのかその要因を明らかにするとともに，再生に向けた現実的な解決策として地方自治体の産業政策の観点から，BIの政策的位置づけの転換の可能性について示したい。

2 ビジネス・インキュベータ

（1）ビジネス・インキュベータの定義

BIの定義は，経済産業省（2007a）において，①起業家に提供するオフィス等の施設を有していること，②インキュベーション・マネジャー等（起業・成長に関する支援担当者）による支援を提供していること，③入居対象を限定していること，④退去企業に「卒業」と「それ以外」の違いを定めていること，とされている。本章においても同様の位置づけとして論じることとする。また，BIで行われる創業支援事業については，企業が事業を創出するための支援活動のことを指し，①支援対象としては業種における新旧，規模の大小を問わ

ず，形態として新規創業，既存企業の新規事業などすべてを含む，②支援活動においては，事業創出を目指す個人や法人に対し，不足している知識，ノウハウ，経営資源，事業場所など必要なものを補う助けを行い，効果的に創業から成長まで導くこと，と定義する（経済産業省，2007b）。

（2）ビジネス・インキュベータの背景と設立経過

BIが必要とされる背景として，松井（2004）は，我が国の経済力の低下，開廃業率の逆転，中小企業数の減少，失業の増大という厳しい経済情勢を挙げ，個人や企業，地域において豊富に蓄積されている人材，技術などの産業資源を活用し，新たな事業の創出を図ることにより，地域の特性を踏まえた活力ある産業の構築を図ること，また，それを通じて新たな雇用機会を確保することが重要な課題になっていることから，特に，各国に比較して開業率が低い日本においては，起業を促進し，さらに企業の成長を促進していくために，着実に企業を育てるBIの必要性は高まっていると指摘している。

次に，我が国におけるインキュベーション施設の設置状況について整理する。インキュベーション施設が本格的に設置されだしたのは1980年代後半からであり，設立されたインキュベーション施設の多くは，全国レベルでの産業配置を目的したテクノポリス法（1983年施行），民活法（1986年施行），頭脳立地法（1988年施行），地方拠点法（1992年施行）によって設置され，拠点内に域外から先端技術産業や研究開発機能の転入を促進する事業を行う1つとしてインキュベーション施設が位置づけられていた。しかし，新事業創出促進法（1999年施行）の制定により，これまでの特定地域・地区の特定産業振興を目的とした地域経済政策とは異なり，各地域に蓄積された資源を活用して新事業創出を図ることが目的とされ，地域の独自性・独創性が重要視されるとともに（梶川，2003），「新たな事業を創出するための一連の支援システムと連携活動であるビジネス・インキュベーション」の必要性と，それを効率的に実施するインキュベーション施設での支援人材であるインキュベーション・マネジャー（以下，IM）による企業支援の重要性が，徐々に認識されはじめてきた（林，2003）。これ以降インキュベーション施設の設置が飛躍的に伸び，2003年度には41施設が設立されている（経済産業省，2007a）。

また，設置主体としては，1990年代前半には，地方自治体が国の政策とは別個にインキュベーション施設を設立する事例が増加し，特徴として，域内の産業構造や経済・社会状況を考慮した独自性をもち，地方自治体が主導する財団法人や第三セクター，公設試験場が運営主体となっている点が挙げられる。さらに，1990年代後半以降は，その傾向に加え，民間企業がインキュベーション施設を設立する事例の増加が見られるようになった（野木，2002）。

3　尼崎リサーチ・インキュベーションセンターの現状と課題

（1）設立の政策目的

　尼崎市は，大阪と神戸の二大都市圏に隣接し，長く鉄鋼，化学，機械金属などの基礎素材型工業を中心に，産業集積都市として我が国の経済発展に寄与してきた。しかしながら，1960年代後半以降には，環境問題が顕在化するとともに，国の産業立地政策により，市外への工場の移転誘導が進む中，産業構造の大きな変化も加わり，工場の移転，閉鎖が増加するなど産業活動の停滞，工場跡地の遊休地化などを招き，事業所（工場）の流出はまちの活力喪失にも多大な影響を与えていることから，ものづくりのまちとしての再生に向けた積極的な取組みが重要な都市課題となっていた（梅村，2008d）。そこで，従前からの課題であった基礎素材型工業への偏重を改善し，都市型工業構造の転換を目指すリーディングプロジェクトとしての位置づけとともに（尼崎市，1994），南部臨海地域の工場跡地を活用した拠点づくりも含め，1991年3月に民活法の認定を受けた「尼崎リサーチコア整備計画（以下，リサーチコア）」により，インキュベーション施設等の整備を進めることになった[4]。BI における創業支援事業は，尼崎市の産業振興施策における拠点づくりを完遂するメニューの1つであったことが理解できよう。

（2）ARIC の概要

　ARIC は，敷地面積5203㎡，地上6階，延床面積1万2354㎡，総工費約46億円を要し，都道府県や政令指定都市でない地方自治体が所管する施設としては大規模なものとなっている。施設の構成は，①長期賃貸施設（開放型研究

ルーム，インキュベーションルーム，地域産業高度化ルーム，地域産業振興ルーム），②一時賃貸施設（会議室，多目的ホール，研修室等），③その他（レストラン，交流サロン等）となっており，以下では長期賃貸施設について説明する。

長期賃貸施設としては，企業や研究者が試験研究のために共同利用できる開放型研究ルーム（4室・325㎡），インキュベーションルーム（13室・1056㎡），研究開発や試作品開発を主目的とする地域産業高度化ルーム，企業のオフィスとしての地域産業振興ルーム（高度化施設と振興施設の計54室4422㎡）に分かれており，計5803㎡を占めている。また，入居希望企業の求める広さによって柔軟に対応できる間仕切りとなっている。さらに，地域産業振興ルームの中に創業支援ブース（5㎡，7ブース）も設置している。

賃料については，インキュベーションルームとそれ以外（一般ルーム）という区分を設け，インキュベーションルームへの入居者を優遇する制度となっており，入居にあたっては審査会にて決定している。インキュベーションルームは，賃料2900円/㎡（共益費込み），入居期間は3年間を基本としているがさらに2年間の延長が可能となっている。一般ルームは，賃料3400円/㎡（共益費込み），入居期間の制限はない。また，インキュベーションルームと地域産業高度化ルーム及び地域産業振興ルームでは，フロア階数の区分け，施設仕様などの違いはなく（対応できない業種も一部ある），あくまでも賃料がインキュベーションルームと一般ルームの「扱い」に分かれるだけであることから，インキュベーションルームの入居期間が終了した後も，そのまま留まる企業が多いことがARICの特徴であろう。

（3）入居率の変遷

ARICの業務内容は，施設管理業務を主としていることから，賃料収入が運営のための基本的財源である。他には，施設の一時利用や各種セミナー等を実施しているが，微細な収入となっている。そのため入居企業の賃料収入の確保のため，施設の入居率の向上が開設時から運営を任されている㈱エーリックの重要課題となっていた。入居率は，開設時期（1993年4月）がバブル経済の崩壊時期と重なり，初期から低迷していたが，1995年1月の阪神・淡路大震災によるオフィス需要の高まりにより，90％を超える高い入居率となった（図

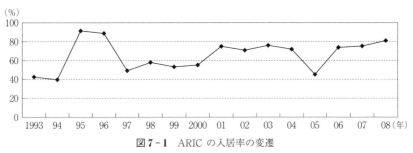

図7-1　ARICの入居率の変遷

(注) データは各年度末時点。
(出所) ㈱エーリック資料を参照し筆者作成。

7-1)。しかし，震災復興が進むにつれ，緊急避難的なテナントは退去し，1997年には再び入居率が50％台となるが，2001年に大口テナントとして兵庫県（事務所）が入居し，2005年の退去まで入居率70％台を保持していた。その後，㈱エーリックは，低迷する入居率の向上に向け，2006年に「経営改善計画（3年間）」を策定し，積極的な営業活動を行うとともに，事務・事業の効率化を図るなどにより，固定経費の削減に努めている。その結果，折からの景気回復が後押しとなり，経営改善計画の目標入居率である81％を2009年1月に達成できるまでに回復してきた。しかし，2009年春以降，世界同時不況の影響により企業の事務所の整理・統合が進む中，ARICにおいても，退去の申し出が続出することとなった。(5)

（4）施策効果の検証

開業以来の入居企業の動向をまとめておこう（2008年8月末現在）。入居件数の累計は，インキュベーションルーム91件（尼崎市内35件，市外56件），一般ルーム61件（尼崎市内10件，市外51件）の計152件であり，卒業した件数とその後の立地状況は，インキュベーションルーム64件（尼崎市内立地9件，市外立地41件，不明14件），一般施設45件（尼崎市内立地11件，市外立地23件，不明11件）計109件となっている。これらの結果から，卒業後の尼崎市内への立地率を算出すると，インキュベーションルーム14％，一般ルーム24.4％となる。全国のインキュベーション施設における卒業企業の地元定着率は，約半数の施設が100％であり，地元定着率が50％未満の施設は全体の20％程度となっている現

状から（経済産業省，2007a），他の BI と比較して地元定着率が低いといえよう。[6]
一方，尼崎市は製造事業所の集積地であることから，比較的順調に成長した製造業には，大手企業からのスピンアウトや市内中小企業の第二創業が多い。[7]また，2009年8月末の入居企業47社の内訳を見ると，医薬分野2件，化学分野6件，バイオ分野2件，IT 分野8件，環境分野1件などが含まれており，これまでの尼崎市内の産業別構成比において集積が薄かった分野への進出が増加し，将来が有望視される企業も存在している。特に，インキュベーションルームから卒業し一般ルームに移行している企業のうち，成長著しい企業が数社あるなどインキュベーション施設としての一定の効果は見られよう。

（5）ARIC の課題：尼崎市の創業支援事業

尼崎市の創業支援事業は，その多くを運営会社である㈱エーリックに委託してきたが，ARIC の入居率低迷により，入居率向上に向けた営業活動が主体となった運営をせざるをえない状態となり，また尼崎市の支援策も入居企業への直接支援ではなく，㈱エーリックに対する運営助成を中心に取り組むこととなった。主な支援策として，ARIC の借地料補助や建設資金融資斡旋預託金[8]などを実施していた。その後，入居率の低迷による㈱エーリックの経営危機が問題となり，BI としての機能向上に向けて，ようやく2002年より入居企業に対する相談業務の強化を目的として尼崎市が「インキュベーション・マネジメント事業」の実施に至った。しかし，当事業を担当する IM については，週2回企業相談を行っているが（予約制），非常勤であることに加え，これまで IM 不在の体制が常態化していたことから，不満の声が大きいわけではないものの相談体制に物足りなさを感じている企業もある。[9]こうした現状が創業支援事業としてあるべき姿ではないことは明らかであろう。

4　自治体産業政策とビジネス・インキュベータの位置づけ

尼崎市における産業政策の方向性の変遷としては，既存工業の高度化，都市型産業の立地促進，国際化や技術革新及び情報化への対応，研究開発の拠点整備（リサーチコア），ものづくりの促進，企業立地の促進と時代の流れの中で様

変わりしている（関・梅村，2009b）。政策の方向性が変化し，産業振興施策のスクラップアンドビルドが実施される中，尼崎市の商工費予算において施策開始以来10年を超え継続的に計上されている事業費は，中小企業融資斡旋制度を除きリサーチコア関連予算だけになっており，産業振興施策における「創業支援事業」の長期的な支援の必要性は認識されているといえよう。

次に，政策の方向性を確認するため，1992年に策定された尼崎市第1次基本計画（以下，1次基本計画）と2000年に策定された尼崎市第2次基本計画（以下，2次基本計画）の変化を検証する。リサーチコアや ARIC に関する事項は，1次基本計画（6部構成）では，第2部「まちが新しい価値を創造する産業をはぐくむ」において，第2章「地域に根ざした中小企業」第1節「工業の高度化の促進」，第3節「事業開拓の支援」，及び第3章「産業をはぐくむまちづくり」第1節「産業を支える基盤の整備」に掲載されている。施策の方向性として，リサーチコアの整備・充実を図り，①既存工業の高度化，②企業育成ネットワーク拠点の構築，③研究開発機能の充実，④技術，情報，人材等の経営資源の確保・充実を目指すとしている。

また，2次基本計画（6部構成）では，第2部「元気な産業をはぐくむまちにする」において，第2章「ものづくりの促進」第2節「ものづくり基盤の整備」，及び第3章「多様で新規性のある産業活動の促進」第1節「新しい産業の導入促進」に掲載されている。施策の方向性として，リサーチコアを活用した①技術，情報，人材等の産業情報ネットワークの構築，②起業に関する支援機関としての機能充実を目指すとしている。一方，全国の地方自治体において，積極的に行われている事業である企業立地促進事業（企業誘致含む）について同じように見ると，1次基本計画では，第2部「まちが新しい価値を創造する産業をはぐくむ」において，第3章「産業をはぐくむまちづくり」第1節「産業を支える基盤の整備」に掲載されており，施策の方向性として，産業用地の有効活用の促進を目指すとされている。次に，2次基本計画では，第2部「元気な産業をはぐくむまちにする」において，第3章「多様で新規性のある産業活動の促進」第1節「新しい産業の導入促進」に掲載されており，施策の方向性として，①事業所の新規立地を誘導，②工場が移転，閉鎖された跡地への工業系事業所の立地促進を目指すとしている。

このように創業支援事業と企業立地促進事業の方向性を比較すると，ARICは1次基本計画では拠点整備が重点化されていたが，2次基本計画ではソフト施策の充実を図ろうとする意図が見られる。また，企業立地促進事業は，立地促進に向けより具体的な方向性が示されている。

しかしながら，創業支援事業は2000年度以降の新規事業数は3事業（インキュベーション・マネジメント事業，ARIC入居企業家賃助成事業，成果発表会開催事業）であるのに対し，企業立地促進事業は，尼崎市企業立地促進条例の制定をはじめ計6事業施策（キャンペーン事業，企業立地アドバイザー事業等）にも及んでいる。このように，1次基本計画と2次基本計画では，社会経済情勢等の変化により，創業支援事業よりも企業立地促進事業への政策拡充が見て取れ，尼崎市における産業振興施策の重点化ポイントの転換がわかる。

5 創業支援策の再検討に向けて

（1）課題認識

これまでの検証から，ARICの現状分析における課題が3点明らかになった。第1に，尼崎市の産業振興施策として創業支援事業への優先順位が下がっていること。第2に，ARICと地域企業，地域経済団体との連携が十分でないこと。第3に，BI機能の構築及びそれらを活用する人材（IM）の体制が不十分であることが挙げられよう。しかし，こうした課題の解決は，いずれも容易ではないと考えられる。その理由として，第1に，長きにわたるBI主体による創業支援事業推進に一定の効果はあったものの，尼崎市の事業実施における重点化方向の変容が明確である。第2に，ARICの開設当初から，BIとしての必要な機能や組織のあり方について計画されていたにもかかわらず，入居率の問題とも併せ対症療法的対応に終始してきた現状がある。第3にBI機能やIM配置の充実については，尼崎市だけでなく，運営会社である㈱エーリックのさらなる企業育成機能の向上が期待されるところであるが，ARICの現状から厳しいといわざるをえない。最後に，ARIC設立に関わった地域企業，経済団体，産業支援機関，金融機関，行政（県や公設試験機関含む）からの支援も，既に設立から時間が経過し，期待することができないだろうと考えられる。以上より，

今後，尼崎市における創業支援事業はこれ以上の進展を見ることはきわめて困難であろうと考えられる。

(2) フルセット型支援からネットワーク型支援への転換

では，これらの課題等を克服し，尼崎市の産業振興施策としてどのようにARIC の再生を図っていくべきか，その方向性について提示したい。

第1に，ARIC の位置づけの転換である。ARIC は，本来 BI としての機能をもち，創業支援の拠点となるべき計画ではあったが，これを尼崎市が現在重点化している企業立地促進事業の枠組みに転換し，企業からの要望の多い低廉な貸工場，貸オフィスへと位置づけを再定義し，創業支援のキーポイントとなるIM を中心としたフルセット型支援を目指すのではなく，企業立地促進の観点からのネットワーク型支援に変更し，その拠点として柔軟に活用していくべきだろう。その根拠として，2004年の世界最大級のプラズマパネル工場誘致をきっかけとして，地域における企業立地促進の機運が高まり，尼崎市内の金融機関，商工会議所をはじめとした経済団体，さらには起業・創業をサポートする事業者，行政との実質的なネットワークが構築され，尼崎市において機能しているからである。また，広域的対応として，経済産業省（主に出先機関である経済産業局）や雇用・能力開発機構，関西 IM ネットワーク協議会など様々な窓口が用意されている現状から，創業支援の環境は整備されつつあると考えられ，地方自治体あるいはインキュベーション施設が単独で事業を展開する理由が薄れてきているのではないだろうか。

第2に，近隣の BI との役割分担である。尼崎市の周辺には，数多くの BI があり，その区分も製造業系，IT 系，バイオ系，サービス系，クリエイター系など，ある程度棲み分けが図られ，全国的に見ても充実している地域であろう。また，隣の大阪府には，インキュベーション施設だけで27施設も存在していることから（経済産業省，2014），尼崎経済が大阪経済圏と密接な関係にあることも踏まえ，都道府県の枠を超えて BI の役割分担を行い，広域的視点から創業支援事業を再構築すべきではないだろうか。一方，BI 等の産業支援施設は，今後新たに設置できる可能性が現在の社会経済情勢からきわめて厳しいと考えられることから，これを有効な地域ストックと捉える視点も重要である。

以上，BIを中心とした地方自治体の創業支援事業が大きな転換期に差しかかっていることを示すとともに，地域のサポート体制と地方自治体施策の重点化方針に沿ったBIの位置づけと機能構築を再検討し，地域から望まれるBIとして再生を図ることの可能性について論じてきた。ただ，本章の提言は，厳しい状況にあるすべてのBIに当てはまるものではなく，むしろ厳しい時だからこそIMを中心としたBIの存在価値は高まるものと考えている。

しかしながら，創業支援事業の停滞によりBIを異なった形で運用することを模索する場合，BI再生に向けた施策転換の仮説として，本章の議論は有用であろう。また，BIが本格的に設置されはじめて約30年が経過し，その重要性と支援内容は深まりつつある中，新たなBI活用の局面にきていることも明らかであることから，各地域の課題や実情に応じた現実的なコンセプトに基づく施策展開が求められているのではないだろうか。一方，自治体の産業政策として，全国で試みられたインキュベータ政策も入居率等から曲がり角にさしかかっているといえる。

今後の課題として，本章での分析は数多く存在するBIの一例に過ぎないことから，様々なBI及び関係する地方自治体等における事例の検証を進め，問題点をさらに蓄積することによって，地方自治体の産業振興施策としてのBIのあり方を探っていきたい。以下，中小企業を軸として，創業・起業支援も含んだ地域経済を耕すイメージの政策展開である米国発の地域経済活性化政策「エコノミックガーデニング」を紹介する。

6 エコノミックガーデニング──米国発の地域経済活性化政策

（1）新しい考え方の導入

経済のグローバル化が進み，国境を越えた人の移動が活発化する中で，産業の国際的な競争はかつてなく激しくなっている。一方で，地域経済活性化の重要性が指摘される中，財政難等を理由に地域を預かる地方自治体の政策構築が芳しくないといえる。そうした中，1980年代後半にアメリカのコロラド州リトルトン市で初めて実施され，試行錯誤を繰り返しながら15年間で雇用2倍，税収3倍を実現したことで注目を浴びた地域経済活性化政策「エコノミックガー

デニング」は，全米の多くの都市に広がりを見せている。この手法は，企業誘致だけに頼るのではなく，地域の中小企業が成長することによる地域経済活性化を目指すこととしており，そのために行政や商工会議所，銀行などが連携しながら地元の中小企業が活動しやすく成長できるようなビジネス環境をつくる施策を展開している（中小企業総合研究機構，2010）。日本においては，静岡県藤枝市が2011年度から，鳴門市が2013年度から導入を始めているほか，いくつかの地方都市で検討や研究が進められている。そこで，藤枝市及び鳴門市へのインタビュー結果をもとに，エコノミックガーデニングが日本独自の企業風土や地域の産業特性にあわせた政策になりうるのかについて検討する。また，事例調査の自治体も政策実施については，試行的段階であることから，結論を導くのではなく，現段階の分析に主軸を置くこととする。

（2）新たな概念：エコノミックガーデニング

エコノミックガーデニングとは，地域経済を「庭」，地元の中小企業を「植物」に見立て，地域という土壌を活かして地元の中小企業を大切に育てることにより地域経済を活性化させる政策のことをいい，山本（2010）は「地元企業が成長する環境をつくる政策である」としている。

米国・コロラド州リトルトン市でのエコノミックガーデニングの取組みが「2006年度版アメリカ中小企業白書」で紹介され，地域産業の活性化や雇用創出効果で注目された。リトルトン市では大企業の誘致による地域経済の活性化に頼らず，エコノミックガーデニングに取り組み，1990～2005年の15年間で雇用数が1万4907人から3万5163人と2倍以上，税収は680万ドルから1960万ドルと3倍近く増加したとされる。

では，リトルトン市の取組みはどのような特徴があるのであろうか。

1点目は，成長志向の強い意欲のある地元の中小企業に施策の対象を絞って支援を行ったことにある。中小企業を支援し，成長させることにより，地域の雇用創出効果を導いたと考えられる。

2点目は，市場規模や特色，消費者の動向，競合他社の存在などに関する情報について，データベースそのものを提供するだけではなく，データベースを基に分析した結果を提供し，中小企業の経営戦略を支援していることにある。

3点目は，中小企業間での連携や商工会議所，大学など地域内での連携を図りながら事業を進めていることにある。

4点目に，強力なリーダーシップの存在である。リトルトン市の取組みが成功した要因も，市担当者（約20年同じ担当者，商工部長）のリーダーシップのもと，試行錯誤しながら，継続的に取り組んだことが大きいと考えられる。

このようにエコノミックガーデニングの取組みは，特に斬新なものというよりは，「地元企業が成長する環境をつくる」という原則に基づき，土壌づくりや種まき，水やりなどの環境整備を継続的に進める取組みである。

つまり，明確なビジョンに基づくリーダーシップによって，意欲のある中小企業を中心に長期的な視点から支援するとともに，自立した開放的地域を形成すれば，地域産業に大きな変化を与えることができる可能性がエコノミックガーデニング手法にはあると整理できよう。

（3）日本版エコノミックガーデニングの事例

日本でも，静岡県藤枝市や徳島県鳴門市などでエコノミックガーデニングの取組みが始まっている。また，2014年から大阪府の中小企業政策にエコノミックガーデニングの考え方が導入され，地域のネットワークづくりが実践されている。以下では，具体的にどのような形で自治体が政策形成をしているのか，2つの事例を通じて概要を整理する。

静岡県藤枝市　藤枝市では，2011年度にエコノミックガーデニング事業費150万円が初めて計上され，2012年度には新たにエコノミックガーデニングを担当する「産業政策課」が設置された（図7-2）。予算額も市内企業の現況調査を中心に950万円を計上し，具体的な支援策を構築するに至った。また，2014年度から新たな産業振興ビジョンに基づいて2370万円を計上している。

2014年度のエコノミックガーデニングにおける施策は以下の通りである。
- ビジネス支援拠点の更なる充実（藤枝駅南図書館のビジネス支援拠点化）
- 効率の良い公開講座の開催（SNS活用講座，メジャーデビューラボ等）
- 産学連携の開拓及び強化（静岡産業大学との連携）
- 製造業への支援策拡充（企業訪問による支援ニーズの検証）

第7章　創業・起業支援

【藤枝市の施策等と各支援機関の関係図】

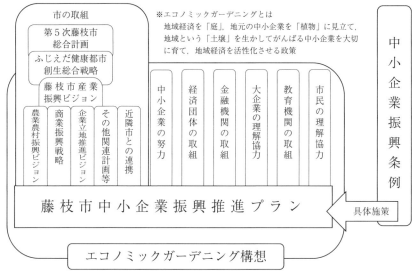

図7-2　藤枝市のエコノミックガーデニング構想
(出所) 藤枝市中小企業振興推進会議 (2018)。

・認知度を上げるための広報活動（藤枝エコノミックガーデニングの認知向上）
・各関連機関との情報共有の連携（藤枝市エコノミックガーデニング推進協議会）

　特に注力している事業として，藤枝駅南図書館のビジネス支援拠点化の目玉事業である「EG支援センター・エフドア」（以下，エフドア）の開設である。エフドアは，図書館内にあり，新商品の開発・新市場の開拓，起業などを支援するため，情報・データの提供，専門家や支援制度の紹介を行っている。主な支援メニューは，①相談窓口，②セミナー等の開催（ビジネススキル向上と場作り），③ビジネスに役立つ情報発信，である。また，エフドアは，藤枝市からの委託を受けたNPOくらしまち継承機構が担当し，2名の職員が常駐している。

　また，藤枝市は，中小企業が継続して繁栄できるよう，地域の支援機関と連携しながら，中小企業のチャレンジを活発化させる藤枝ならではの企業支援策「エコノミックガーデニング構想」の推進に取り組んでいる。具体的には，2016年12月，中小企業の振興が地域経済の健全で持続的な発展と市民生活の向上に寄与するものとして，この目的を達成するために「藤枝市地域経済を支え

第Ⅱ部　自治体産業政策の実際

図7-3　エコノミックガーデニング鳴門のホームページ
（出所）鳴門市。

る『がんばる中小企業』振興基本条例」を制定している。

徳島県鳴門市　鳴門市では2011年冬からエコノミックガーデニングに関する市内部の勉強会に取り組み，2012年度から新たにエコノミックガーデニングを担当する「商工政策課」を設置し，市の事業として取組みを始めた（図7-3）。[17]

初年度は，企業の「生の声」を聞くことから開始し，市担当者2名と商工会議所担当者1名が共同で70社（複数訪問は含まず）の企業訪問を実施，2014年度も継続して企業訪問に取り組んだ。

鳴門市にヒアリングを実施した2013年8月時点では，エコノミックガーデニングに基づく支援のあり方についてはまだ模索段階であり，パイロット事業として①中小企業人材育成・企業力強化支援事業，②大谷焼普及拡大支援事業の2つの事業を予算化していたに過ぎなかった。結果として，2つの事業ともに利用件数が少なく，試行錯誤の状況にあった。

そこで，企業訪問を通じて連携に関心の高い企業を中心に設置した「経営者ネットワーク会議」の場において，次年度以降の取り組み事業及び支援策について意見を求めるなど，より企業に寄り添った中で支援策を検討していた。この経営者ネットワーク会議は，他社との連携意向が強かった「食品分野」の企

業を中心に，市が事務局となって場を設定し，2013年度は計4回開催されている。

そのほか，支援側の動きとしては，前述の通り，市と商工会議所の共同による企業訪問活動があるほか，阿波銀行・徳島銀行・徳島信用金庫と市による「企業誘致連携協定」，徳島県中小企業家同友会の定期的な勉強会に市職員が参加するなど，支援機関側のネットワークづくりにも積極的に取り組んでいる。

（4）エコノミックガーデニングは新たな産業政策となりえるのか

ここでは，人口減少に伴い経済規模が縮小し，また，グローバル化に伴う企業誘致の厳しさが懸念される状況の中で，エコノミックガーデニングの取組みが地域経済活性化の有効な処方箋と果たしてなるのであろうかということについて考察する。

ビジョンとしての「エコノミックガーデニング」　「ガーデニング」という言葉には，自分の庭の草木がいつかきれいな花を咲かせるのを楽しみにして大切に育てる，という温かい響きがある。

多くの自治体でこれまで熱心に取り組まれてきた企業誘致施策を主軸とした産業振興施策ではなく，地域に存立する中小企業に注目して大切に育て，雇用の場と活力の源泉にしようとする中小企業施策への転換を図ることを目指したものといえよう。

つまり，米国流「エコノミックガーデニング」は，地域の中小企業を育成するための環境作りを造園になぞらえてシンボリックに表現したリトルトン市の産業政策のビジョンであるといえる。

真の産業政策になりうるのか　我が国では，2000年代に入って景気の低迷が深刻化した時期に，各自治体は競って企業誘致のための補助金政策に特化した政策を打ち出した。その結果，大企業の工場誘致が華々しく報道された時期もある。

一方で，エコノミックガーデニングの理念的枠組みは創造性に富んでいて，外からの企業誘致だけに頼らない「内発型」の産業政策の新たな方向性として，有効なあり方を示しているということができる。

また，シンプルな政策的枠組みから，エコノミックガーデニングによる政策形成に向けたその可能性も大きなものと見ることができる。

しかしながら，我が国の産業政策に積極的な一部の自治体では，日常業務としての企業訪問活動やマッチング活動，異業種交流会の場の設定，支援機関の連携など，エコノミックガーデニングで提示されている施策は，これまでにも必要性が唱えられたり，取り組まれたりしていることばかりであり，特に目新しいものとはいえない。

強いて挙げるならば，ITなどを活用したマーケティング情報支援が新しい施策であるが，これも，例えば札幌中小企業支援センターが取り組んでいるGISを活用した「出店くん」などの先進事例が我が国でも見られる。

こうしたことから，日本版エコノミックガーデニングについて次のように現状分析をすることができる。

①エコノミックガーデニングの概念は，産業政策を検討する上での大きな概念としてなんとなくではあるが理解できる。②一方，産業政策が進展している産業都市の自治体からは，具体例がぼんやりとして物足りない。③また，これまで，我が国でも自治体によっては取り組んできている施策が多く，目新しいものは多くない。④しかし，これからの産業政策を検討する上では，あらためて留意すべき視点が整理されており，政策上の概念として説明しやすい。

つまり，地域産業政策としての展開を検討する地方自治体にとっては，政策の一般化に貢献できる可能性のある概念であろう。

また，政策概念としての「わかりやすさ」がエコノミックガーデニングの大きな利点である一方で，具体的に目に見える「行動」を伴った政策であることも大きな特徴の1つであるといえる。

前述の通り，藤枝市では，ビジネス支援拠点「エフドア」においてNPOに委託して常駐職員を配置し，相談事業などを行っているほか，市職員による企業訪問活動など具体的な目に見える活動が行われている。また，鳴門市では，やはり市職員が地道に企業訪問活動に取り組み，「企業経営者ネットワーク会議」等を開催して，新たな連携の機会を生み出す事業に取り組んでいる。

これまで，我が国の自治体政策の中での産業政策は，補助金や税の減免など資金的な面に留まることが多く，自治体が中小企業に個別に関与する場面は限定的であった。

ところが，多くの中小企業が廃業する現状の中で，よりきめ細かな対応を求

められるようになってきている。「エコノミックガーデニング」という旗印のもとで，自治体職員が企業訪問やネットワーク形成に努力するきっかけを得られたという意味で，大変有効な政策であるということができる。

（5）「中小企業振興条例」や「産業振興プラン」との違い

ところで，近年，中小企業家同友会が中心となって各地で「中小企業振興条例」の制定が盛んである。「中小企業振興条例」は，地域に存立している中小企業を産業政策の主軸に据えてその振興を図り，地域活性化につなげようとする内容が一般的であろう。エコノミックガーデニングは，そうした内容をより深めた形であるといえる。

「中小企業振興条例」との違いとして，まず，道路や教育・文化施設，商業環境など生活の質を高める地域社会資産の拡充を図ること。次いで，企業経営者と業界団体・商工業担当公共部門・大学等学術機関の交流や意見交換の場を設け，地域内に密度の高い情報ネットワークを構築すること。最後に，マーケットに関する情報提供とマーケティング支援を商工業担当セクションを中心に実施することなどが挙げられる。

確かに，エコノミックガーデニングは，一般的な「中小企業振興条例」よりも，まちづくりを意識した内容であるといえるが，これに似たものとして，多くの自治体が制定している「産業振興プラン」があり，特に代わり映えしないのではないのだろうか。相違点としては，条例制定の有無に基づく政策的責任の法的な存在価値だけである。

ただし，これらの施策群を包括して，概念的にわかりやすい言葉で伝える「エコノミックガーデニング」というネーミングは，今までに無かったものである。理念条例の「中小企業振興条例」が各地で制定されつつある中で，統一的な考え方でその具体的な手法を示し，基礎自治体での産業政策のあり方をわかりやすく提示したこと，それに基づく予算措置をつけやすくしたこと，さらには行政だけでなく，他の支援機関との「本格的な連携」の動きを作り出すための「土壌」を表現したことなど，エコノミックガーデニングの導入効果は高いと考えられる。

日本版エコノミックガーデニングは，まだ始まったばかりであることから，

第Ⅱ部　自治体産業政策の実際

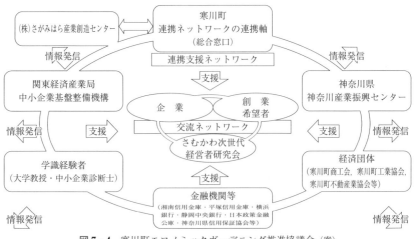

図7-4　寒川町エコノミックガーデニング推進協議会（案）
（出所）寒川町産業振興課。

結論は時期尚早ではあるが，エコノミックガーデニング導入において注意すべき点は，政策形成に際して「何が変わるのか」ではなく，「何を変えるのか」に着目することではないだろうか。

また，筆者は2015年に寒川町まち・ひと・しごと創生総合戦略策定等外部委員会（筆者が委員長）にて，産業政策へエコノミックガーデニングの導入を進言した。2016年から寒川エコノミックガーデニング推進事業がスタートし，2017年に新事業の創出・企業間連携などを目的とした若手中小企業経営者中心のさむかわ次世代経営者研究会が発足するなど，寒川町を中心とした神奈川県西部地域にて企業・金融機関・経済団体・研究機関・行政の連携による地域産業振興が動き出している。2019年には，地域一体となった寒川町エコノミックガーデニング推進協議会（図7-4）の設立が予定されるなど着実に地域の"耕し"を進めている。これからも日本版エコノミックガーデニングの展開に注目していきたい。[18]

注

(1) インキュベーション施設の運営収入を支える入居率は，100％の施設が28.5％ある一方，70％未満の施設は，27.9％である（経済産業省，2005）。なお，経済産業

省(2014)によると全国のBI施設数は498施設である。
(2) 設置機関のシェアとしては、市区町村30.7%、都道府県20.1%、公益法人11.6%の順となっている(経済産業省、2007a)。
(3) ARICの事業内容や仕組みは、兼村(2001)において紹介されているが、自治体施策の視点と現況も踏まえつつ改めて検討を加えたい。また、筆者はARICの運営会社である㈱エーリックに2008年4月〜2009年10月までの間、数度インタビューを実施した。
(4) BIの運営を行う㈱エーリック(Amagasaki Research Incubation Centerの頭文字から社名をネーミング)が、尼崎市、兵庫県、㈱神戸製鋼所等の出資により当初5億円の資本金で設立され、その後資本金は増資され、25億8325万円、株主数122団体となっている(2009年3月末現在)。
(5) ㈱エーリックは、営業活動を積極的に展開しているが、2009年8月末現在で入居者47社、入居率61.8%まで落ち込んでいた。
(6) 尼崎市が巨大な企業集積地である大阪市と神戸市に挟まれた地域事情から企業の立地行動として尼崎市以外を選択し、大阪市や神戸市に退転していくケースが多い。
(7) 既存企業が経営革新によって第二創業に至る過程の検証については、佐竹(2002)を参照されたい。
(8) ARICの建設費の一部は、㈱エーリックの負担であり、金融機関からの借入を行っていることから、尼崎市は利率軽減のため、借り入れている金融機関に対し融資残高の2分の1を預託する施策を行っていた(2007年度終了)。
(9) ARICに入居する企業10社へのインタビュー調査に基づく(2009年1月実施)。
(10) 企業の要望については、尼崎市産業立地課へのインタビューに基づく(2009年12月16日実施)。また、工場アパートは、例えば、賃貸住宅を併設し加工作業も行え、ローテクからハイテク企業までが入居する東京都大田区の「テクノWING 大田」(2000年開設)をイメージしている。
(11) 例えば、尼崎信用金庫では、尼崎市と提携した「技術」の評価に基づいた融資制度も構築されている。
(12) 関西IMネットワーク協議会は、起業家支援を目的としたIMの団体である。詳しくは、西岡(2008)を参照されたい。
(13) 鹿住(2008)は、BIの課題として、コンセプトの再定義とそれに合ったインキュベーション・システムの構築を主張しており、産業振興施策の今後の方向性として筆者もその主張に同感である。
(14) 尼崎市におけるBIの課題対応として、新たに創業サポート施設「ABIZ(アビーズ)」が尼崎市中小企業センターに2015年10月オープンした。詳しくは、岸本(2016)を参照されたい。
(15) 2014年6月6日、大阪府主催で「EGおおさか推進ネットワーク・キックオフ説

明会」が開催され，エコノミックガーデニング事業がスタートした。詳しくは大阪府ホームページ「EG おおさか」を参照されたい。http://www.pref.osaka.lg.jp/mono/eg-osaka/index.html（2019年1月8日アクセス）。

(16)　2014年5月23日，藤枝市産業政策課及び NPO くらしまち継承機構へのインタビューに基づく。

(17)　2013年8月22日，鳴門市商工政策課へのインタビューに基づく。

(18)　2018年9月末現在，筆者の調べによるとエコノミックガーデニングを導入している自治体は，本書で記述した以外に大阪府，京都府，千葉県山武市がある。

第8章

企業立地支援
——これまでの自治体産業政策(2)——

本章では，尼崎市の企業立地政策を対象に，企業立地支援の現状と課題を考察する。また，考察結果を踏まえ，地域経済への影響（メリット，デメリット）及び，政策的効果について言及する。

1 産業政策の新展開

産業集積の重要性が，世界各地で「再発見」されつつあるように（長尾, 2000），産業集積都市を自負する地方自治体が集積の維持に向けて，様々な施策を展開している。

その先進都市である東京都墨田区や大田区等の取組みを，多くの地方自治体が施策立案の参考事例としている。また，関西においては，産業集積の維持発展が地域経済の振興にとって重要であると同時に，将来の地域の税収基盤や雇用機会の確保という視点を重視している大阪府八尾市（植田，2005）や地域経営の視点から急激な産業振興施策の進展が見られる大阪府大東市（三浦，2009）の取組みも目が離せないだろう。

地方自治体による産業振興施策は，技術・開発支援や経営支援など多岐にわたるが，昨今特に企業立地促進活動が大変活発化している。工業集積研究会(2010)の自治体アンケートにおいても，最近5年間で重点的に実施している施策として，「企業誘致」が第1位であったことは第3章で述べた通りである。また，多額の補助金，固定資産税等の税の軽減などの支援メニューを用意して，企業の立地促進に取り組んでいる姿は，新たな地域活性化策として新聞やテレビ等のメディアに取り上げられ，大きく注目されている。

こうした自治体の活動を後押しするため，2007年3月「企業立地の促進等による地域における産業集積の形成及び活性化に関する法律」（以下，企業立地促

進法）が制定された。企業立地促進法は，地域産業集積活性化法の期限切れによる後継の法律とされているが，特徴として所管省庁である経済産業省を含め6省の連携による支援措置が組み込まれている。また，企業立地促進法の中で初めて「企業立地」が定義づけされ，第3条第2項において「『企業立地』とは，事業者が，その事業の用に供する工場又は事業場の新増設（既存の工場又は事業場の用途を変更することを含む）を行うことをいう」とされている。つまり，企業立地は，地域外から新しく工場を呼び込むことだけではなく，既存の工場や事業所のリニューアルも含む概念であり，これまで地域産業を支えてきた工場等の支援及び産業構造の変化に対応したイノベーションへの期待の意味合いが多分に含まれていると考えられるだろう。

　本章では，こうした意識に基づいて，企業立地促進活動を積極的に展開している尼崎市を事例に，地方自治体の企業立地政策がどのように産業集積地域に影響を与え，まちの再編に寄与したのかについて，実際に企業立地促進活動をこれまで行ってきた実務者の視点から述べていきたい。

2　地方自治体の企業立地政策

（1）企業立地の動向

　全国的な立地傾向を見ると，2002年が立地件数・立地面積ともに最低値を示しており，その後高度経済成長期の「いざなぎ景気」を超えた，「いざなみ景気」とも称された戦後最長の景気拡大局面では最終年度である2007年が最高値を示しており（図8-1），当時シャープ㈱亀山工場の建設などの大型立地案件が続出したことも特徴であろう（表8-1）。また，工場が地方に分散する時代は終わりを告げ，大都市圏に立地が集中する傾向が強く見られる状況にある（松原，2007）。

（2）ものづくり都市「尼崎」の現状と課題

　尼崎市は，大阪と神戸の二大都市圏に挟まれ，これまで鉄鋼，化学，機械金属などの基礎素材型産業を中心に産業都市として，我が国の経済発展に寄与してきた。しかしながら，工業化が進展するにつれて，他方では環境・公害問題

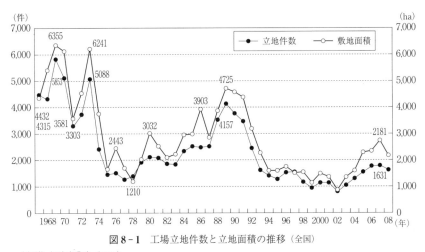

図8-1　工場立地件数と立地面積の推移（全国）

(出所) 経済産業省 (2009)。

表8-1　近畿圏の大規模設備投資の一例（薄型パネル）

事業所名	場　所	総投資予定額	操業開始時期
シャープ㈱亀山工場	三重県亀山市	約5000億円	2004年1月
パナソニックプラズマディスプレイ㈱尼崎工場	兵庫県尼崎市	約5550億円	2005年9月
シャープ㈱堺工場	大阪府堺市	約3800億円	2009年10月
㈱IPSアルファテクノロジ姫路工場	兵庫県姫路市	約3000億円	2010年4月

(出所) 各社ニュースリリース及び新聞報道を参考に筆者作成。

が顕在化し，1960年代後半以降には，特に市民生活に与える影響が深刻な問題となった。こうしたことも要因の1つとして，市域の約4割が，1972年制定の「工場再配置促進法」(2006年廃止) により，工業集積の程度が高く工場の移転を図ることが必要な地域（移転促進地域，図8-2）となるなど，国の産業立地政策により，市外への工場の移転誘導が図られた。また，その後はバブル経済による地価の高騰，土地利用の複雑化による新たな住工混在問題の発生や経済情勢の変化により，工場の移転，閉鎖が増加するなど産業活動の停滞を招き，尼崎市の人口は1971年の約55万人を，また製造事業所数（全数）でも1983年の2996件をピークに減少傾向を辿った。

第Ⅱ部　自治体産業政策の実際

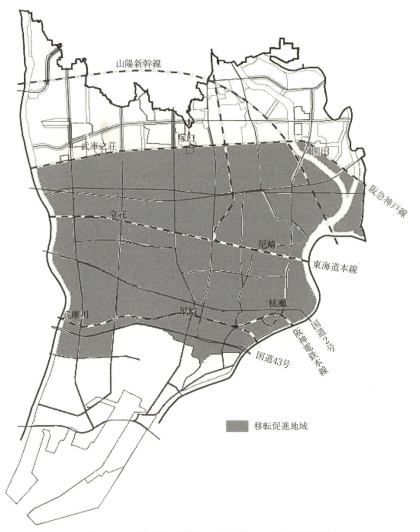

図8-2　工場再配置促進法による尼崎市の移転促進地域
（出所）筆者作成。

2005年の国勢調査によれば，尼崎市の人口は約46万人であり，また尼崎市における製造業の推移は，1995年と2005年の全数調査を比較すると，事業所数，従業者数及び製造品出荷額等総額において全国及び兵庫県の減少割合よりも上回るデータが見られる。製造事業所の低迷は，地域経済の活力の喪失につながりうることであり尼崎市の財政構造上，法人市民税への依存割合が高いことから，「ものづくり都市」としての再生に向けた積極的な取組みが重要な都市課題となっている。そうした中，2000年に発表されたシャープ㈱の亀山工場建設は，地方自治体の産業部門の関係者だけでなく，多くの人がその進出に驚くとともに誘致の可能性を期待する第一歩となったのではないだろうか。その理由は，企業活動がグローバル化し，世界規模で生産・研究活動が展開され，企業立地の選択範囲を日本国内だけでなく世界にまで広げている中，他国と比較した上で国内立地を選択したことにある。このことは，これまで展開してきた既存企業への支援施策に加え，外部活力の導入を図ることによる新規立地企業と既存企業との相乗効果による地域産業の活性化のための施策の必要性を考える大きな転機となった（梅村，2005b）。

また，企業立地促進施策は，目的として税の増収や雇用の確保，ひいては地域経済の活性化につなげていくことが求められているが，亀山工場の立地事例は加えてまちのイメージアップにも大きく貢献できる可能性を示したものと考えられる。

尼崎市においても産業活力再生のための1つの方策として，2003年から産業立地課を創設し，前述した尼崎市第2次基本計画における施策の方向性にも示されている企業立地の促進を精力的に図ることになった。

3 大規模工場の立地と地域経済の活性化

（1）パナソニックプラズマディスプレイ㈱尼崎工場の誘致

尼崎市臨海部で3棟からなるパナソニックプラズマディスプレイ㈱尼崎工場（以下，パナソニック尼崎工場）が稼動し，世界に向けプラズマディスプレイの基盤となるパネルを製造していた（表8-2）。また，尼崎市の企業誘致の象徴的なファクトリーとして，一般公開はされていないが，敷地外から間近で工

表 8-2 パナソニック尼崎工場概要

	第1棟	第2棟	第3棟
延床面積	約 610,000㎡		
工事着手	2004年9月	2006年4月	2007年11月
生産開始	2005年9月	2007年6月	2009年12月
生産能力 (42型換算)	28.5万台／月	50万台／月	100万台／月
投資額	約950億円	約1,800億円	約2,800億円

(出所) パナソニック㈱プレスリリースを参照し筆者作成。

場を垣間見ることができるため，尼崎産業の視察ルートにもなっていた。

　日本政策投資銀行（2005）の調査によると企業が国内立地先の選定に際して最も重視している項目（製造業対象）は，①地域資源（用地・労働力等），②交通アクセスの利便性，③既往の拠点等との近接性，④当該地域における製品・サービス需要，⑤国・自治体からの充実した公的支援，の順となっている。だが現実には，公的支援以外の項目の充実は，地域として継続して取り組むべき課題ではあるが，即効性に欠ける面があるため，支援内容において競い合う結果となっている。

　また，企業立地に対する優遇制度の内容は，投資規模や雇用人数の条件を定め，最高額までの範囲で投資額の一定割合を支給するものから，対象の業種や地域を限定し，土地・家屋等にかかる固定資産税等を軽減あるいは固定資産税相当額の助成など，支援内容や対象要件なども様々な形がある。この相違点は，地域産業の現状や役所内の調整段階における産業政策の位置づけなどが複雑に絡み合った結果として生じたものといえよう。

(2) 立地企業の選択理由

　これまで自治体の企業誘致活動によって立地した企業自らが，自治体等との交渉経過や内容，立地選択理由について触れることはあまりなかった。また，企業のそうした姿勢から，誘致活動を行った自治体側もその内容を口外することは企業との信頼関係から避けてきたが，企業立地促進法の制定を契機に，企業立地を題材としたフォーラムやセミナーなどが頻繁に開催され，実例による

表8-3　新工場候補地に求められる要件

- インフラが稼動の6ヶ月前に揃う。
- 技術部門が，生産立上げ・歩留り向上支援を行い易い立地。
- 微細加工技能等，技術者に求められる高技能レベル。
- 容易な材料調達→パネル材料の大半が日本調達。
- 主要生産設備はすべて日本製
  →365日24時間稼動の技術サポート，メンテナンス体制。

（出所）近畿経済産業局（2007）。

　企業側の評価として，自治体との交渉内容や優遇制度の評価等について語られるようになった。ここでは，2007年9月に開催された「企業立地戦略フォーラム in 近畿」（近畿経済産業局主催）でのパナソニック関係者からの講演内容を元に，企業誘致における企業と自治体の実態像を明らかにしたい。

　さて，パナソニック側の候補地選択の要件としては，表8-3のように挙げられているが，簡略化してまとめると①最短工期の実現性，②既存開発拠点からの近接性，③優秀な人材確保の可能性，④交通の利便性と解釈できよう。国内複数の候補地から尼崎市が選択された理由として，この要件をクリアしたこととともに，「量産立ち上げまでのスピードが大きな決め手となった」と示唆されている（近畿経済産業局・経済産業調査会近畿本部，2007）。その際，大きな役割を果たしたのが，兵庫県及び尼崎市が実施したワンストップサービスであろう。工場等を建設する場合，立地場所や立地する工場の業種，業態等によって，様々な法令の規制があり，該当する場合は，それぞれの所定の手続きが必要になる。そうしたことから，一部の自治体では，建設補助金等の優遇制度の他に，ワンストップサービスの促進を1つの重要な施策として掲げ，煩雑な手続きをできる限り簡略化するため，自治体内部の規制に係る担当部門への立地企業による説明会の実施，あるいは立地企業と適宜協議を行うことにより，工場等の建設にあたっての問題点，解決すべき課題の具体化，事務手続きの方法などについて明確にしながら，立地企業の事務手続きをスピーディに行うことができる体制づくりを行っている。[3]尼崎市においても，工場立地に係る関係部門を集めた工場建設の説明会を開催し，タイムスケジュールの共有化を図り，[4]スピード感をもって様々な課題に対応していった。[5]こうした行政側の早期着工への努力と補助金等のインセンティブ，尼崎市の立地優位性（交通インフラ，自

社との近接性，人材確保等）が評価され，立地先として選択されたものと考えている（梅村，2008b）。

　企業立地を促進するための重要な事項として，チームづくりがある。現在では，企業立地部門の体制として担当室あるいは担当課を設置することが一般的となってきており，例えば堺市はシャープ㈱堺工場の建設チームとして「堺浜整備推進室」を設置し，総勢20名を超える陣容を整え，工場建設に向けた調整等だけではなく，大規模な基盤整備から取り組んでいる。

　配置内容としては，事務職職員に加え，都市計画や建築，土木等の知識と経験のある技術職職員の適切な配置が必須であろう。企業との交渉，庁内調整における内容は，複雑多岐にわたり，特にスピード感のある仕事をするためには，即断即決を求められる機会が多いことから，職員の経験がポイントとなってくる。

　また，尼崎市のケースでは，進出を決定した土地が関西電力㈱の尼崎第三火力発電所跡地であったことから，電力供給などのインフラ整備も含めて，同社の「企業進出プロモーショングループ」の存在が大変心強く，連携もスムーズに図ることができた。

（3）地域経済への波及効果と中小企業

　当時，尼崎市は近隣の大阪市や堺市等の立地状況とともに，活気ある産業集積都市としてかつてないほどに様々なメディアで取り上げられていた。2003年に増え続ける遊休地やその跡地利用等の対応のために産業立地課が新設された頃を振り返ると，企業立地の現状には隔世の感を覚える。市内の状況を見ると，タクシーの利用やビジネスホテルの稼働率が上がりつつあり，さらにはそうした経済情勢を反映して，2004年以降兵庫県内の播州信用金庫や但馬銀行，県外では京都銀行や山陰合同銀行（本社：松江市）なども含めた9店舗が開設に踏み切っており，さらに2009年9月には南都銀行（本社：奈良市）も尼崎支店をオープンさせた。こうした各銀行の尼崎市への進出状況からも尼崎経済は他地域と比較しても活況を呈していることが窺えるだろう。実際の融資においても，金融機関間の競争は市中金利の低金利化につながっており，中小企業にとって厳しい時代の中，良い材料の1つとなっているといえよう。

また，薄型パネルやリチウムイオン電池の大規模工場立地による関西復権のシンボルとした報道や，銀行やシンクタンクの経済波及効果の公表，あるいは関西の商工会議所が主体となった「大阪湾岸地域・企業連携研究会（略称：パネルベイ研究会）」の発足などにより，尼崎市の立地優位性が情報発信されるとともに，関西経済の中核地域として注目を集めるなど大きな効果につながった。従来からのものづくりを基盤とした産業集積都市のイメージに，デジタル産業を付加したことにより，新たな都市イメージの創生に大きく寄与したといえるだろう。

　次に，尼崎市企業立地促進制度（以下，立地促進制度）の認定状況であるが，2004年10月の制定以来，2018年12月末現在において111件（88社），事業投資予定額約7067億円の認定を行っている。その内訳として，大企業27件（14社），中小企業84件（74社），また立地内容として，新設（新規立地）25件，増設56件，市内間移転22件，建替5件，設備更新（中小企業のみ対象，2014年度から）3件となっている。立地促進制度は，新規企業の立地だけを目的としたものではなく，新規立地という外部活力の導入により，既存企業が尼崎地域の立地優位性を再考する機会の創出も副次的目的としていたこと及び尼崎産業の特徴から中小企業の立地支援が政策目的の主眼であったことから，工場の建替や増設への促進にも効果はあったと考えている。

（4）企業立地政策の課題

　一方，企業立地政策の進展と地域経済活性化への波及効果や補助金等のあり方について疑問符を投げかける声も出始めていることから，政策課題について整理したい。大きな論点として，①企業立地の重点化，②立地企業への高額な補助金支出が挙げられよう。企業立地の重点化に対する課題については，岡田（2005）は企業立地政策の盲点を指摘している。1つは，大規模工場であっても，それらはいわゆる本社の分工場であるため，雇用創出を含めた地域経済効果は限られていること。2つ目に，企業がグローバルに立地移動する時代において，企業間の技術開発競争の激化により，事業所の立地と閉鎖，撤退のサイクルが短縮化しているといった指摘である。そして，そうした課題をもつ企業は，地域の未来を託す企業になりうるのかといった視点から，地域資源を活

かした地域資本を意識的に形成あるいは育成していく方が，確実かつ効果的であろうとも指摘している。この点については，内閣府政策統括官室（2005）においても「工場誘致は，野球で言えば，外国人選手を4番に据えるようなものであり，上手く地域に根ざせば，またとない力になるが，撤退してしまえば元も子もない。自地域に根ざした産業がリーディング産業になることが重要である」と示唆している。また，尼崎市に関連した意見として，日本銀行神戸支店（2007）では，「兵庫県内の企業立地が活発化し，雇用創出効果や地元企業との今後の取引拡大を期待する一方，企業立地の増加による雇用などへの波及効果そのものは限定的」と言及している。

次に，都道府県，市町村による補助金の高額化傾向は，2002年のシャープ㈱が三重県亀山市の立地に際して，県が90億円，市が45億円を交付したことがきっかけになったといわれる。47都道府県の中で優遇措置を全く講じていなのは東京都だけであり，大阪市や神戸市，横浜市など大都市の自治体も優遇措置（税の軽減含む）を講じている（藤田，2007）。例えば，都道府県の最高額は和歌山県の100億円（雇用奨励金10億円含む）であり，こうした自治体間の補助金競争に対し経済産業大臣は「自治体が補助金競争をするのは，有益ではない。補助金の多寡ではなく，むしろ，企業に対する中長期的なサポートが重要」と指摘している（経済産業省，2007c）。

これら課題を踏まえた企業立地政策のあり方を考える上で，これまで各自治体で既に行われている施策実績を評価し，雇用や税収入，及び地域経済への波及効果を分析・比較することは絶対条件として避けられないだろう。地域住民，地域企業，経済団体との連携・協議による地域主導及び地域資源の活用を主体とした考えのもと，各地域の実情に即した政策の構築が待たれている。なお，企業立地の目的の1つに税源の涵養があるが，筆者の試算によれば企業投資額の約1％が市税（固定資産税［土地除く］・都市計画税・事業所税）として期待できる。

4　企業立地支援の目的と成果

バブル経済崩壊以降，尼崎市内には工場跡地の未利用地が増加し，住工混在

地域では大型スーパーやマンションが建設され，新たな問題と活性化への課題が浮き彫りになっていたことから，産業集積地域の保全に向け企業立地とまちづくりの両面から取り組みを進めてきた。折しもいざなみ景気の影響を受け，関西地域においても企業立地が活発化していた時期に合致したことから，面的再編を含めた尼崎産業の構造転換が促進される結果となり，企業立地の進展がまちづくりに大きな影響を与えたといえるだろう。では，具体的にどのような影響をもたらしたのか提示することにしたい。

第1に，空間の再編であろう。企業立地促進に取り組みはじめた2003年には，尼崎市臨海部を中心に約70haもの低未利用地を抱えていたが，厳しい社会経済情勢の中，近隣の大阪市，神戸市に比べた時の地価の割安感が後押しして，低未利用地はほとんど新たな形に変容している。

第2に，地域の位置づけの変化であろう。これまで各企業の国内製造拠点としては，どちらかというと補助的事業所の感があった尼崎市内の既存事業所が，パナソニック尼崎工場等の立地状況に鑑み，その立地優位性を再考した結果，設備増強や新規分野への投資が行われはじめた。これは，各企業の国内製造における事業所再編の中で，尼崎地域の製造拠点としての位置づけが変性しつつあることの表れであろうと考えている。

第3に，自治体政策の浸透であろう。企業立地促進事業の展開によって，自治体職員や企業立地推進員等が市内製造事業所を訪問し，産業振興に対する市の姿勢及び政策の説明を行い，結果的に現状調査を行うことができた。また，立地促進制度の条例化の取組みは，新規企業の誘致や既存企業の操業及び事業展開を市として促進していくことを対外的に明確に示すとともに，市役所内における条例制定過程での税施策の活用や都市計画との整合性などの議論を通して，産業政策への理解が若干ではあるが深まったものと考えている。さらに，喧々諤々とした政策調整を通して，互いの部署の政策的ポジションと方向性が明確にされ，横断的な政策のコラボレーションができたことが何よりの成果であった。この関係構築が，次に展開される企業立地促進のためのワンストップサービスの体制づくりの礎となったことにも大きな意義がある。

第4に，ネットワークの構築であろう。企業立地促進という仕事を通して，国，都道府県，市町村，経済団体，大学，調査機関，ライフライン企業や銀行，

建設会社などの民間企業とのネットワークが構築され，情報交換をはじめとした様々な連携が生まれており，今では企業立地の分野だけでなく，他分野にも広がりつつある。[14]

　地方分権改革により自治体の枠組みが揺れる大変革期の今こそ，地域の取組みにより，地域特性や既存のストックなどを活かした個性豊かな都市・地域を形成していくチャンスと捉えるのも可能であろう。そうした意味で，尼崎市の取組みは有用な産業政策の一例となるであろう。今後さらに「企業立地」の意義と本質を確認しながら，地域としての自立・経営を視点とした新たな企業立地政策としての広がりと深化を期待したい。

　しかしながら，本章で述べてきた地方自治体の企業立地政策は，大きな期待を担い推進されてきたが，グローバル化，超円高等の影響により，パナソニック尼崎工場をはじめとした国内大型工場の縮小等も発表されるなど，国内立地の状況は厳しい。[15]しかし，この状況は今に始まったことではなく，これまでも我が国産業はその浮遊を幾度も経験してきた。関（2005）において，「企業誘致で最も成功したまち」として紹介されている岩手県北上市は，企業の誘致を土台として，工業振興を図ってきた。現在も，厳しい経済環境の中，その集積を維持し，「まちづくり」「地域福祉」につながっている。[16]企業立地は，あくまでも手段であり，目的ではないことを忘れてはならない。

　一方で，企業立地（企業誘致）政策は，多くの批判のある中これまで各時代で繰り返し実施されてきたスタンダードな政策である。本章で触れた尼崎市企業立地促進制度は，巻末に補足資料として掲載している。今後の自治体産業政策のヒントとして参考になれば，政策立案者として幸いである。

5　従来型産業政策の問題点と都市政策

　本章では，第7章に続きものづくり都市である尼崎市を主としたケース・スタディを行った。まず，自治体の産業政策としての概観を検証し，産業政策を主体とした地域経済の活性化を目指してきたことを整理した。特に，厳しい経済不況や住工混在の深刻化により，事業所の減少が課題となる中，政策的方向性として，内部的視点から起業や企業誘致の外部的視点へと移行していること

を明らかにした。そうしたことから，外部的視点による産業政策として，第7章ではビジネス・インキュベータ，本章では企業誘致の考察を行った。

　尼崎市において，ビジネス・インキュベータは，多額の費用をかけたが，計画目標とは大きく相違した結果になり，事業所の集積に対する効果は薄かったといえよう。次に，企業誘致は，尼崎市が都市部の自治体として，先駆けて実施したことから，大規模工場の誘致にも成功し一定の効果はあったが，景気の波に影響され短期的な成果に終わってしまい，産業集積地域の維持・形成を狙った持続的な施策としては，多くの先行研究からの指摘があったように，今後の展望も含め厳しい結果となっている。

　こうした外部的視点の産業政策自体のすべてを否定するものではないが，産業集積地域の持続的発展を自治体が志向する場合，都市政策の視点が必要なのではないかと筆者は考える。

　産業集積地域は，単に工場が集積している場所だけを指すのではなく，都市空間として，住宅や商店，まれに学校など様々な生活活動の拠点のモザイクによって構成される空間である。本章で取り上げた尼崎市も大都市圏に位置し，地価高騰を経験した地域であるが，現在，その都市空間を歩いてみると，都心回帰の影響からであろうが，新たな都市再生の波にのって空間の再編が至る所で起こっている。

　都市政策は，単に行政の仕事ではなく，個々の企業，人間の自由な決定に任せつつ，その中の相互作用をある評価軸に従って意識的に作り出すプロセスであるとされる。産業発展は歴史的に築かれてきた町の文化を崩壊させることもあるが，外から入ってきた知識や刺激が都市の産業循環を再生させるきっかけとなる場合もある。こうした旧秩序と新秩序の組み合わせや，スムーズな移行をデザインすることも都市政策の領域であり，その秩序の変化と価値観の変化をどう捉えるかという点が新たな「都市政策」を考えるきっかけにつながる（竹内，2006）。

　また，この移行プロセスにとって大切なのは都市の公共財，つまり共有空間の利用である。都市内部では道路や通信ネットワーク，公園など共有空間が多い。このような共有空間の活用の方法には，個人，企業，ディベロッパー，行政，金融機関など様々なユーザーが関わっている。これらの多くのパートナー

が暗黙のうちに，都市の公共財を使いながら，より快適な生活を実現しようとする関係性の中に，どういったメッセージを埋め込んでいくか，あるいは価値判断を組み込んでいくかということが，「都市資産」の価値を決定する要素になると竹内（2006）は指摘している。

このパートナー間の価値連動性を把握し，組織化し，都市の投資家と運営者を結びつける組織や運営形態を考えることが「都市経営」であり，これまでの産業政策には含まれてこなかった視点である。今後は，政策目的として地域経済のことのみを中心に立案したものではなく，都市経営の視点を加味した政策形成が求められるだろう。

本書では，産業集積地域の持続的発展に向けた政策について考察していることから，都市政策とは，「地域が保有するハード及びソフトの都市資産への投資フレームワークを設定していくプロセスである」と定義し，これまでの産業政策一辺倒ではなく，まちを創る視点の重要性に着目していきたい。

再総括すると，これまでの自治体における産業政策の現状では，代表的な産業政策方向として，①創業・起業支援──ビジネス・インキュベータ，②外部資源の導入──企業誘致などがあるが，これまで必ずしも効果をあげてこなかった現実があることを尼崎市の事例などから示した。

これらを考察すると，産業集積という「面」を維持・発展させるためには，インキュベータや企業誘致などの「点的」な政策だけでなく，より広く「面の充実」を目指した政策が必要なのではないだろうか。

次章以降，このような広義の「都市政策」手法の中で，産業集積の維持・発展に寄与すると思われるものを検討し，従来型の「産業政策」を強化（融合）する新しい「まちづくり的手法」の可能性を提示する。

注
(1) 尼崎市の市税における法人市民税の割合は，2008年度当初予算13.5%，2009年度当初予算では9.4%となり，その差額は約36億円。自治体の行政運営に多大な影響を与えている。なお，兵庫県下人口10万人以上（2007年国調時点）の自治体（10市，政令市含む）の市税に対する法人市民税の平均は，9.18%（2007年度決算）である（総務省市町村決算カードより）。
(2) 尼崎市の都市課題として，製造業を中心に発展してきた産業都市であり，都市活

力を維持する上で，ものづくりを中心に多様な産業集積を活かした地域産業活力の創出を図ることが必要であると認識している（尼崎市，2000）。
⑶　各自治体においては，このスピードを確保するために，企業立地サポートセンター等の名称の別組織の設置あるいはワンストップサービスを目的とした総合窓口の設置などが相次いでいる。設置にあたり重要なことは，自治体としてどの程度総合力が発揮できるかであろう。
⑷　自治体（県・市），立地企業，施工関係者等による工場建設の進捗管理を行うための基本事項。
⑸　ワンストップサービスは，いわゆる縦割り行政の弊害をなくすことが主目的であり，行政サービスを総合的・複合的に提供することを意味しているが，許認可事項の相談・調整はあくまでも担当部署が行うことであり，総合窓口等への過度な期待は行政運営上危険であろう。
⑹　2008年12月16日，堺市産業政策課へのインタビューに基づく。
⑺　『産経新聞』2008年1月10日付朝刊（近畿版）。自治体の工業団地や関西電力㈱の発電所跡地などに生産拠点等を誘致し，電力の大口顧客を開拓することを目的として，2000年10月に設置された。
⑻　筆者は尼崎市産業立地課創設時のメンバー（2003年当時，係長）。
⑼　『毎日新聞』2007年6月26日。
⑽　筆者の調査に基づく（2009年3月末現在）。
⑾　『日本経済新聞』2009年6月2日。
⑿　例えば，日本政策投資銀行「DBJ Kansai Topics 工場立地の「関西回帰」とその経済効果」（2006年2月）や㈶関西社会経済研究所の「大阪湾岸大型設備投資の経済波及効果」（2008年7月）が公表されている。
⒀　蓄積されたデータは，繰り返し行われる企業訪問で更新され，膨大なデータ量となっており，施策を考える上での貴重かつ重要な判断材料である。なお，本来は製造業実態調査を毎年度実施し，動向把握に努めたいところであるが，尼崎市では1997年に実施されて以降，多額の費用を要することから見送られていた中，国の緊急雇用関連の補助金等を財源として2002年，さらに2009年に調査が行われている。
⒁　例えば，大阪湾ベイエリアに関係する自治体，民間企業，金融機関，報道機関，大学などの各関係機関の有志からなる研究会が立ち上がり，行政圏の垣根を越えたネットワークづくりと課題解決に向けた勉強会が行われている。筆者もそのメンバーであるが，共有する課題意識は地域経済の将来への危機感である（日本立地センター，2008；『日本経済新聞』2008年9月9日）。
⒂　パナソニック尼崎工場は2005年9月に操業を開始し，2014年3月操業を停止した。その理由として，急速に進む低価格化や円高が重荷になり，超高精細画質などの高付加価値路線も収益に結びつかなかったと説明している（『日本経済新聞』2011年

10月21日）。なお，工場跡地は物流拠点としてリニューアルされる予定である。
(16)　2012年3月27日，北上市基盤技術支援センターへのインタビューに基づく。

第Ⅲ部

これからの自治体産業政策

第❾章
土地利用計画
——まちづくり的手法(1)——

　本章では，まちづくり的手法の1つである「土地利用計画」の実行による産業集積の維持・形成の可能性について検証する．特に，産業振興に向けた都市政策の適用にも触れ，まちづくりとものづくりの融合的な自治体政策の可能性を考察する．

1　土地利用の適正化

　日本のものづくりが1973年のオイルショックや1985年のプラザ合意，さらに韓国，台湾等のアジア諸国の台頭という国際的な環境変化により，衰退傾向を見せはじめるのと時を同じくして，尼崎市においても製造品出荷額や従業員数，事業所数が急激に減少しはじめるとともに，戦前・戦後の工業化の時代に立地した工場の産業構造転換に伴う移転・閉鎖が続き，社宅等も含めた企業所有地の遊休や転用が進んでいる．特に，阪神・淡路大震災やバブル経済崩壊の影響が色濃く出始めていた1995年頃より，内陸部の工業系用途地域（工業地域・準工業地域）を中心に大規模商業施設やマンション，住宅ニーズの高い戸建住宅，さらに最近では店舗面積1000㎡以下のミニスーパーの立地が増加傾向にあるなど転換が進みつつあり，これまでの住工混在から住工商混在へと土地利用が複雑化し，操業環境，居住環境双方への影響が懸念されている．また，現在，混在が進みつつある地域においては，住宅供給側の説明不足や住宅購入側の近隣工業地への認識不足により，既存工場と流入住民との新たなトラブルも発生している．

　産業都市として発展してきた尼崎市においては，長きにわたり住工混在問題に取り組んできたが，土地利用の大きな転換期を迎えている今，これまでのような対症療法的な施策ではなく，まちづくりの観点から住工商が共存でき，尼

崎市の地域資源である「ものづくり」に安心して取り組める工場適地の確保が求められている。

このように地域が目指すべきまちの形を保全するためには，土地利用の適正化が今日の都市政策における重要課題となっており，尼崎市の経験を通じて，上記課題における具体的な問題点とその克服に向けた試みを検討することが本章の目的である。また，尼崎市の都市政策は，産業振興の観点で進められてきた特徴がある。[1]

2 土地利用の現状

(1) 土地利用の変遷

尼崎市の土地利用の現状を考察するため，近隣の産業都市との比較を試みたい。各都市における政策上の産業振興の位置づけや産業集積の内容によって，その用途の構成に影響するが，経年変化を概観すると，1974～96年までの間に，尼崎市を含むほぼすべての都市において，「山林・農地」が減少する一方で，「住宅地」，「商業・業務用地」，「公共公益施設用地」が増加しており，宅地化が進んだことがわかる。次に，尼崎市の特徴は，他都市と比較して「工業用地」の構成比が16.2%（1996年時点）と最も高く，産業都市の特徴を端的に表している。一方，宅地開発が可能な「山林・農地」は3.9%と少なく，既に全域が市街地化され，拡張の余地がないことがわかる（表9-1）。

ただし，「工業用地」については，尼崎市と大阪市だけが減少しており，他の諸都市は横ばいとなっている。これは，両市とも宅地開発が可能な「山林・農地」が他都市と比較して少なく，周辺地域より早くから阪神工業地帯の中核地域として開発されていたからであろう。また，臨海部の工業専用地域を除く，市域の大部分が一定規模以上の工場の新増設を制限する工場等制限法（1964年制定，2002年廃止）の制限区域に指定されており，新たに工場が進出する用地が乏しかったことが影響したものと思われる。

神戸市でも，都心部においては制限区域が指定されているが，西区や北区などの農村部において工業団地の整備が進んだこともあり，市全体としては「工業用地」が増加傾向にある。また，東大阪市でも1980年代にかけて同様に増加

表9-1 産業都市間における土地利用の変化

	尼崎市		神戸市		大阪市		東大阪市	
	構成比(%)		構成比(%)		構成比(%)		構成比(%)	
	74年	96年	74年	96年	74年	96年	74年	96年
工業用地	17.4	16.2	1.8	2.2	11.6	10.4	9.4	9.9
山林・農地	7.2	3.9	69.8	59.3	2.4	1.5	30.5	25.2
住宅地	20.6	22.6	8.0	10.8	17.6	18.9	19.8	22.3
商業・業務用地	6.8	8.4	2.4	3.4	13.9	16.3	8.3	11.3
公共公益施設用地	31.7	34.7	8.5	14.6	33.8	37.0	21.4	23.4
その他	16.3	14.2	9.5	9.7	20.7	15.9	10.6	7.9
合計	100.0	100.0	100.0	100.0	100.0	100.0	100.0	100.0

(注)本資料は国土地理院『細密数値情報(10mメッシュ土地利用)』を利用し,実態値で比較している。
(出所)尼崎地域・産業活性化機構,兵庫県立大学(2007)を参照し筆者作成。

傾向が見られる。

(2)用途地域の比較

次に,各都市の土地利用の現状を検証するため,用途地域の比較を行った。また,工業系への特化の程度を理解するため,市街化区域における工業系地域の割合を示した(表9-2)。工業専用地域及び工業地域のみを対象とした場合,尼崎市の面積割合は,26.8%と近隣都市の中では,最も高い数字を表している。この要因としては,市域は狭いが,臨海部及びJR福知山線沿いに戦前より国内大手企業の大規模工場が操業していたこと,及びそれらを取り巻くように多数の中小企業が立地していたため,広範囲な産業集積地が形成されたからであると考えられる。

次に,準工業地域を加えた比率を見ると,尼崎市が35.5%なのに対し,大阪市は36.3%と逆転し,東大阪市に至っては工業専用地域・工業地域7.8%に対し準工業地域は29.0%とその比率の高さが見て取れる。その要因は1930代以降大阪市東部地域(東成区・生野区・平野区)において工場の設立が進み,戦後さらに東側に外延的に拡大していることにある(植田,2000)。一方,準工業地域が広いことは,職住近接の表れでもあり,一方住工混在問題の元にもなってしまう可能性が高い。

第Ⅲ部　これからの自治体産業政策

表9-2　工業系用途地域の割合（ha）

自治体 (出荷額ランク)	市街化区域	工業専用地域	工業地域	工業専用・工業地域の割合	工業系地域の割合（準工業地域含む）
大阪市 （6位）	21,145	2,016	904	2,920 (13.8%)	7,691 (36.3%)
尼崎市 （28位）	4,625	697	546	1,243 (26.8%)	1,642 (35.5%)
東大阪市 （46位）	4,981	18	371	389 (7.8%)	1,447 (29.0%)
神戸市 （10位）	20,586	1,046	629	1,675 (8.1%)	4,354 (21.1%)
〈参考〉豊田市 （1位）	5,122	871	183	1,054 (20.5%)	1,433 (27.9%)

（注）出荷額ランクは，経済産業省「平成18年工業統計表「市区町村編」データ（2008年6月11日公表）」
　　を参照。
（出所）大阪府，神戸市，豊田市，尼崎市の各ホームページを参照し筆者作成。

　また，大阪市，堺市，尼崎市などの臨海部に接する自治体では，海岸部の埋め立てによる土地の造成が行われ，住工混在解消のための代替地としての機能も含み工業専用地域として利用されてきたことから，内陸部の自治体とは用途地域の構成において相違がある。

　しかしながら，我が国の製造品出荷額等第1位である愛知県豊田市でさえ，工業系地域の割合は27.9%であることから，尼崎市をはじめとした関西の産業都市は，国内トップランクのポテンシャルを有する地域であることは間違いなく，工場適地がよく保全されていると考えられる。

（3）土地利用の用途変容

　尼崎市の土地利用の現状と傾向を見るため，1995～2004年の間に，建築等の行為が行われた2000㎡以上の敷地面積をもつ事業所等について，その土地利用の用途変容を類型化した（表9-3）。[2]

　「事業所（工場・倉庫）」から「住宅（マンション・戸建）」及び「商業・娯楽施設」への用途変容は約43%と高い数値を示す一方，「事業所（工場・倉庫）」から「事業所（工場・倉庫）」への用途変容はそれを上回る約46%を示し，「ものづくりのまち」としてのニーズの高さを表しているといえよう。[3]

表 9-3 土地利用の用途変容比較（面積割）

(㎡)

		従前計	従後用途				
			事業所（工場・倉庫）	商業・娯楽施設	住宅（マンション・戸建）	福祉施設	その他（更地，駐車場等）
従後計		1,023,884	285,259	226,517	409,646	15,997	86,465
		100.0%	27.9%	22.1%	40.0%	1.6%	8.4%
従前用途	事業所（工場・倉庫）	554,164	256,720	65,204	171,501	8,617	52,122
		100.0%	46.3%	11.8%	30.9%	1.6%	9.4%
	社宅・寮・研修施設	163,555	4,367	19,258	105,520	7,380	27,030
		100.0%	2.7%	11.8%	64.5%	4.5%	16.5%
	更地	71,140	3,304	30,868	34,680	0	2,288
		100.0%	4.6%	43.4%	48.7%	0.0%	3.2%
	商業・娯楽施設	93,310	14,263	59,404	19,643	0	0
		100.0%	15.3%	63.7%	21.1%	0.0%	0.0%
	駐車場	25,361	0	4,819	20,542	0	0
		100.0%	0.0%	19.0%	81.0%	0.0%	0.0%
	住宅（個人，長屋等）	13,622	2,000	0	9,253	0	2,369
		100.0%	14.7%	0.0%	67.9%	0.0%	17.4%
	農地	15,551	0	6,954	8,597	0	0
		100.0%	0.0%	44.7%	55.3%	0.0%	0.0%
	その他・不明	87,181	4,605	40,010	39,910	0	2,656
		100.0%	5.3%	45.9%	45.8%	0.0%	3.0%

(出所) 尼崎市 (2006)。

しかし，用途変容の従前・従後の面積を比較すると，事業所用地は約55haから約29haへと減少し，事業所用地に替わって，住宅用地が増加し，従後の住宅用途は約41haと最も多い結果となっている。

3　尼崎市の土地利用政策

(1) 土地利用政策の概観

これまで土地利用の実態を検証し，尼崎市の土地利用が他都市に比べ，産業

都市としての地域構造からものづくりに傾倒していることを示した。つまり，尼崎市は大阪市及び神戸市の大都市に挟まれた位置関係から，様々な土地利用の需要があり，経済活動に土地利用を委ねていては，土地利用の適正化を図ることが困難であることは明らかである。このことから，産業都市・尼崎市が「ものづくりのまち」として，活力を維持し発展するためには，工場等の操業環境を守りつつ，地域住民の住環境の保全にも配慮して，土地利用の地域ルールを制定する必要がある。ここでは尼崎市の都市政策と産業振興の関与性について考察する。

尼崎市は，早くから産業都市として発展し，市街地を拡大してきた。1923年には旧都市計画法に基づき，尼崎市都市計画区域が指定され，1931年には用途地域の指定がなされ，土地利用及び都市施設の整備の方向性が決められた。1960年代になると高度経済成長期を迎え，無秩序な都市化が進展し，市内における人口と産業の集中が起き，人と建物の過密化により，住工混在などの問題が生じるようになった。こうした都心部への集中は，全国的なものであったため，国は，無秩序な都市化を防ぎ，良好な市街地の形成を図るため，1969年に新都市計画法（以下，都計法）を制定した。尼崎市域も都計法に基づき，ほとんどが市街化区域となった。また，1973年には用途地域が細分化され，より細やかな土地利用規制が行われることとなった。

（2）尼崎市住環境整備条例

居住環境の確保：住居系指向地域の指定　尼崎市住環境整備条例（以下，住環条例）は，「住環境の整備について必要な事項を定めることにより，良好な住環境の形成を図り，もって秩序ある都市環境の実現に寄与する」ことを目的に，事前協議や紛争調整などの制度を盛り込んだ条例として1986年に施行された。その後，1996年には開発協力金の廃止と一部開発基準の改正を行い，2004年の改正では，工場跡地等における大規模開発の問題に対応するための「構想段階」の協議制度を導入している。

また，住環条例が施行された翌年には，用途地域の規制だけでは適正な土地利用を誘導することができないと判断し，新たな地域の利用方針として「準工業地域における住居系指向地域」を指定した。本来，準工業地域とは，主とし

て環境の悪化をもたらすおそれのない工業の利便を増進するための地域と定められており，軽工業と住居の混在も許容された地域である。しかし，複合ゆえにその土地利用の変化等によっては，都市計画上大きな問題を生じる可能性がある。具体的には，準工業地域では，日陰規制（兵庫県建築条例）が適用されない等の理由から，既存住宅や事業所の環境悪化のおそれがある。住居系指向地域とは，準工業地域に対しても，住宅地なみの規制を行うものであり，これを指定することで，環境保全を図ろうとするものである。これは，尼崎市の土地利用計画と土地利用の実態を勘案し，住宅地としての傾向の強い地域に対し，「住居系指向地域」の指定を行い，用途地域制度ではできない細やかな対応を条例に基づいて行っていこうとするものである。

開発基準の設定：マンション等の規制　　尼崎市の土地利用において，製造事業所からの住宅地への転換が多いことから，その防止策として，住環条例の開発基準を設け，用途地域の工業地域において住宅を建築する場合，「敷地の周囲に幅員6m以上の（緩衝）緑地を配置し，かつ敷地の25％以上の緑地を確保すること」と開発基準において定めた。この基準では，25％の緑地は建築基準法上の敷地と見なさず，例えば容積率200％の場合は実質容積が150％となるなど，開発事業者側からは大変厳しい規制であるとの声もあるが，住宅建設の大きな抑止力となっている。本制度の実質的効果は，長期間にわたり，その効力は大変高く，新たな住工商混在問題の抑制にもつながっている。また，その実効性を保つには，制度の制定だけでなく，開発事業者と交渉する自治体職員の力量も併せて必要であることは明白であろう。しかし，都市部への回帰傾向といわれる通り，土地高騰にもかかわらず，厳しい条件を受け入れてでもマンションを建築する事業者も現れはじめており，2件が建設されている。

（3）尼崎市商業立地ガイドライン

　広い工場跡地等に大規模商業施設が立地することにより，既存工場の操業環境の悪化や地域の商店街への大きな影響，交通渋滞などの様々な問題が全国的にクローズアップされている。尼崎市もそうした経験を経て，先行都市の事例を調査する中で，都市構造に影響を与える恐れのある無秩序な商業開発を抑制

し本市の地域特性を最大限活かすために，本来の用途地区に合わせた誘導すべきゾーニングとして，企業立地促進とまちづくりの観点から，良好な都市環境の形成を目指して，2004年4月「尼崎市商業立地ガイドライン（以下，ガイドライン）」を施行した。

このガイドラインでは，市内を8つのゾーンに区分し，まちづくり及び商業機能の方向性，ならびに大型店の誘導・規制の指針を示した。基本的には，都市計画法の用途地域の制限規定を適用しながら，都市計画法の用途地域上，商業立地の規制がない工業地域，準工業地域や住居系の用途地域を中心に店舗面積の上限を設定している。特に重点地域である工業系のゾーンには高いレベルの立地規制が設定されており，筆者も直接事業者との折衝をした経験があるが，開発基準同様に大変厳しい内容であると指摘されている。なお，これまでガイドラインを遵守しなかった事例はない。[8]具体的には，工業系地域について，住宅の混在率などの土地利用の現況や工場の操業状況等から，次の4つの土地利用の誘導パターンを示している。①複数の中規模工場を中心として将来にわたって工業地としての操業環境保全を図る「工業保全ゾーン」，②工場と住宅の双方が快適な操業環境・住環境を守れるよう共存を図る「住工共存ゾーン」，③駅前の立地特性を活かし，利便性の高い商業集積を図る「駅周辺商業・業務ゾーン」，④操業環境の保全を基本とし，工業への特化を図る「大規模工場立地ゾーン」として分類している。[9]

（4）尼崎市内陸部工業地の土地利用誘導指針

これまで尼崎市においては，上記の施策を実施してきたが，住工混在緩和による操業環境及び住環境の十分な改善までには至らず，現在も大規模店舗や住宅の進出圧力の増大に苦慮している。また，施策の現状認識として，①用途地域による規制は多種の用途を規制しているため，きめ細かな土地利用誘導ができず，現行制度においては準工業地域等における住工混在地の用途純化の限界がある，②住居系指向地域における住工の面的な分化が，住居系指向地域を指定した時点からそれほど進んでいないとしている。こうした政策的課題の対応策として，土地利用の適正化を図っていく必要のある地域については，各地区における土地利用の状況や動向をもとに，「工場が集積し，今後とも工業

第❾章 土地利用計画

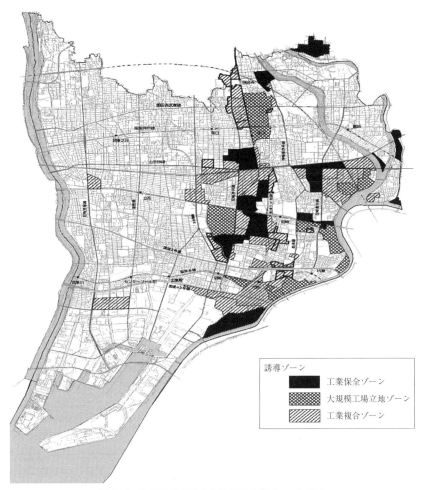

図 9-1 内陸部工業地の土地利用誘導ゾーニング図
(出所) 尼崎市 (2007a)。

地として保全する地区（工業保全ゾーン）」と「工業保全ゾーンの中でも広大な敷地を有する工場及びそれらが一団となった地区（大規模工場立地ゾーン）」ならびに「工業地と住宅地等が混在し，今後，共存又は分離を目指す地区（工業複合ゾーン）」の3つに区分し，最終的には，地権者などの関係者の理解を得ながら，用途地域制度に沿った用途の純化やその補完的制度である特別用途地区や地区計画制度の導入を図るため，2007年4月，長期にわたる検討期間を経て「尼崎市内陸部工業地の土地利用誘導指針（以下，誘導指針）」の運用を開始した（図9-1）。この誘導指針の最大の特徴は，工業地域及び準工業地域内における土地利用の誘導方向と方途を定め，具体的な都市計画を定める際の基本的な考えを提示したことにある。そして，これまで不透明であった市の土地利用の考え方を明確に示したものといえるだろう。

（5）地域からのルールづくり

尼崎市の事例は，いずれも行政側からの適正な土地利用へのルールづくりであったが，地域からのルールづくりを目指し取り組んでいる事例として，東大阪市の高井田まちづくり協議会の取組みを紹介する。地域のルールづくりとして，地区計画制度が代表的であるが，その取組み内容は一般的には住環境の保全を主体としたものである。しかし，高井田地区は，住民の相互理解のもと操業環境と居住環境を守り，ものづくりのまちとして次世代に継承しようとする画期的な取組みを行っている。

大阪府東大阪市は，全国屈指の中小企業の集積地であり，高井田地区はその中核地域である。しかし，産業構造の変化や不況の長期化により，高井田地区においても工場が移転・廃業し，跡地に住宅や商業施設の立地が進みつつあるなど，操業環境及び住環境に問題を抱えている。

そうした中，2003年大阪府が申請した国の都市再生モデル調査事業の採択をきっかけに，「今後も高井田地区がものづくりのまちとして維持・発展していけるよう，地域の相互理解を育むため」の取組みが始まった。2004年には，高井田地区内の全企業へのアンケートの実施や地域資源マップ「高井田のチカラ」の作成，さらには企業アンケートを分析した「高井田の素顔」の作成・配布などを行った。また，2005年には高井田まちづくり協議会準備会，2007年に

は高井田まちづくり協議会が設立され，まちづくり構想の作成・地域への提案なども行われている。「高井田まちづくり構想」(発行：高井田まちづくり協議会)には，地域の資源及び現在の動向，地域住民の声，まちづくりの目標及び実現に向けた取組み内容が記載されており，今後のものづくりとまちづくりを考える重要な示唆が含まれている。将来的には，住宅建設や土地利用に関する地域のルールづくりを行い，地区計画の策定へとつながっていくものと期待しているが，企業と住民が主体的に地域の将来像を憂い，考えたまちづくりの新たなモデルケースになることは間違いないであろう。企業と住宅の共存に向けた高井田地区の取組みが前進することを切に願うとともに，今後も注目していきたい。また，同様の取組みとして，大阪府大東市において，「大東市住工調和ものづくりモデル地区構築事業推進協議会」が2007年に発足し，様々な取組みが始まっている。

(6) 産業政策と都市政策の融合

次に，尼崎市における産業政策と都市政策の位置づけについて整理する。

尼崎市都市計画マスタープラン　尼崎市の目指す都市像を明確にしているのが，総合基本計画である。尼崎市に初めて策定された1971年の尼崎市総合基本計画(以下，総合計画)の都市像は「職住都市」であった。その後，随時改定されているが，1976年及び1986年の総合計画では「人間性ゆたかな職住都市」，そして1992年策定の総合計画では，「にぎわい・創生・あまがさき」と変更され，現在も尼崎市の目指すべき都市像として政策が遂行されている。

その都市像の実現を図るため，安全で快適なゆとりある都市空間の構築に向けて，1997年に尼崎市都市計画マスタープラン(以下，マスタープラン)が策定された。

産業振興の観点　まちづくりにおける産業振興の観点は，1971年の総合計画から脈々と受け継がれ，マスタープランにも明確に記載されている。具体的には，土地利用の適正化の項目において，居住，生産，商業・業務機能という，土地の利用目的に沿った適正な利用区分の設定及び主要な都市施設とのバランスのとれた配置のもとに，良好な住環境や産業環境の整

備を行い，土地利用の適正化を図ることとしている[14]。

さらに，2000年施行の尼崎市第二次基本計画では，その基本方針において，「ものづくり基盤の整備」を掲げ，施策の方向性として①活発な生産活動を支援するため，良好な操業環境の確保に努める，②工業系用途地域では，住宅の立地抑制や実態にそぐわない規制の見直しを求めるなど，ものづくりを阻害しない環境の創出に努めるとしている。

このように，尼崎市のまちづくりの基本的な考え方に，「産業振興」は常に意識され，重要な柱になっていたことがわかる。

庁内勉強会の存在　企業誘致の対応策として，自治体のワンストップサービスが注目を集めている。尼崎市においても，関係機関が一丸となって許認可等の事務手続きを迅速に対応した結果，プラズマテレビの基盤となるパネルの世界的生産拠点としてパナソニックプラズマディスプレイ㈱尼崎工場が早期に完成したことは，様々なメディアで紹介された。そのことから，多くの自治体関係者がワンストップサービスについての視察や資料提供の依頼があった。いずれの自治体も庁内連携の難しさに悩んでの場合が多い。尼崎市においても，大規模工場が立地するからといって，当初から障害がなかったわけではないが，産業都市の気風が庁内に浸透していたからであろう，意外にも連携がスムーズに進んだ。その糧になったのが，1980年代から始まっていた都市局（当時）が主催する「開発担当者研修会」である[15]。内容は，環境，産業，道路，下水，河港，消防などの他局の担当者も交え，都市計画，開発，建築などの法律，市要綱に基づく各種制度について学ぶ場であり，ハード部局とソフト部局の融和を図るものでもあった。始まりの所以は，他部局との調整を要する「建築確認申請事前協議」の円滑化を目的に，関係者が一同に会する場を設定したことが発端のようである。尼崎市ではこのように担当者レベルにおいてもまちづくりの連携に取り組む土台づくりの場があり，2004年にパナソニックプラズマディスプレイ㈱尼崎工場の建設のための庁内連絡会議の設置に活かされた[16]。

4　地域の主体性

　これまで土地利用の適正化に向けた尼崎市の都市政策を検討してきたが，産業振興の観点も加味した都市政策は全国的には大変珍しい政策であろう。その理由として，自治体の政策立案に際して，一般的にハード部局とソフト部局が連携して政策を推進することが，「行政の縦割り」の弊害から，実際は困難だからである。尼崎市において，連携した政策立案を可能としてきた理由は上述した通り，都市課題としての産業振興と都市政策のあり方が常に問われてきたからであろう。ものづくりとまちづくりは，一見まったく関わりのないものと見られるが，実はどちらが進捗するにしても，これまで述べてきた施策からわかるように相互の理解・調整が大変重要となってくる。また，そうした点については，小西・土井（1987）において，「自治体の地域産業政策の有効性を確保するためには，産業政策と都市政策の整合性に問題があり，さらには施策間の有機的・整合的関係が要請されている」と指摘されている。

　尼崎市においては，尼崎市住環境整備条例が制定されて以来，少しずつではあるが，産業政策と都市政策の整合性をとりつつ，施策の展開を図ってきたといえるだろう。また，施策の実施により一定の効果があったと考えている。[17]

　本章では，地域の持続的発展を図る取組みとして，産業振興を重点とした尼崎市の都市政策について検討した。1980年代からの住工混在緩和に向けた対症療法的施策の実施により，産業都市としての土地利用の形態保全には一定の効果はあったが，社会経済情勢や産業構造の変化から，土地利用に係る誘導施策の一層の取組みが求められていた。そうした中，2007年に全市的な土地利用に鑑みた中で工業地の操業環境を守るため，誘導指針が施行された。これは，尼崎市のまちづくりを志向する規範の1つに「産業振興」が位置づけられたことを意味しており，地域経済の活性化を図るためには，きわめて有用なことであろう。結論として，土地利用の適正化を図る都市政策の実施にあたっては，地域のグランドデザインを明確に示すことと，地域の主体性を引き出す仕組みづくりを行うことが必要であると考えられる。

注

(1) 産業振興を観点とした都市政策の必要性については，徳増・瀧口・村橋（2007）などにおいて指摘されている。
(2) 従前・従後においては，特定の年を基準とした変容後を表しているのではなく，各年度ごとに提出された開発届等に記載している形態の変容のみを比較したものである。
(3) 土地利用のデータ比較は，比較すべき他の産業都市の変遷データを見つけることができなかったことから，あくまでも筆者の経験値による推測である。また，土地利用形態の類型整理のデータは，筆者らが2003年6月から約1年の調査期間をかけ，尼崎市の開発届や工場跡地の届出資料の整理，及び住宅地図の新旧比較や現地視察を実施し整理した。そして，そのデータを基にして，尼崎市都市政策課が修正・加筆し，尼崎市（2006）に記載している。
(4) 密集地の緩和対策でもあり，操業環境の保全にもつながっている。
(5) 阪神・淡路大震災の特例を除く。2008年8月末現在。
(6) 厳しい規制にもかかわらず建設に至ったケースは出てきているが，それを断念したケースは，開発基準が適用されて以来，正確な数字はないが1000件は超えるであろう（2007年3月10日，尼崎市開発指導課インタビューに基づく）。
(7) 京都市商業ガイドライン（2000年制定），金沢市商業環境形成方針（2002年制定）。
(8) 2008年8月末現在。
(9) 「尼崎市商業立地ガイドライン」の策定時から，「尼崎市内陸部工業地の土地利用誘導指針」は検討されていたことから，制定時期は異なるが指定地域の整合は図られている。
(10) 詳しくは，尼崎市ホームページ「尼崎市内陸部工業地の土地利用誘導指針」を参照。なお，2018年3月に土地利用誘導指針は一部修正されており，本章における説明は2007年制定時を根拠としている。http://www.city.amagasaki.hyogo.jp/kurashi/tosi_seibi/keikaku/1004958/1005026.html（2018年9月29日アクセス）。
(11) 東大阪市・高井田地区の取組みについては，2008年5月15日東大阪市モノづくり支援室へのインタビューに基づく。
(12) 詳しくは，「大東市住工調和条例等」を参照。http://www.city.daito.lg.jp/kurashinoguide/seikatsu_kurashi/shiminkyodo/jorei/1301632423172.html（2018年9月29日アクセス）。
(13) この都市像は，人・物・情報がいきいきと交流することにより，魅力と活力に満ちた都市の姿を実現することを目指すものである（尼崎市，1992）。
(14) 内陸部の工業地については，①工業構造の都市化と安全で快適な工業地を形成することとし，住宅地と隣接した既存工業地は，工業地として保全するか住宅地へ転換するかを明確にする。②住工混在地においては，住・工いずれかの機能に方

向づけるなど用途の純化を基本としつつ，良好な生産環境を確保する。③複合住宅地については，土地の高度利用と住環境の改善を基本とし，住環境と生産環境との共生を図ることとしている。

(15) 研修会は，2005年度まで開催されていた。

(16) 自治体における組織内調整にとって，最も有効な手段は，担当部署の「人」を知っていることである。そのために，前述した勉強会などが開催され，ネットワークの形成に寄与している。

(17) 「産業政策と都市政策」の融合は，特に尼崎市だけが取り組んでいることではないが，評価されるべき点は，長きにわたり「産業振興を観点とした都市政策」が脈々と受け継がれ，土地利用の適正化に向けた取組みが進展してきたことにあろう。その結果が現在の尼崎市の用途地域の構成や施策として表れていると考えている。

第10章
産業型地区計画
―― まちづくり的手法(2)――

　本章では，第9章に続き，土地利用計画の具体的な政策である「産業型地区計画」について，東京都板橋区の事例から考察する。また，考察結果から，「産業型地区計画」の可能性と自治体，地域住民，地域企業の関与に対する役割を示す。

1　地区計画の可能性

　近年，大都市圏の産業集積地域が産業再生の基盤として注目されている。一方，日本の産業集積地域を取り巻く環境は厳しく，企業による海外生産拠点の増加と部品など現地調達率の増加，国内外市場における東アジア製品との競合激化などは，中小製造業の倒産・廃業を加速させ，都市型産業集積の縮小をもたらしている。加えて，一般的に土地単価が住宅地域より安価で，開発が容易である工業地域（用途地域）には，都市部の再開発として高層マンション等が建設され，都市型産業集積を存立基盤とする中小製造業の操業環境を従前以上に厳しいものとしている（森下，2008）。

　住工混在問題は，安藤（1997）によると，大都市問題として認識され改善すべき対象として明確にされたのは，そう昔のことではない。具体的には，1960年代後半から，大阪市や東京都において住工混在地域の調査が実施され，1980年代になると住環境の改善との関係が意識されるようになり，日本の代表的産業集積地域である東京都大田区などにおいては，住宅併設の工場アパートの建設も行われるようになった。汚染者負担の原則（PPP）からすると，騒音・振動の発生者である工場による補償行為が必要という見方もある。しかし「コースの定理」によると，当事者の立場は対等であり，いずれに責任があるかは土地所有権の歴史的経緯によって決まる（中川，2008）とされ，もともと工業地

域であったところに後から住宅が建設される場合は,工場側に一定の立場と操業権があるとも考えられる。こうした問題の解決のため,本章では地区計画に着目した。

一般的に「地区計画」は「景観保全」を目的としたものが占める中,板橋区において「中小製造事業所の操業環境保全」に向けた新たな試みとして,1993年に事業者自らの発案による「産業型」の地区計画である「板橋区舟渡三丁目地区地区計画(以下,舟渡地区計画)」が初めて制定された[2]。こうした事業者及び地元発案による「産業型」の都市計画的アプローチの試みは,筆者の調査においても,適用事例を発見することができなかったことから,この事例は貴重であり,その研究の必要性は大きい。

本章の目的は,この舟渡地区計画の制定過程と立地する企業のアンケート調査から中小製造事業所の操業環境における検証結果を明らかにするとともに,住工混在問題の融和に向けた手法としての地区計画の可能性を示すことにある。

2　住工混在問題

(1) 先行研究

住工混在の先行研究は,大都市工業における特有の課題として研究が展開されたことから,土地利用と工業集積の立場から議論される場合が多い。

笹生 (1987),関 (1990) は,東京の住工混在を,大田区等を事例に現状分析を行うとともに,行政の政策的対応を整理している。特に,笹生 (1987) は,住工混在地区の改善を視野に具体的な住工調和のためのモデルプランを提示している点に特徴がある。また,関 (1990) は,住工混在の構造を明らかにするとともに,行政における土地利用上の諸制約の改善の必要性を指摘している。

次に竹内 (1996) は,土地利用と集積利益を結びつけて論じ,職住一体の住・工・商・サービスの共存からなる地域コミュニティが,ものづくり地域を支えてきたとする「産業地域社会論」を示した。また,小田 (2005) は,東京都城南地域の集積利益として,独特の産業風土の存在を指摘し,醸成された要因の1つとして住工一体の土地利用構造を挙げている。

近年,産業集積地域はマクロ的視点からその存在の重要性が世界的にも議論

表 10-1　産業集積地の変容と住工混在問題との関係

年　代	1950～60年代	1970～80年代	1990年代	2000年代初頭	現　在
主な要因	公害の発生	新住民との軋轢	経済構造の変化，グローバル化	グローバル化，後継者難	先行不透明，不安感の増大→廃業
工業地域の用途	跡地の発生	住宅の進出	住宅，商業施設の進出	住宅，商業施設，物流施設等の進出	

（出所）筆者作成。

されている。一方，産業集積の縮小傾向から，集積自体を危ぶむ議論も展開されているが（植田編，2004），その対応策として，現実的観点から集積維持に向けた集積形成のあり方を論じている研究は見ることができない。

（2）住工混在問題の現状

　住工混在問題は，日本経済が高度経済成長期に入った1950～60年代にかけて，生産拡大に伴う工場公害問題が深刻化し，住居と工場が混在する地域からの工場転出によって始まったとされる。国の産業政策においても，工場等制限法をはじめとしたいわゆる工場三法[3]が制定され，都市部からの工場移転が促進された。工場集積地である住工混在地域は，住居専用地域と比べると土地や住居を比較的安く取得できることから，工場跡地に住宅やマンションが建設されるケースが増え，工場の騒音・振動等に起因するトラブルが生じるようになった。特に1980年代に入ると，地域の状況を知らない新住民，あるいは町工場に関心のない新たな住民が住工混在地域に流入し，問題が顕在化した。また，工場が転出，廃業した跡地には，さらに商業施設などが立地することにより，産業集積の空洞化が進行するとともに，「住工商物問題」[4]として新たな対応も求められている（表10-1）。

　また，産業集積論において，近年，製造事業所の立地先として都市部の利便性が見直されていることは指摘されているところであるが，製造業と物流業も表裏一体の関係にあることから，物流事業所の立地先としても注目され，大手物流事業者も含め，産業集積地の混淆化が進みつつある。

(3) 住工混在問題の課題認識

　産業集積地間における課題検証，施策連携を図ることを目的に，1996年に設立された「中小企業都市連絡協議会」及び「東大阪市」の合同調査が2008年に実施された（東大阪市・中小企業都市連絡協議会，2009）。調査の概要は，対象：中小企業都市連絡協議会を構成する6都市（埼玉県川口市，東京都墨田区，東京都大田区，長野県岡谷市，大阪府東大阪市，兵庫県尼崎市）に立地する製造業事業所4157社，調査：郵送自記式，期間：2008年8月，回収結果：回収数1094件，回収率26.3%である。調査項目の1つとして，喫緊の課題である住工混在問題が挙げられ，操業環境に関する結果が示されている。その一部を紹介すると，操業環境について，「今後の不安が大きい」が22%，「少し不安である」が24%と多く，何らかの問題や不安を抱えている企業は54%であり，集積地の大きな課題であることが窺える。一方，「問題や不安はない」とする企業は，34%にしか及ばない結果となった[5]。

　また，地方自治体における住工混在に対する課題意識はどのようなものなのであろうか。

　工業集積研究会（2010）のアンケート調査（図1-1）によると，住工混在問題の解決を重点的政策として見ている自治体は2.5%であり，一般的には施策としてあまり認知されていないといえる。住工混在問題は，工業集積をかかえる都市でのみ見られ，他の自治体では発生しないという強い限定性があるためである。

3　工業集積をもつ自治体の対応策

　このような一般的傾向とは異なり，工業集積をかかえるいわゆる工業都市や大都市圏の自治体では，こうした住工混在問題を産業集積の課題と捉え，様々な取組みが行われてきた。まず，住工混在問題の解消を目的に，工場アパートや工業団地の造成などが積極的に行われてきた。特に，大田区では住宅と工場併設の「大森機械加工センター」が1983年に供用開始され，住工混在地域の中での域内再配置や，住工併設，立体的高度利用などの可能性をもった施設として期待されていた。しかし，企業がこうした工場アパートへの入居を検討する

第Ⅲ部 これからの自治体産業政策

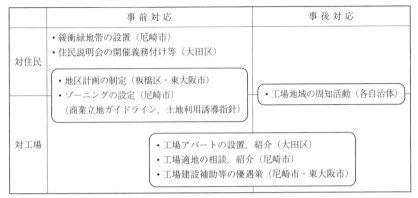

図10-1 主な産業集積都市の住工混在問題への対応策
(出所)関・立見(2008)を一部修正し筆者作成.

際には,入居に必要な資金の工面や企業間ネットワークの近接性の問題があり,自治体にも用地の確保や周辺住民との調整,想定される入居企業の組み合わせなど課題が多いと関(1990)は指摘している。一方,住工混在問題にまちづくりの視点から対応策を行う自治体も現れているが,全国的にも希少の事例といえる。そこで,以下では特に特徴的な施策を展開している事例を紹介する(図10-1)。

(1)大田区

大田区は,前述の工場アパートの建設以外に,開発指導要綱に基づき,工業地域・準工業地域における集団住宅建設事業に係る開発指導を行っている。具体的には,①事業者に対し,区との事前協議,②近隣の工場主及び工業団体に対する計画説明,③入居予定者へ,工業地域である等の趣旨説明を求めている。

(2)板橋区

板橋区の舟渡三丁目地区は,工業地が50%強を占め,住宅地,商業地,公益施設等であり,大きな工場群の中に小さな住宅・アパートが混在する状況である。1985年に埼京線が開通,近くに浮間舟渡駅が開設され,都心へのアクセスが便利になったことにより工場転売地へのマンション建設や人口の増加が始ま

りつつあり，工場とマンション住民とのトラブルも発生していた。板橋区は，1989年にアンケート調査を実施して住民や事業者の意見を把握した上で，地元に呼びかけてまちづくり検討会を発足させた。詳しくは後述（第4節）するが，その後，長期にわたる協議により，地区計画が1995年に決定され，都市型産業集積地における操業環境保全を目的とした「産業型地区計画」として注目されている。

（3）尼崎市

　尼崎市における産業政策の特徴は，土地利用に関して産業振興の観点からまちづくりを誘導しようとする意図が明確に見られることである。第1に，尼崎市の土地利用において事業所から住宅地への転換が多いことから，尼崎市住環境整備条例（1986年施行）を拠り所として，工業地域内の住宅建設の付帯施設として緩衝緑地帯を求めている。開発事業者側からは大変厳しい規制であるとの声もあるが，住宅建設の大きな抑止力となっている。第2に，広い工場跡地等に大規模商業施設が立地し，既存工場の操業環境の悪化や地域の商店街への大きな影響，交通渋滞などの様々な問題がクローズアップされたことから，2004年4月「尼崎市商業立地ガイドライン」を施行した。第3に，2007年3月，機械や金属メーカーの集積地である尼崎市扶桑町地区（約42.5ha）を特別用途地区である「工業保全型特別工業地区」として決定した。また，第4には，2007年4月，複数部局による検討を経て「尼崎市内陸部工業地の土地利用誘導指針」が制定されるなど，自治体として土地利用の方途や誘導方向まで踏み込んだ施策が展開されている。

（4）行政の限界と地域企業の動き

　前述のように工業集積をかかえる自治体の取組みが少しずつ展開される一方で，経営不振，後継者難などの様々な要因により，中小製造事業所の廃止・休業が特に顕著となっている。新たに発生した工場跡地にマンションなどが立地し，工場と住宅の混在が進行している。こうした住工混在地域では，住宅と工場が共存する中で互いの理解が得られず，住環境と工場の操業環境の両方に悪影響が出ることにつながり，新たに転入してきたマンション等の住民との間で

騒音や振動などをめぐるトラブルが発生してきた(7)。特に工場側にとっては，死活問題であることから，適正な土地利用施策の検討について，以前から自治体に対応を求めてきた。

　自らの操業環境と居住環境の両方を保全するため，各地域で地域企業と地域住民の有志による活動が起こりはじめた。2004年から大阪府東大阪市・高井田地域をモデル地区として検討が始まり，2010年4月に高井田まちづくり協議会により，「地区計画（地域ルール）」が東大阪市に提案された(8)。また，2007年より大阪府大東市においても，官民連携による大東市住工調和ものづくりモデル地区構築推進協議会が設立され，住工調和の地域づくりを目指し，2008年3月に「大東市住工調和基本計画」が作成された。

　計画作成は，地区住民と地域企業とがどのように共存していくかという課題をもつ，産業の視点に立った新たなまちづくりの動きである。しかし，その効果は，計画自体が始まったばかりであり，検証が難しい。そこで産業型地区計画としてはパイオニア的存在である板橋区の舟渡地区計画の現状と課題を検証し，その意義と可能性を考察する。

4　ものづくり都市・板橋区の概要

（1）板橋区産業の概要

　板橋区は，東京23区の北部に位置し，大田区に次いで製造出荷額等総額は第2位を誇るものづくりのまちである。板橋区の工業は，埼玉県の膝折地区（現：朝霞市）を発祥とする伸銅業が，江戸時代から川越街道に沿って板橋区に伝わり，伝統的な地場産業となっていた。また，明治時代に設立された火薬製造工場を起点に，板橋区は主に光学兵器などの軍需産業が集積する工業地となった。

　その後，軍需産業から重化学工業，そして精密機械，さらに印刷関連産業など都心部の需要に対する都市型工業が発展し，都内で有数の工業集積を形成してきた。特に，軍需産業としての光学産業が盛んであったことから，戦後光学企業の技術者たちが区内で中小企業を立ち上げ，双眼鏡づくり等（精密機械）が隆盛となり，板橋区工業の基盤が培われた(9)。高度経済成長期には，印刷関連

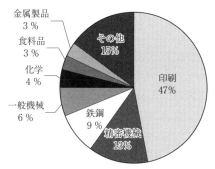

図 10 - 2 板橋区産業の業種別構成比（2005年出荷額ベース）

（出所）板橋区「工業統計調査報告」を参照し筆者作成。

表 10 - 2 板橋区工業の推移

	事業所数	従業者数	製造品出荷額等総額（億円）
1970年	4,527	82,211	4,730
1980年	5,080	60,334	9,762
1990年	3,927	47,104	10,848
2000年	2,952	34,109	7,666
2005年	2,268	27,192	6,717

（出所）板橋区「工業統計調査報告」を参照し筆者作成。

産業を中心に工場数が増加し，区内の工場数が1965年に2348であったのが，1970年には4527へと急激な増加を示している。

また，東京都の他地域の産業構造と比較すると，一般機械・電気機器を軸とする城南工業地域（大田区等），消費財や金属加工が主となる城東工業地域（墨田区等）に比べて，板橋区工業は印刷・精密機械・金属・化学の4つの産業が柱となっていた（板橋区，1987）。

しかしながら，板橋区（2005）において，区内産業の課題として，親企業，関連企業の生産機能の海外移転による集積の低下，海外技術の向上等による競争激化，工場跡地へのマンション建設による操業環境の悪化，企業の存続や技能継承を図るための人材確保などが指摘され，4つの柱で構成されていた産業

構造も図10-2のように印刷及び精密機械へ変化するとともに，事業所数も減少傾向にある（表10-2）。[11]

　板橋区は，東京23区内において内陸部工業専用地域を有している特徴を活かすため，先進事例である「舟渡三丁目地区」を参考にしながら，工場と地域との融和・協調を基本姿勢に操業環境の保全を積極的に図っていくとしている。[12]

（2）舟渡三丁目地区の現状と地区計画

　次に，産業型地区計画の適用地である舟渡三丁目地区について紹介する。舟渡三丁目地区は，荒川と新河岸川に挟まれる面積約19.5haの区域である。用途地域は，近隣商業地域と工業地域が指定され，地区内の住宅と工場は基本的には分離されている。

　1985年に埼京線が開通し，近くに浮間舟渡駅が開設され，利便性が高まったことにより，バブル経済期にもあたり，工場転売地へのマンション建設や人口の増加が始まりつつあった。工場とマンション新住民とのトラブルも発生していた。

　こうした問題を重視した板橋区は，1988年からまちづくり調査の検討を始め，翌年9月にアンケート調査を実施した。その後，板橋区の呼びかけにより，地元主体のまちづくり検討会（以下，検討会）が発足した。検討会は町会3名・商店会3名・産業連合会3名・区4名（職員）の4者計14名から構成され，会長に町会長，副会長は産業連合会から選出された。検討会を設立してから約7年の歳月を経て，1995年3月に地区計画が決定された。また，板橋区の市街地整備方針（1989年3月）においても，舟渡三丁目地区は活力ある職住近接のまちとするため重点的な整備を図る地区に指定されている。[13]

　地区計画の主な内容は，地区を産業育成街区（工業地域），商業育成街区（近隣商業地域）に区分し（図10-3），地区の大半を占める産業育成街区については，住宅系の土地利用との協調に配慮しつつ，生産環境の保全・育成を図り，活力ある地区環境の形成を図るとしている（表10-3）。具体的には，①戸数15戸以上又は敷地面積500㎡以上の共同住宅の禁止，②倉庫・危険物を扱う工場の禁止，③建物の高さ制限，④道路側の生垣・フェンスの設置規定，などが主な内容である。[14]

第10章　産業型地区計画

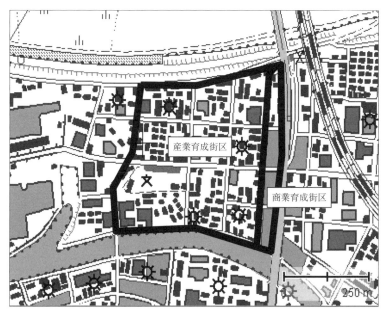

図10-3　舟渡三丁目地区の産業集積地域
（出所）筆者作成。

表10-3　舟渡三丁目地区の地区計画の概要

名　称	舟渡三丁目地区地区計画
位　置	板橋区舟渡三丁目内
面　積	約19.5ha
地区計画の目標	土地の適正かつ合理的な利用を実現し，産業環境の中に住宅・商業機能が共存できる「活力とゆとりのあるまちづくり」を目指す。
土地利用の方針	本地区を「産業育成街区」と「商業育成街区」に区分し，それぞれの土地利用方針を次のように定め，全体として一体性のある合理的な土地利用の実現を図る。 1. 産業育成街区は，住宅系の土地利用との協調に配慮しつつ，生産環境の保全・育成を図り，活力ある地区環境の形成を図る。 2. 商業育成街区は，商店や住宅が立地する街区とし，健全な商業環境の育成を図る。
地区施設の整備の方針	交通処理や都市環境向上のために，区画道路などの整備拡充を図る。また，地区内に公園を配置することにより，ゆとりとうるおいのある環境を形成する。

（出所）板橋区ホームページ（都市計画）を参照し筆者作成。

表10-4 舟渡三丁目地区の推移

	世帯数	人口	工場数	従業者数	製造品出荷額（億円）
1988年4月	505	1,113	69	909	144
1995年4月	537	1,143	71	1,033	167
2005年4月	741	1,455	71	901	179
2010年4月	788	1,532	92	—	—

（注）2010年の工場数は，2010年6月21日に筆者が実施した舟渡三丁目地区の現地調査によって把握した製造事業所数。
（出所）板橋区「工業統計調査報告」及び板橋区ホームページ（人口）を参照し筆者作成。

　筆者が2010年7月に実施したアンケート調査からも，約15年の時を経ても製造業にとって適切な操業環境を維持していることが窺える。また，地区計画を制定以来，立地する工場の内訳の変容はあるが，工場数としては，増加傾向にあるとともに，一貫して地区の人口・世帯が増加し（表10-4），産業活動と居住環境のバランスが保たれているまちといえよう。

5　板橋区舟渡地区計画の取組み

（1）取組み概要

　1989年，舟渡三丁目地区においてアンケート調査が行われるとともに，検討会が発足した。現況調査とともにまちの問題点を抽出し，1990年2月には「まちづくりニュース」第1号が配布された。検討会では，まちのルールについて検討を行い，それをニュースで知らせるとともに地区の懇談会で地域住民への説明と意見交換を行った。

　1992年9月にまちづくりニュース第4号を配布したところ，これまで検討してきたまちづくり計画案に反対する陳情が，板橋区の議会へ290名もの署名によって提出された。これは，壁面の位置の制限による自主管理歩道の設置や最低敷地面積の設定により，土地を細かく分割できなくなることなどへ反対する声が大きかったことによるものであった。その後，反対意見の箇所が削除されたことから，議会への陳情も取り下げられ，地区計画の協議も一歩ずつ進んで

いった。

最終的に，1994年に地区計画の原案を作成し，都市計画の決定手続きを行い，1995年3月に舟渡地区計画として決定・告示された。

この間，板橋区の工場団地建設構想によって，1991年に板橋トレテックス組合が建設され，また工場アパートとして，1994年には第一工場ビルが，1995年には第二工場ビルが，都営住宅と併設する形でそれぞれ開設されている。さらに，2005年12月には「板橋区産業振興構想」が策定され，舟渡地域は「新産業育成ゾーン」に位置づけられ，舟渡三丁目地区に新産業育成プラザの建設も予定されるなど，舟渡三丁目地区が板橋区の産業の活性化の重要なゾーンとして期待されていることが窺えよう。

（2）取組み過程

検討会副会長であり産業側代表であった日本無機化学工業㈱の松澤氏に舟渡地区計画の取組みの過程についてインタビューを実施した。以下，その概要を記す。

第1に，取り組むきっかけについては，工場の操業環境への危機感である。舟渡地域に存立しているからこその利便性や得意先などの集積メリットを感じており，それを守ることができるのが地区計画という手法であったそうである。第2に，取り組む過程について，約6年にわたる検討期間で，検討会の開催24回，まちづくりニュースの発行10回が行われ（表10-5）たが，当初は産業側と地域住民側との意見の対立，軋轢もあった。各々の立場で意見を出し合い，時には言い争い，最終的には互いに譲歩すべきところは譲歩し，相互理解により地区計画の制定にたどり着いた。制定されたことから，産業側は安心して操業しており，住民側も落ち着いている。しかし，近年地区外から立地した企業と住民側が合わないケースも出てきているとのことであった。第3に，制定中の労苦については，産業側を代表して検討会に参加し，意見を述べていたことから「悪い人」というレッテルを張られた経験もあり，そのようになると他の産業側のメンバーが参加しづらくなってきた。意見交換，調整には，行政の支援が不可欠であり，産業側，住民側，行政側の3者での協議形態であったことから助けられた場面もあったそうである。松澤氏のインタビューから，舟渡地

表10-5 まちづくり検討会の歩みと板橋区の対応

1989年9月	アンケート調査（実施主体：板橋区）
11月	第1回まちづくり検討会開催
1990年2月	まちづくりニュース第1号配布
	↓
1991年9月	まちづくりニュース第4号配布
11月	舟渡三丁目地区まちづくりに対する見直しの陳情（290名）
1992年12月	まちづくりニュース第5号配布
	↓
1994年9月	まちづくりニュース第9号配布
	「東京都板橋区地区計画等の案の作成手続に関する条例」に基づく公告・縦覧
	舟渡三丁目地区地区計画原案説明会開催
11月	都市計画法に基づく都市計画案の公告・縦覧
1995年3月	都市計画決定・告示
1996年3月	まちづくりニュース第10号配布

（出所）板橋区資料を参照し筆者作成。

区計画制定に尽力してきた自負を強く感じることができる。松澤氏が感じた危機感を舟渡三丁目地区の人々が，強弱の差こそあれ，同じベクトルで考えられたこその成果であろう。同様に操業環境への不安を抱える地区は，全国でも多数あるだろう。舟渡地区計画以降，同じ板橋区の新河岸地区においても，舟渡三丁目地区と同様の操業環境保全に向けた動きが始まり[16]，2011年12月15日「新河岸二丁目工業地区地区計画」が制定された[17]。しかし，以後同様の取組みを見ることはない。

6　板橋区舟渡三丁目地区へのアンケート調査から

（1）調査概要

　本調査は，製造業の操業環境保全を目的として地区計画を全国に先駆け制定した舟渡三丁目地区の実態を把握するとともに，産業型地区計画の有効性と問題点を明らかにすることを目的として実施した。調査実施状況は下記の通りである。
- 調査対象：東京都板橋区舟渡三丁目に所在するすべての製造業事業所
- 調査数：92事業所（住宅地図及び2010年6月21日の現地調査により抽出）
- 調査方法：郵送配布・郵送回収

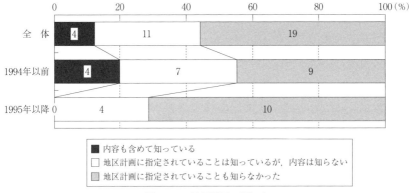

図 10-4　地区計画の認知度

- 調査期間：2010年7月2日（金）～7月20日（火）
- 有効回答数：34事業所（回収率37％）

（2）調査結果及び考察

地区計画の認知度　地区計画が定められた1995年を境に，「1994年以前」に立地した事業所（20件）と「1995年以降」に立地した事業所（14件）に分類し，立地時期の差異による視点を踏まえて分析を行った。

その結果，地区計画の認知度については，「内容も含めて知っている」と回答した事業所は，全体の中で1割に留まっており，半数の事業所は「地区計画に指定されていることも知らなかった」と回答している。特に，「1995年以降」の事業所では，7割の事業所が「知らなかった」と回答しており，地区計画そのものの認知度が低いことが明らかになった（図10-4）。

しかし，地区計画を認知していた15事業所に対して，そのメリットやデメリットをたずねたところ，7割の事業所は「メリットが大きい」または「メリットはいくらかある」と，その効用について評価している。[18]

他の事業所との関係性　舟渡三丁目地区内における他の事業所との関係性をたずねたところ，「特に他の事業所との関係はない」との回答が全体で6割近くを占めたが，一方で，「ネットワークができた」や「取引が増えた」とした意見もあり，集積性を評価している回答も見受けられる。また，他の事業所との関係性について，長い間立地しているか否かはあま

表10-6 他の事業所との関係性 (複数回答)

	全体	地区内の他の事業所との取引が増えた	直接の取引関係はないが同業種あるいは異業種のネットワークができた	販路開拓や研修など共同の取組に参加することができた	地区内の美化活動などまちづくりに一緒に取り組むことができた	特に他の事業所との関係はない	その他
全体	34	4	11	2	2	20	2
	100.0%	11.8%	32.4%	5.9%	5.9%	58.8%	5.9%
1994年以前	21	2	6	2	1	13	1
	100.0%	10.0%	25.0%	10.0%	5.0%	65.0%	5.0%
1995年以降	13	2	5	0	1	7	1
	100.0%	15.4%	38.5%	0.0%	7.7%	53.8%	7.7%

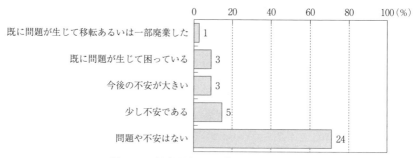

図10-5 操業環境の問題等の有無 (複数回答)

り影響が見られない結果となっている (表10-6)。

操業環境の問題や不安 操業環境について,「問題や不安はない」と回答した事業所は7割に達しているが,その他の3割の事業所 (10事業所) では,既に問題が生じていたり,不安があるなどの課題を抱えている (図10-5)。

また,何らかの問題や不安を抱えていると回答した10事業所に対して,その内容をたずねたところ,4割は「近隣での住宅立地などにより,設備増強がしにくい」,3割は「近隣に住宅が立地し,従来どおりの操業でも苦情がある」

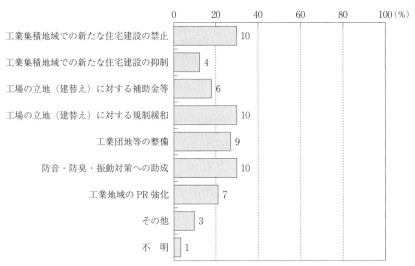

図 10-6 操業環境保全への対策（複数回答）

としている。今回のアンケート調査により，地区計画の一定の有効性を確認できたが，個別の事業所によっては，近隣の住宅との関係から，必ずしも操業しやすい環境とはいえない状況にあるといえる。

今後の操業環境保全への対策　各事業所において，必要な操業環境の保全施策をたずねたところ，「工業集積地域での新たな住宅建設の禁止」や「防音・防臭・振動対策への助成」に対して，それぞれ3割の事業所が挙げており，住工混在の対応に関するニーズが高い。同様に，3割の事業所が「工場の立地（建替え）に対する規制緩和」を挙げており，建替え・更新に関する規制上の課題を明らかにする必要がある（図10-6）。

7　産業型地区計画の政策的意義

　地区計画は，全国各地で取り組まれ，一般的になっているが，その多くは「景観系の住宅環境の保全や商業施設等に関する地区計画」である。一方，本章で扱う産業型地区計画は，板橋区や東大阪市の事例以外に見ることができない珍しい取組みである。なぜ，事例が少ないかについては，本来，操業環境保

全を強く要望するはずの産業側の声である企業アンケートからも一部明らかになっている。第1に、企業は将来を見据えて活動しており、より良い経営環境を求めており、立地している土地あるいは地域にそれほど執着するものではない。第2に、企業が所有する土地・建物は、財産であることから、財産価値のあり方には敏感であり、現在の視点からの例えば操業環境保全に対しては、総論として賛成だが、各論としての土地利用を規制する地区計画等には反対の立場をとる場合がある。第3に、産業集積地であることに対するメリットを感じていないことが挙げられる。

このような背景がありながら、舟渡地区において、地域企業が主体的役割を担いながら、地区計画の策定に踏み切った大きな要因は、前述した操業環境悪化に対する強い危機感である。危機感が共有された地域だけが、地区計画策定の機運につながっているのであろう。そのためにも、産業集積地域において、集積地の意義と地域で生活する企業の立地的価値を示すことのできるインタープリター的人材の育成[19]が求められているのでないだろうか。

また、そのような人材育成の可能性を最ももっているのも板橋区であろう。例えば、板橋区においては、板橋区の異業種交流組織「21世紀ものづくりフォーラム」が区の協力を得て、中学生を対象にものづくりの職場体験「ジョブ・シャドー・ディ」を実施した。ものを作り社会に出すことの意味、面白さを伝えることにより、板橋区の地域産業教育につなげるとともに、将来のものづくりの担い手育成を目的に実施されるなど、地元の中小企業が若年層を対象に、地域とともに自ら人材育成に取り組む土壌があり[20]、さらなる展開に期待したい。[21]

8 集積の維持・形成に向けて

本章では、製造事業所の操業環境保全に向けた取組みとして、板橋区舟渡三丁目地区で制定された舟渡地区計画について、板橋区、地域企業へのインタビュー、及び企業アンケートの検証から、産業型地区計画の有効性と課題を明らかにした。

舟渡地区計画は、住民、企業、行政の3者による十分な協議を土台とした計

画策定の経過から，アンケート調査においても，操業環境保全に対する対応策として，その計画の有効性は高いものと考えられる。また，東大阪市高井田地区や板橋区新河岸地区で取り組まれている同様の産業型地区計画も期待されるところである。

　舟渡三丁目地区の分析結果から，都市計画手法である地区計画が地域企業・地域住民の合意形成の上に成り立てば，操業環境が保たれ，中小製造事業所の存立に大きく寄与することが示されたといえるだろう。また，中小企業都市連絡協議会・東大阪市合同調査アンケートと舟渡三丁目地区アンケートの検証結果を比較すると，操業環境への問題や不安がないとした企業の割合は，およそ2倍の差を示すものとなっており，各地域の諸要因も勘案する必要があるだろうが，舟渡地区計画の制定効果が明らかになった。

　一方，アンケート調査において，舟渡地区計画制定時から時間が経過し，立地企業も変化していることから，計画の存在が知られていない状況も浮き彫りになった。地区計画制定後も，まちづくり検討会や産業団体に任せるのでなく，行政も協働して地域における地区計画の意義と役割を考える「場」の設定と地域課題を検証する「危機意識（行政の対応含む）」の継続が必要とされているのではないだろうか。

　なお，本章では産業型地区計画を事例として，企業を主軸に検証したことから，地域住民の視点からの分析ができていない。今後の課題としたい。

注
(1) 例えば，大阪市総合計画局（1969）などがある。
(2) 舟渡地区計画のように，地域の特色を活かしたまちづくりを進めるため，土地の所有者やまちづくりNPO法人などが一定の条件を満たした上で，提案できる「都市計画提案制度」は，2003年に施行されている。本章で検証する舟渡地区計画の取組みは，都市計画提案制度の制定前であり，まさに先進事例である。
(3) 工場三法とは，都市部の人口・産業の過度の集中を防ぐことを目的に，産業集積地域の土地利用を規制しようとするものであり，工場等制限法（首都圏1959年・近畿圏1964年制定），工業再配置促進法（1972年制定），工場立地法（1973年制定）のことを指す。
(4) 工場などの大規模跡地への進出事例として，住宅に加え，大型商業施設や外資を中心とした物流施設の立地もあり，交通渋滞や地域の安全等への配慮など地域住民

(5) 合同調査アンケートにおいて，問題や不安はないとした企業の多い自治体分布としては，一番高いのは尼崎市の47％，次に大田区の42％，東大阪市の32％となっている結果から，操業環境保全に対して何らかの取り組みをしている自治体においては，一定の成果が出ているといえよう。

(6) 例えば，関西地域の代表的な産業集積地域である尼崎市では，1969～91年までの間，共同工場も含み14にのぼる工業団地を造成した。すべての工業団地は完売しており，空き工場はほとんどなく，立地の優位性について高い評価を得ている。詳しくは，関・梅村（2009b）を参照されたい。

(7) 住工混在問題は，目に見えるトラブルのみではなく，操業環境が不安定なため，新規投資を控えることや，元気な企業が地域外に移転するなど工業集積としてのチカラが弱まることにつながると泉（2010）は指摘している。

(8) 東大阪市高井田地区では，まちづくり協議会が組織され，2007年9月に「高井田まちづくり構想」をとりまとめた。ものづくりのまち高井田の地域文化を次世代へ継承し，企業と住民が相互に安心して操業・居住できるまちを目指し，地区計画制度を活用する方針で検討が進められ，2010年4月，東大阪市役所に対し「高井田地域ルール」として提案されている（『日刊工業新聞』2010年4月2日）。

(9) 板橋区内には，一眼レフのパイオニアといわれるカメラメーカーのペンタックス㈱，天体望遠鏡のトップメーカーである㈱高橋製作所，眼科医療機器のトップシェアを誇る㈱トプコンなど優れた光学・精密企業が立地している。詳しくは，板橋区立郷土資料館（2008）を参照されたい。

(10) 印刷関連産業の発生要因は，1937年の凸版印刷板橋工場や同社の関連子会社の設立，また高度経済成長期に書籍・雑誌類の発行が急増し，文京区などの業者が新たな工場用地を求めて，都内において相対的に地価が安価である板橋区に移転してきたことによる（板橋区，1994）。

(11) 産業集積地である板橋区の中小企業の取引関係については，丸山（2007）が詳しい。

(12) 2010年5月17日，板橋区都市計画課へのインタビュー，提供資料及び吉濱（2010）を参照している。

(13) 舟渡三丁目地区の用途地域については，これまで地域住民からは区に対し工業地域から準工業地域への変更要望があり，地域企業からは産業連合会を通じて区へ用途地域を変更しないように要望があった。そうした状況を勘案し，1989年の用途地域の一斉見直しに係る検討を行った1988年2月の板橋区都市計画審議会において，用途地域の変更をするよりも「将来のまちづくりの方向について地区計画制度の活用により地域の合意形成を図るべき地区」と整理された経過がある。

(14) ここで興味深いのは②～④がいわゆる「景観系地区計画」と似ていることであ

る。都市部では高層マンションが土地利用変化の有力選択肢であり，それを抑制することが地域保全につながるという点は景観地区でも産業地区でも似た状況であったことを示している。

⒂　2010年5月18日，まちづくり検討会の副会長であった松澤敏氏（日本無機化学工業㈱代表取締役社長）へのインタビュー及び提供資料に基づく。

⒃　『東京新聞』2010年4月28日。

⒄　地区内事業者の呼びかけから，地域内の住民や事業者で組織する新河岸二丁目工業地域まちづくり検討会が組織・運営され，2014年4月26日「新河岸二丁目工業地区まちづくり提案」が板橋区長に提出された（板橋区都市整備部, 2018）。

⒅　集積によるメリットの有無については，調査回答企業34社のうち，18社（52.9％）がメリット有りと回答している。また，メリットがあるとした18社のうち，その内容として12社（66.6％）が「安心して操業できる周辺環境」としている。

⒆　インタープリテーションは，フリーマン・チルデン氏によって「単なる知識の伝達ではなく，体験や教材を通して事物や事象の背景にある意味や関係を明らかにすることを目的とする教育活動である」と定義されている（レニエほか, 1994）。

⒇　2010年6月21日，21世紀ものづくりフォーラムの事務局長である鈴木敏文氏（㈱松本精機代表取締役）へのインタビューに基づく。

(21)　まちの将来を見定めたこうした事業は，新たな担い手を育むとともに，活発な経済を可能にするための創造的環境を整備することにもつながるだろう。創造的環境は，塩沢・小長谷編（2008）が詳しい。

(22)　第22回いたばし産業見本市（2018年11月8日開催）のまちづくりフォーラムにて筆者が座長となり，地域中小企業をパネリストに迎え「テーマ：産業集積の維持発展に向けた住工共生のまちづくり」が議論された。主な論点は，①住工共生への理解促進，②高い近接性による板橋区産業の強みの存在，③自治体産業政策の継続性である。

第11章
産業振興と地域環境との調和
―― まちづくり的手法(3)――

　本章では，産業振興の基盤となる地域環境との調和をテーマに，国の法律（工場立地法），自治体のガイドライン（堺市，尼崎市）について考察する。また，考察結果から，産業振興と地域をつなぐ環境政策のあり方を示す。

1　製造事業所用地の有効活用

　リーマンショック以降の景気低迷から，かつてのように国内企業における企業立地，企業誘致といった言葉が紙面を飾ることがなくなって久しい。しかし，現在も地方自治体の産業政策として最も重点的に取り組まれているのは，企業立地施策であろう。各自治体においても，企業立地施策の内容が創意工夫され，企業にとって魅力ある施策づくりが行われている。主には，直接補助として建設補助金や固定資産税等の市税等軽減，間接補助として工場建設促進のためのワンストップサービスなどが一般的であろう。そうした中，地価が高く，市街地の成熟により，事業所の集約や設備更新のための拡張ができない製造事業所が集積する都市部等の自治体が期待する施策として，操業環境の優位性を高めることが可能となる製造事業所に対する緑地面積規制の緩和が注目されている。[1]

　緑地面積規制の緩和は，いわゆる産業都市といわれる自治体の長年の課題でもあった。その理由は，工場内の緑地設置の義務化による企業活動上の土地利用における企業の不満に起因しており，国をはじめ自治体にかねてから緩和の要望が寄せられていたからである。[2]しかし，2007年1月に経済産業省が実施した工場立地法に関する事業者アンケート調査結果では，「生産施設面積規制又は緑地等環境施設面積規制がネックとなって新増設や建て替えを断念した」と回答した企業（事業者）は全体の16％に過ぎない。また，都市部以外の自治体の企業誘致担当者へのインタビューにおいても，地元企業から事業所拡張等に

伴う緑地面積規制の緩和への要望や不満はないとのことであった[3]。一方，製造事業所の土地利用における課題解消は，「経済産業省産業構造審議会（以下，産業構造審議会）」の審議内容（経済産業省産業構造審議会，2008）から，経済のグローバル化に対抗する日本のモノづくりの基盤整備にもつながるものであると考えられることから，本章では緑地面積規制の緩和が全国的な課題ではなく，主に都市部あるいは産業集積地域特有の課題であると仮定し論じることとする。

次に，緑地面積規制に関する先行研究を整理する。産業問題への対応を協議する産業構造審議会において，検討課題と政策的方向性が示されており興味深い。また，浅妻（2000）は，川崎市の立地規制緩和の取組みを整理している。一方，瀬川（2008）は，国の政策転換を図る上で産業構造審議会における審議内容は，地域経済の実態把握・分析，政策の検証・考察が不十分であると指摘している。これらの先行研究は，企業立地に係る諸課題解決に向けた政策的視点から整理されたものであり，実証的研究ではないことから，本章において具体的な施策事例から考察することに若干の意義はあるだろう。ついては，製造事業所の緑地面積規制の元になっている工場立地法の変遷と地方自治体との関係を整理するとともに，緑地面積規制の緩和に取り組む自治体事例の検証から，企業立地施策へのインプリケーションを示すことを目的に考察する。

2　企業立地と緑地面積規制

（1）工場等制限三法

日本のものづくりは，1973年のオイルショックや1985年のプラザ合意，さらに韓国，台湾等のアジア諸国の台頭という国際的な環境変化により，衰退傾向を示しはじめた。また，衰退傾向の国内的な要因の1つとして考えられているのが，1964年に制定された工場等制限法，1970年代に制定された工場再配置促進法や工場立地法の，いわゆる工場等制限三法である。法令制定当時の喫緊の課題は，都市部への人口集中問題や環境問題であった。これらの法令は，都市部の産業集積地域の発展・拡大を抑制するために，土地利用を規制しようとするものであったことから，制限対象となった地域は制定以来様々な形で国への撤廃運動を繰り広げてきた経過がある。その後，ITの進展や企業のグローバ

ル化等が顕著になり，ようやく狭い国土の中で産業移転を考える時代は終焉し，産業集積による国際競争力の増強を図るため，2002年工場等制限法，2006年工場再配置促進法が廃止となった。しかし，工場立地法については数度の改正が行われながらも存続している。

（2）工場立地法の概要

1950年代中頃から始まったとされる高度経済成長は，我が国が先進工業国の仲間入りをするまでの急激な発展をもたらした反面，多くの歪みをも生み出した（藤田，1994）。

工場立地法は，1959年制定の「工場立地の調査等に関する法律」を前身としている。工業地帯を中心として公害問題が深刻化するにつれ周辺住民等の心理的不安も増加する中，四日市における公害裁判などにより企業の公害責任が問われ，工場立地に対する反対運動が各地で行われた。そういった経過から，企業自らが周辺の生活環境との調和を保ちうる基盤を整備し，社会的責任としての注意義務を全うするよう，工場の立地段階から誘導，規制していく必要があるため，1973年に制定された（日本立地センター，1992）。

内容としては，適正な工場立地を推進するため，敷地面積9000㎡以上または建築面積3000㎡以上の工場（特定工場）について，届出義務とともに，緑地を敷地の20％以上，環境施設（グラウンドや広場，緑地も含む）を敷地の25％以上とする基準を設け，周辺地域の生活環境の形成への配慮を求めている。つまり，公害関連の法規制とは趣旨が異なり，周辺住民に対する緑による心理的不安感等の低減やアメニティの向上等が目的であった。また，基準に適合しない場合には，勧告，変更命令を行うことができると規定している。なお，工場立地法による規制前（1974年6月28日以前）に開設された工場は，そのまま稼動していれば規制適用を除外される。しかしながら，老朽化した工場の建て替えや増設の際に適用されるため，規制緩和を求める声が高まっていた。[4]

（3）工場立地法の変遷と緑地面積率[5]

工場立地法は，1973年の制定以降，企業が工場の新増設を行う際に，緑地整備を求める等の措置を実施してきた。経済産業省産業構造審議会（2004）によ

ると，2002年度の調査結果では，工場の緑地面積率は施行前の5.8％から15.0％に大幅に改善され，また，環境施設面積率も9.9％から18.9％へと向上しており，一定の政策目的は果たしているものと考えられよう。

次に，工場立地法の変遷を見てみる。制定以来，四半世紀近く大きな改正がなされなかったが，その間に公害防止に関する技術が進展するとともに，環境に対する意識が高まるのを受けて様々な規制体系が整備されるようになった。また，地方分権の高まりから工場立地法の事務のあり方や地域の実情に応じた制度導入の指摘もされつつあった。加えて，産業活動や防災の面から，老朽化した工場設備の更新が急務とされ，更新を可能とする工場立地法への改正が待望されていた。そうしたことから，1997年に工場立地法が改正された。主な改正点としては，①地方自治体による緑地面積率の設定（地域準則制度）[6]，②工場集合地に工場等を設置する場合の特例の導入，③地方自治体（都道府県）への権限の全面的委譲である。

また，地域準則制度で地方自治体が地域の実情により設定できる規制の範囲は，工場立地法に基づく緑地及び環境施設の基準に対してプラス５％からマイナス５％までとし，用途地域に応じて示している。1997年の改正を契機に，地域準則制度の制定に向けて様々な動きが起きた。特に，地域準則導入の最初の自治体である北九州市では，1998年に全国の主たる産業都市に呼びかけ，北九州市の取り組み状況を題材に，各自治体が地域準則の制定に向けて学ぶ勉強会が熱心に行われたことは，いかに地域準則が待望されていたかを物語っている（梅村，2008a）。

次に，2004年の改正では，緑地面積率を基準に対してプラス・マイナス10％まで変更することが可能となった。しかし，2004年1月にまとめられた経済産業省産業構造審議会地域経済産業分科会工場立地法検討小委員会（以下，小委員会）報告書では，工場立地法の効果を評価しつつも[7]，現行の工場立地法のフレームワーク下での規制緩和に留まらず，将来的には工場立地法の廃止も視野に入れた見直しの抜本的検討が必要だと指摘している。また，併せて，工場等への規制は，地域の実情に沿い判断ができるような制度設計の可能性も示唆されていた。2006年より再開された小委員会においては，地域準則制度が主なテーマとして議論された。1997年の工場立地法の改正以降，地域準則制度によ

表11-1 緑地面積率の変遷

地　域	工場立地法 (1973年制定)	地域準則制度の設定 (1997年改正)	地域準則制度の改定 (2004年改正)	地域準則制度の特例 (2007年企業立地 促進法制定)
工業専用地域	20％以上 (原則)	15％～20％以上	10％～20％以上	1％～10％未満
工　業　地　域	20％以上 (原則)			10％～20％未満
準工業地域	20％以上 (原則)	20％以上	15％～25％以上	15％～20％未満
住宅・商業地域	20％以上 (原則)	20％～25％以上	20％～30％以上	―
その他の地域	20％以上 (原則)	20％以上	20％以上	―

(出所) 筆者作成。

り条例を制定した地方自治体は，2006年度末時点で1都6県4政令都市に留まっていたことから，地域性をより的確に反映した緑地面積率の制定を可能とするため，市町村への地域準則制度の導入が検討され，2007年に制定された「企業立地の促進等による地域における産業集積の形成及び活性化に関する法律（以下，企業立地促進法）」に工場立地法の特例として，盛り込まれることとなった（表11-1）。

　企業立地促進法では，市町村及び都道府県が基本計画において「集積区域の区域内において特に重点的に企業立地を図るべき区域（企業立地重点促進区域）」を設定し，特例措置の実施により相当程度の産業集積の形成又は産業集積の活性化の効果が見込まれると国の同意を得た場合に限り，当該市町村に本法に係る権限を委譲する特例措置を設けることとされている。

3　地域準則制度の制定と企業立地促進法

(1) 事業者及び自治体へのアンケート

　工場立地の動向と緑地面積規制の関係について，経済産業省及び地域準則制度の導入を検討していた尼崎市が行ったアンケートから考察する。

第11章　産業振興と地域環境との調和

経済産業省「工場立地法に関する事業者及び自治体アンケート調査」　工場立地法による特定工場の設置者に対して行った経済産業省によるアンケート調査(2007年1月実施)によれば，「生産施設面積規制又は緑地等環境施設面積規制がネックとなって新増設や建て替えを断念した」と回答した事業者は全体の16％である。このうち，新増設等の断念につながった規制は，「緑地面積規制」が80％，「生産施設面積規制」が41％，「環境施設面積規制」が26％となっている。また，「既存工場の隣接地に拡張可能な用地を確保できるか」との質問に対しては，全体の66％の事業者が「確保できない」と回答しており，建て替え等を行う際に，工場立地法の規制が障害となっていることが明確に示されており，特に緑地面積規制の影響が窺える結果となっている。

次に，自治体を対象とした緑地面積規制の今後のあり方に関するアンケート結果では，緑地面積規制（全国基準：20％）に関し，都道府県及び政令指定都市のうち，2県市（4％）は「廃止してよい」とし，26県市（58％）は「緩和すべき」としている。一方，14県市（31％）においては，「現行のままでよい」としている。また，地域準則（10～30％）に関し，5県市（11％）は「廃止してよい」とし，26県市（59％）は「緩和すべき」としている。

一方，10県市（23％）においては，「現行のままでよい」としている。なお，「厳しくすべき」との回答は，全国基準・地域準則ともに皆無であった。こうした結果から，多くの自治体が緑地面積規制に関して，必要性を確認しつつも，現行の基準では，製造事業所の立地環境としての地域のあり方に不安と不満をもっていることが窺える。この点は，表11－2の各自治体の個別意見からも理解できよう。

尼崎市「工場立地法に基づく緑地面積率規制緩和の検討に係るアンケート調査」　尼崎市は，緑地面積規制の緩和を，企業立地促進法の特例適用で実施することを検討するため，市内特定工場へのアンケートを行った（2009年2月実施）。その結果，「緑地面積の緩和が今すぐ必要」と回答した事業者は全体の38％であり，「将来必要」が56％に上った。また，「緑地面積率が障害となり，新増設等を断念したことがある」事業所も32％であったことから，尼崎市内の事業所においては，緑地面積率の緩和が望まれていることが理解できよう。ちなみに，規制が緩和された場合，尼崎市の「企業立地促進法に基づく基本計画」の特例

193

第Ⅲ部　これからの自治体産業政策

表11-2　製造事業者アンケートにおける自治体の主な意見

1. 緑地面積率規制に関するもの
- 「飛び緑地」は，立地法の趣旨の範囲内で緑地確保促進が期待できるので認めるべきである。
- 緑化問題に関しては，工場敷地に対する面積率だけではなく，緑を立体的に捉えることも含めてその地区全体としての緑量確保を考慮した規制を考えるべきである。
- 工場立地法は，製造業等に対して緑化義務を設けているが，現在では技術の進展や環境配慮への取組みもあり，工場による環境負荷はかなり軽減されていると考えられるので，他の業種（例えば流通業等）と区分して工場のみに緑化義務を設けることは，バランスに欠けるところがあるのではないか。

2. 工場立地法全般に関するもの
- 工場の立地環境は，当該地域のもつ気候風土や地理的特性，歴史的背景等によって大きく異なるものであり，緑地などの面積比率を全国一律に定めることについてはその妥当性に疑問を感じている。市町村への大幅な権限委譲など地域の特性に応じた対応が可能となるように検討をお願いしたい。
- 地方都市（市町村）は周辺に緑地が十分にあり，全国一律の法規制の適用により，既存工場の建替え等について不都合が発生している。よって，より地域の実情に合致したあり方がとれるような大胆な地方への権限委譲を望む。

措置の期限である2013年3月末までに「新増設等の予定がある」事業所は14％であり，「検討する」は27％であった。

　こうしたアンケート結果から，尼崎市は工場立替等を容易にし，工場の流出防止と設備投資促進を図ることを目的に，緑地面積率規制の緩和を規定する地域準則制度の適用を図る条例を2009年12月に制定した。

地域企業へのインタビュー（尼崎市K社）[11]　K社は，1947年に設立され，歯車及び船舶減速逆転機の生産を開始し，1960年現在地（尼崎市）に移転し，2004年に本社工場を増設している。また，従業員数は約600名，売上高は約300億円である。主な製造品目は，歯車，工作機械，油圧機器，トランスミッション等で，特に歯車，油圧技術を活用したトランスミッション技術は国内外に高く評価されている。事業所は，本社工場のほか，アメリカに2工場，インドネシアに1工場があり，今後も海外の生産機能を拡大する予定である。しかしながら，本社工場は取引先との近接性，人材確保の容易性等から今後も拠点として存続の予定であり，グローバルな視点から，適切な事業所配置を図っていくとしている。そうしたことから，内陸部に位置し，近隣に用地が確保できないこともあり，建て替え時における容積率の

増加と緑地率の減少等の早期の実現を求めている。

(2) 工場立地法と企業立地促進法における地域準則制度の傾向

　企業立地促進法では，前述したように，産業集積の形成等において重要な企業立地を促進する観点から，国の同意を得た場合に限り，市町村に係る権限を委譲する特例措置を設けることとなっている。

　具体的には，市町村に，国の同意を得た企業立地重点促進区域に適用される緑地面積率等に係る準則（地域準則）を，国が定める基準の範囲内において条例で設定する権限を付与するとともに（準則条例），条例を制定した場合には，工場立地法の権限に基づく届出，勧告，命令等の事務について，市町村が一括して処理できることとなった。

　では，現在の地域準則制度の制定状況を見てみる。1997年の工場立地法改正以降，都道府県は地域準則制度を制定することが可能となっている。しかし，地域準則制度を定めている自治体は，前述のように少数であったことから，権限の委譲を拡大し，市町村の裁量で地域準則制度を定めることができる規定を盛り込み，その促進を図ることとなった。その結果，企業立地促進法に基づく基本計画（2010年1月27日同意）162計画のうち，154市町村で企業立地促進法に基づいた工場の緑地規制の緩和を目的とした準則を定める条例が制定されるまでに及んでいる。[12]

　また，図11-1から見られるように，概ね集積率（製造従業者数）が低い地域ほど，企業立地促進法に基づいた準則条例を制定した自治体が多いことが窺える結果となっている。つまり，この現状を見る限り，本来の目的であった企業立地を促進させることについては，第一義的に政策理解は進んでいるが，産業集積地域における真に困っている企業を支援する政策的効果は，現在のところ不十分なものといえよう。しかし，法整備が進んだからといって，実際には自治体が早急に政策決定できない現実がある。地域準則の内容は，基本的には指定区域と緑地面積率の設定で事足りるが，内容を決定するまでに様々な調整が必要とされる。具体的には，地域住民の賛同を得るために，規制緩和による企業メリットだけでなく，議会も含めた地域住民への明確なメリットの提示と，地球温暖化など地域環境対策の必要性が声高にいわれる中，地域環境と産業振

第Ⅲ部　これからの自治体産業政策

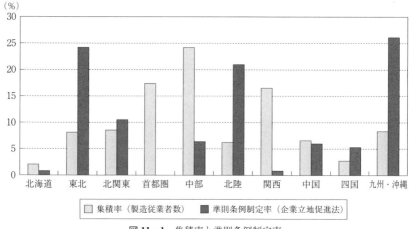

図11-1　集積率と準則条例制定率

(注1)　集積率は，平成20年工業統計概要版に基づき，全国の製造従業者数と各地域の製造従業者数に占める割合を示している。
(注2)　準則条例制定率は，2009年6月1日現在の企業立地促進法に基づく全国の準則条例制定数と各地域の準則条例制定数に占める割合を示している。
(出所)　梅村 (2012)。

興の調和策としての理解が不可欠である。また，関係部局（環境，都市計画，公園等）との現在の法律（条例含む）及び県も含めた自治体の独自計画（緑の基本計画など）の整合性の調整が必要であるなど，調整事項が大変多いことがネックとなっている。

4　工場緑化に対する先駆的取組み事例

多くの自治体が準則条例による緩和に取り組む一方，産業集積地域の自治体において，新たな施策展開の動きが出始めている。ここでは，製造事業所の緑地面積規制の緩和とともに，地域独自の基準で緑地を確保する規定を制定した自治体事例を検証する。

(1) 堺市

条例とガイドラインのセット方式

堺市は，2006年に工場立地法に基づいた「堺市工場立地法第4条の2第1項の規定

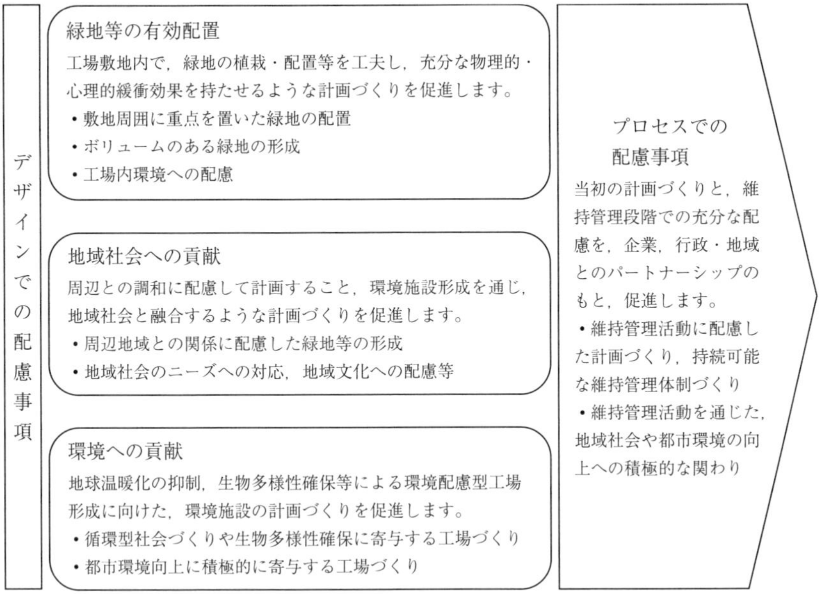

第11章　産業振興と地域環境との調和

デザインでの配慮事項	緑地等の有効配置 工場敷地内で、緑地の植栽・配置等を工夫し、充分な物理的・心理的緩衝効果を持たせるような計画づくりを促進します。 ・敷地周囲に重点を置いた緑地の配置 ・ボリュームのある緑地の形成 ・工場内環境への配慮	プロセスでの配慮事項 当初の計画づくりと、維持管理段階での充分な配慮を、企業、行政・地域とのパートナーシップのもと、促進します。 ・維持管理活動に配慮した計画づくり、持続可能な維持管理体制づくり ・維持管理活動を通じた、地域社会や都市環境の向上への積極的な関わり
	地域社会への貢献 周辺との調和に配慮して計画すること、環境施設形成を通じ、地域社会と融合するような計画づくりを促進します。 ・周辺地域との関係に配慮した緑地等の形成 ・地域社会のニーズへの対応、地域文化への配慮等	
	環境への貢献 地球温暖化の抑制、生物多様性確保等による環境配慮型工場形成に向けた、環境施設の計画づくりを促進します。 ・循環型社会づくりや生物多様性確保に寄与する工場づくり ・都市環境向上に積極的に寄与する工場づくり	

図11-2　堺市緑の工場ガイドライン基本方針
（出所）堺市（2006）。

に基づく準則を定める条例（以下，堺条例）」を制定し，周辺の都市環境形成に積極的に寄与する工場の立地や建て替えを促進するため，工場の敷地面積に対する緑地面積の緩和を実施した[15]。また，緑地面積率の緩和だけでは地域への環境負荷が高まる懸念から，堺条例にガイドラインの策定を盛り込み，条例とガイドラインのセットでの推進策を「堺方式」と定義し，質の高い緑地の確保を目指している。

堺市緑の工場ガイドライン　　堺市緑の工場ガイドラインは，緑地の配置や景観，環境保全の視点からより質の高い緑地形成の方針を示すとともに，工場の緑地面積率緩和による緑地機能の低下を防止する意味も含んでおり，さらには緑地形成を通して企業と地域住民，行政とのパートナーシップの構築も目指している。

　具体的には，基本方針（図11-2）を定め，建て替え後に緑地面積が減少する場合に備え，緑地のもつ心理的緩衝効果を十分に引き出せるように緑地の配置，形成に配慮を求めている。また，工場の周囲にボリューム感のある森や林

を植栽したり，工場の屋上や壁に芝や蔦を繁殖させたりしながら緑の容積（緑積）を増やし，二酸化炭素や粉塵等の吸収源として活用することや工場の敷地外から見える緑の範囲（緑視率）を高めることも想定している。こうした取組みは，企業側にも経費負担が増える要因となるが，社会的要請の高い「環境問題への配慮」を視点とした緑地形成は，企業にとっても地域貢献・環境貢献，ひいては企業ブランドのイメージアップにつながるものと考えられ，その意義は高いといえよう。

（2）尼崎市

緑地の確保　尼崎市は，2009年に企業立地促進法に基づいた「尼崎市工場立地法の特例措置及び景観と環境に配慮した工場緑化等の推進に関する条例」を制定した。企業立地促進のために，単に緑地等面積率規制を緩和するだけでなく，今日的な課題である緑化や環境保全の取組みも推進していく必要があるため，緩和する緑地面積相当分を，緑地用地の高度利用による緑量の確保，敷地外緑地の確保などの代替手法により確保していくこととした。[16]

独自基準による工場緑化　緑地用地を確保する面積を軽減することにより，緩和する緑地面積相当分以上を，尼崎市が独自の基準で規定する「工場緑化等面積」として，工場立地法の定めている緑地面積の算定基準よりも柔軟に扱い，「緑の質を高める多層緑化」，「既存樹木の育成」，「こまめな緑化の推進」など質の高い緑の確保を基本に誘導していくことをコンセプトとしている（図11-3）。また，こうした誘導して取得した面積は，「緑化等推進面積」と定義し，実際の面積確保について，まず，現工場敷地内で確保することを優先とし，次に敷地外緑地の確保，緑化・環境対策支援による緑地面積の確保の特例の優先順位で行うものとしている（表11-3）。

（3）規制緩和の趣旨

　緑地面積規制の緩和における本来の趣旨は，工場緑地の削減を奨励することではなく，建て替えたくても建て替えられずにいた企業の老朽化工場がリニューアルされ，地域企業として力強く発展していくことを支援することにある。工場緑地は，工場に対する心理的不安や公害イメージの軽減，地域アメニ

第11章　産業振興と地域環境との調和

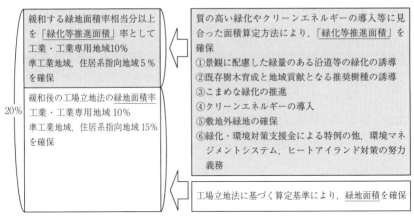

図11-3　尼崎市の工場緑化の推進基準

(出所)　尼崎市 (2008)。

表11-3　「緑化等推進面積」の確保の優先順位

①工場敷地内緑化等
②事業者が管理する工場敷地外緑地（100㎡以上の一団の土地で法令に基づき設置されている緑地を除く。）
③緑化・環境対策支援金による緑地面積の確保の特例

(出所)　尼崎市 (2008)。

ティの向上など環境対策上その役割はますます重要視されていることから，緑地面積の恩恵を受ける企業にとって，事例が示すように，可能な限り緑地を確保することは，責務といえるだろう。

　また，他のケースとして，地域準則制度の制定により削減された緑地面積分を「工場敷地外での緑地の確保」で代替することに取組む自治体もある。例えば，千葉市では，緑地を低減する一方で，「千葉市工場等緑化推進要綱」において，工場敷地外での緑地の確保や公園緑地等への維持管理支援などの協力を求めている。また，兵庫県高砂市では，原則として減少する緑地相当分以上を工場敷地内または工場敷地外に確保して緑地の総量を確保するとしている。しかし特例として，減少する緑地面積の2分の1を超えない範囲において，公園等への緑化支援を行った場合はその内容に応じた面積を，また，太陽光パネル設置を行う場合はパネルの水平投影面積を，緑地面積に算入することができる

よう制度化している。

一方,事例で紹介した自治体における制度は地域や住民にも配慮したものとなっているが,他の緑地面積規制の緩和に取り組む自治体に比べ,企業側の視点からは負担増として映ることから,産業振興施策としてマイナスの面も含まれていることも明らかである。

5 産業集積地域としての魅力づくり

これまでの考察を通して得られた課題と今後の自治体政策へのインプリケーションを示し,本章の結びとしたい。考察結果として,以下の課題が明らかになった。第1に,多くの自治体が製造事業所の緑地面積規制の緩和に踏み切ったが,企業立地促進法の特例として実施されたことから,本来の工場立地法の目的である適正な工場配置のための緑地面積規制の面が弱まり,地域活性化を目的とした産業振興策の面が強まることになった。第2に,規制緩和を求めていた都市部や産業集積地域の自治体では,必ずしも規制緩和の実施には至っていない。その理由として,産業政策に加え,都市政策の観点も含め検討されたことから,政策立案が未調整となったからであろう[17]。しかし,こうした課題が示される一方で,堺市,尼崎市の事例は,地域経済の活性化と地域の環境整備という,どちらかというとこれまで政策的に相反するものと考えられてきた二者がお互いを補完した形として示されており,政策としての進展性及び産業政策と環境政策の政策的融合化が見られ,今後の都市部あるいは産業集積地域の活性化策の1つとしても,環境政策としても意義が高いだろう。例えば尼崎地域では,尼崎市内における中小企業と大規模事業所との取引関係が,現在もなお強い関係性を保持していることから(梅村,2010),緑地面積規制の緩和により,大規模事業所が拡張され,集約先として進展すれば,ひいては中小企業振興にもつながるものと考えられる。さらに,近年,企業立地政策の分野において,産業クラスターの視点から,地域産業振興における実質的な自治体間連携が進みつつある。関西における製造事業所の緑地面積率の緩和は,堺市,尼崎市,大阪市も制定済みであり[18],都道府県の枠を超えた政策目的を同じくする自治体が並存することから,産業集積地として大きな魅力をもつことになろう。

さて，経済のグローバル化等の影響による産業構造の転換と働く意識の変化の中で，産業都市は将来の姿を模索している現状にある。外部資源に頼る企業誘致を主体とした施策展開については，将来を危惧する指摘も多々されていることからも，今後は既存の産業集積地の活性化や地域資源を活かした堺市，尼崎市の取組みのように，地元企業の育成支援を軸に，製造事業所の立地環境整備，地域住民，周辺地域との関わり方などを踏まえたエコノミックガーデニング的な考え方に基づく，産業政策の展開が重要なのではないだろうか。

注
(1) 例えば，『日刊工業新聞』2006年12月27日。
(2) 経済産業省産業構造審議会 (2004) 及び2008年4月14日，尼崎商工会議所産業部へのインタビューに基づく。
(3) 2010年6月30日，S県企業誘致担当へのインタビューに基づく。
(4) 『日本経済新聞』2009年8月14日。
(5) 経済産業省産業構造審議会 (2008) を参照。
(6) 地域準則制度とは，工場立地法が定める範囲内において，従来の全国一律の基準に替えて地域の実情に応じて，緑地・環境施設面積率を地方自治体の条例で定めることができるもの。
(7) 工場立地法の効果として，緑地・環境施設面積率の増加と公害苦情件数の減少を挙げている。
(8) 工場立地法による準則条例を制定している地方自治体は，東京都，山口県，広島県，愛媛県，三重県，神奈川県，千葉県，北九州市，横浜市，川崎市，堺市の11自治体である。
(9) 経済産業省の製造事業者調査については，従業者数80名以上の事業所5332を対象に実施し，回収数1149，回収率27.1%。また，自治体調査については，47都道府県，15政令指定都市1801市町村を対象に実施。
(10) 尼崎市内の工場立地法に基づく特定工場89事業所を対象に実施し，回収数66，回収率74%であった。
(11) 2009年9月17日，K社へのインタビューに基づく。
(12) 企業立地支援センター「市町村における緑地面積率等条例の制定状況 (2009年6月1日現在)」を参照。
(13) 尼崎市を事例とした場合，関係する法令等は兵庫県環境の保全と創造に関する条例 (緑地面積率20%)，尼崎市の環境をまもる条例 (緑地面積率10%)，尼崎市住環境整備条例 (緑化基準)，兵庫県尼崎21世紀の森構想，尼崎市緑の基本計画等があ

る。
⑭　2008年10月に実施した大阪府商工労働部，東大阪市経済部，八尾市経済環境部へのインタビューに基づく。
⑮　堺市においては，条例により区域を定めた上で，緑地面積率を工業専用地域・工業地域10％，準工業地域15％としている。
⑯　尼崎市においては，市内全域を対象に，緑地面積率を工業専用地域・工業地域10％，準工業地域15％としている。
⑰　主な理由として，ソフト部局とハード部局間の調整における「縦割り行政」の弊害によるものと考えている。
⑱　『日刊工業新聞』2010年11月26日。

第12章
学習政策①中小企業ネットワーク
——まちづくり的手法(4)——

　本章では，新たな産業政策として期待される「学習政策」について，中小企業ネットワークの観点から，企業間取引における事例を検証する。また，学習に関する理論にも触れ，中小企業ネットワークと学習の関連による技術開発促進の可能性について考察する。

1　新しい産業政策のキー「学習」

　本章では，新しいまちづくり的手法として「学習」に関わる産業振興を取り上げる。

　近年，「学習」の重要性が増している。そもそも，産業成長の源泉はイノベーションであるという観点がある（シュンペーター，1977）。21世紀の産業活力の源泉もまた，企業のイノベーションやスキルアップであることは間違いなく，途上国，新興国の追い上げを受ける中で，学習プロセスの重要性はますます高まっている。そうした力を強化する企業の「学習」を支援する政策は，重要性が増しているのに，いわゆる旧来型の産業政策では乏しかったといえよう。

　ところで，本書の中心的プレイヤーである中小企業からすると，政策的に進められるべき学習とは，単独で行われるだけでなく，いろいろな連携やネットワークの中で行われる可能性が高い。そもそもイノベーションなども，ネットワークにおける知識・情報の交換で発生することが多いと考えられる。そうした知識・情報の交換による知識創造は，何よりも企業間の距離が近接している状況，すなわち，産業集積地域であれば，活発化されやすい（山本，2005）。

　こうしたことから，本書の主題である産業集積地域の振興政策において，一般の地域よりも，学習政策というのはますます効果的と考えられる。

　中小企業から見て，学習に関わるネットワークには，以下のような種類があ

第Ⅲ部　これからの自治体産業政策

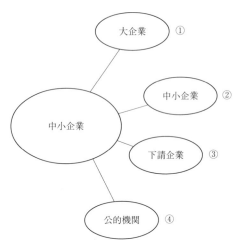

図12-1　中小企業の学習ネットワーク（仮説）
(出所) 筆者作成。

ると考えられる（図12-1）。

①大企業との相互作用によりイノベーションやスキルアップがおこるもの。

②通常取引のなかった他企業との新たな連携の相互作用によりイノベーションやスキルアップがおこるもの。

③下請などの取引先企業との相互作用によりイノベーションやスキルアップがおこるもの。

④公的機関との相互作用によりイノベーションやスキルアップがおこるもの。

本章ではこのような分類も意識したい。

このように，現在の産業集積地域において，「学習」というキーワードが注目されている。第12章・第13章では，中小企業ネットワーク，中小企業の技術開発，公設試験研究機関との関わり，等の点で，新たな産業政策として「学習政策」の可能性と方向性を示したい。

以下では，まず，①学習に関する理論的整理をしたあと，②大企業と中小企業，中小企業ネットワークの相互作用による学習効果，③公的機関と中小企業，中小企業ネットワークの相互作用による学習効果，④学習政策，について検討する。②の検討対象に，公的機関は含まれないので，政策そのものの研究ではないが，大企業と中小企業の間で，学習とイノベーションの生起するプロセスを研究することにより，それを応援するための政策の参考になる。また，本章で触れる尼崎市には，既に見てきたように独特の中小企業−大企業関係があるので注意したい。

2 学習に関する理論の整理

(1) 学習地域論

次に，産業政策に関わる学習に関連する代表的な理論について整理する。

「学習地域 (learning region)」という用語を最初に用いたのは R. フロリダとされるが，それに先立ち，先駆的概念として，ドイツの経済学者 F. リストが1841年に上梓した *The national system of political economy*（『政治経済学の国民的体系』）は，国家のイノベーション論の主要概念を地域レベルに応用したものとされている。Freeman (1995) によれば，リストの関心は工業化や経済成長を促進する幅広い政策の提唱にあり，その多くは新技術の学習や応用に関わるものであった（友澤, 2000）。

しかしながら，「学習地域」という概念を最初に本格的に導入したのは，前述の通り Florida (1995) である。学習地域とは，「シリコンバレーに見られるような，イノベーションと集団的学習が行われる空間」とされる。そこでフロリダは，大量生産地域との比較を通じて，知識・アイデア・学習の流れを良くする制度やインフラといった点に学習地域の特徴を見出している。

Camagni ed. (1991) の「ミリュー (milieu) 論」は，地理的近接性を前提とした文化的・政治的・心理的態度の類似性に着目し，その地域環境 (local milieu) への所属意識によって個人的コンタクトと協力・情報交換が容易となり，集合的学習過程を通じたイノベーション促進や不確実性低減を実現できるとしている。ただ，ミリュー内部には，同質性が増してイノベーション能力が減退する「負のロックイン効果」も出てくるため，地理的範囲を超えた外部とのリンケージが不可欠になるという。

Keeble & Wilkinson (2000) は，学習地域やミリューといった諸概念を実証するため，ケンブリッジ・グルノーブル・ソフィアアンティポリス・ミュンヘン・北イタリア・イェーテボリ等を対象とした大規模な事例研究を行っている。その結果，①地域労働市場における熟練ワーカーの流動性，②企業・大学・公的研究機関からのスピンオフ，③中小企業のネットワーク，といった3要素で構成される「地域の集団的学習過程」の概念を提示した（長山, 2005）。

第Ⅲ部　これからの自治体産業政策

　また，近年，欧州では，「地域イノベーションシステム（Regional Innovation System）論」が注目されている。Acs ed. (2000) は，地域イノベーションシステムと国家イノベーションシステムについて比較分析し，その結果，イノベーションの原動力は企業間ネットワークにあるが，それは経済的側面だけではなく制度や社会的文脈（価値観・規範）にも影響を受けるため，その連携促進にあたっては，企業家のリーダーシップに加え，仲介機関（enabling agency）や地方自治体などの関与が欠かせないと提言した。また，Asheim et al. (2003) は，中小企業が地域内の暗黙知・形式知を利用してイノベーション能力を高めるには，中小企業間ネットワークが重要であると指摘している。

（2）産業集積論との関係

　上記のように学習は，人と人，企業と企業が近接する産業集積の環境において起こりやすいと考えられる。産業集積における学習に関する理論については，第2章において若干触れたが，ここで改めて理論を整理したい。

　立見（2007）においては，以下のように整理されている。1980年代後半～1990年代前半にかけての産業集積論は，主として，ポスト・フォーディズムとフレキシビリティをめぐるものであった。しかしながら，1990年代半ば以降，イノベーション，学習，知識創造といった産業集積の動態的な側面に関心が急速に移ってくる。これと合わせて，地域内の文化・規範・信頼・慣行・雰囲気といった非経済的な要素の重要性が意識されるようになった。経済主体は，産業集積の領域的な文脈に埋め込まれ（Harrison, 1992），その中でイノベーションを実現していくとの認識が広く共有されるようになったといえる。近年ではさらに，ラディカルなイノベーションや学習にとって不可欠な新規知識の獲得が，領域外の企業とのネットワークに依存しているとの指摘が行われつつある（山本，2005；水野，2005）。産業集積を促進する政策は，イノベーション政策のすべてではないが，重要であり，強気に進められる部分とそうでない部分が整理され，よりバランスの取れた議論が行われるようになってきたといえよう。

3　中小企業ネットワークと学習

（1）中小企業ネットワークの学習政策的分類

　これまでの考察を整理し，学習に関わるネットワークについての分類の必要性について触れる。

　本書では，第5章にて，都市型産業集積の地域的特性と政策の関係性について，尼崎市を事例に検証した。その結果，産業集積地は様々な形成過程により現在の形を保っており，産業集積ごとの地域特性に基づいた産業振興のあり方，産業政策が存在することを導いた。特に，検証から，尼崎市の今後の具体的な政策の方向性として，フロリダらのいう「学習地域」的な視点に基づいた，中小企業のノウハウの高度化やスキルアップが最も重要な点になると指摘した。

　また，第5章における中小企業のインタビュー調査を学習のネットワークの分類上で整理すると，

　①大企業との相互作用によりイノベーションやスキルアップがおこるものの事例として，D社とN社，

　②通常取引のなかった他企業との新たな連携の相互作用によりイノベーションやスキルアップがおこるものの事例として，Y社，

が見て取れた。

　以下，中小企業ネットワークによる学習を活かした産業振興策としての面から詳しく検討する。

（2）注目される産業集積と中小企業

　近年，産業集積が注目され，地方自治体において地域経営を基軸にした地域経済活性化策が積極的に取り組まれている。その要因として，第1に，経済のグローバル化により，ものづくり機能が海外へ移転し，我が国の産業の空洞化が深刻になってきていることがある。第2に，中小企業基本法が1999年に改正され，中小企業が，新たな産業創出，就業機会の増加等の地域経済活性化を柱にした経済ダイナミズムの源泉として位置づけられたことがある。第3に，地域経済の自立のために，中小企業の集積が必要不可欠になってきたことがある。

もともと，我が国の国レベルでの（通産省／経産省における）産業政策は，①高度成長期までの「中小企業政策」から②70・80年代以降の「イノベーション政策」へ，重点が大きく変わったといわれる。②の時期では，すべての中小企業に等しく焦点をあてるよりも，意欲があり，可能性のある中小企業を応援するスタンスに移ってきていると同時に，イノベーションの源泉としての中小企業を重視する面が表れてきた。

　そうした中，現在の日本の産業政策の柱として，産業クラスター政策に力点が置かれている。産業クラスター政策は，知識産業，IT産業，バイオ産業等の新しい産業の起業と結びついていると同時に，既存産業の高度化への再編成という内容を含んでおり，今後の中小企業や地域産業のあり方と密接に関係している（高原，2008）。

　つまり，地域産業資源として，「産業集積」と「中小企業」を政策的に位置づけ，集積を活かした中小企業の活性化により，地域振興を図ることも政策意図の1つであろう。特に，産業クラスターの進展による中小企業の起業，ネットワーク化が期待されているといえよう。

（3）産業集積の学習・イノベーションへのメリット

　産業集積は，イノベーション形成にとって重要な意味をもつと山本（2005）は指摘し，産業集積のメカニズムについて，Malmberg & Maskel（2002）を引用し下記のように整理してる。

　マルムベルイとマスケルは，産業集積をもたらすメカニズムが3つあると紹介した上で，それらとは別の第4のメカニズムの重視を主張している。

　第1のメカニズムは，産業集積の場における諸企業が共同利用する施設のコスト負担の縮小である。第2のメカニズムは，プールされた労働市場を産業集積の場が生み出すというものである。第3のメカニズムは，産業集積の場での相互作用費用の節約である。そして，マルムベルイらが注目する第4のメカニズムとは，知識のスピルオーバーが集積によって促進され，これによって適応，学習，イノベーションの様々な形態が生まれるというものである。

　知識のスピルオーバーや相互学習も，また，相互作用という概念の中に含めることができる。必要な知識を同定し，これにアクセスし，自企業に取り込む

ための費用を引き下げることは，近接立地している場合に可能になる。ゆえに，産業集積が存在すると説明している。

次に，学習とイノベーションの関係を発生プロセスから整理しているCooke & Morgan（1998）を紹介する。Cooke & Morgan（1998）によれば，学習，知識の創造，イノベーションを促進する上で，より有利な組織形態というものが特定されるわけではない。階層性やネットワーク型といった組織の形態自体が問題になるのでもない。重要なのは，生産物市場の性格，技術変化の展望，規模の経済の存在が所与の時にいかによく組織形態が機能するか，ということだという。

知識が最も戦略的な資源であり，したがって学習が最も重要なプロセスである。そして学習とは，相互作用的なプロセスであり，社会の中に埋め込まれたプロセスであるがゆえに，文化的制度的な文脈の枠外では理解しえないものだとされる。

（4）尼崎地域における中小企業ネットワーク

次に，具体的な産業集積地のネットワークを見てみたい。

中小企業白書（1995年版）において，ネットワーク機能が発展している地域として東京都大田区と東大阪市が事例紹介されているが，さらにこの2地域に尼崎市を加えたアンケート調査結果を表12-1に示した。第5章において詳しく説明しているが，地域に協力会社が多く，技術力の高い企業が存在し，ヨコの連携が充実している地域としては，大田区，東大阪市，尼崎市の順となる（梅村，2011）。

(一財)大阪湾ベイエリア開発推進機構・兵庫県立大学政策科学研究所のアンケート（図12-2）においても，尼崎市では，「協力会」や「異業種グループ」などの企業間ネットワークに参加している企業数は11.1％で，ここからも尼崎市におけるヨコの連携の弱さが理解できよう。

第Ⅲ部　これからの自治体産業政策

表12-1　主な都市型産業集積地におけるネットワークに関するアンケート結果

	尼崎市	東大阪市	大田区
協力会社が多い	66.7%	70.8%	71.1%
高い技術力のある企業が存在している	16.1%	20.5%	30.8%
技術ノウハウが共有しやすい	7.5%	11.7%	14.5%

（出所）東大阪市・中小企業都市連絡協議会（2009）。

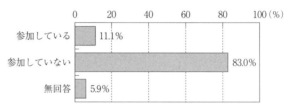

図12-2　尼崎市における企業間ネットワークの現状
（出所）（一財）大阪湾ベイエリア開発推進機構・兵庫県立大学政策科学研究所（2011）。

4　中小企業ネットワーク型——航空機ビジネスへの参入

（1）YR社の概要

　リーマンショック以降，戦後の日本経済を引っ張ってきた自動車や鉄鋼等の産業が厳しい局面を迎え，地域経済振興の不透明感が増している。

　そうした中，三菱重工業㈱が小型ジェット旅客機 MRJ（三菱リージョナルジェット）の生産を決めたことも後押し，全国各地で航空機産業の受注に対する取組みが始まっている。YR社は，ねじ及びねじ関連商品の元卸会社である。起業の所以は，戦後に，航空機メーカーから国内でのねじの製造を依頼されたのがきっかけとされる。

　当時のYR社は，ねじの発注を予想して，事前に町工場で製造し，自社で保管し発注を待つ形態であった。ところが，1950年の朝鮮戦争の特需により業務の拡大を経験したが，その後の景気低迷にて，在庫が拡大し苦境に陥った。その経験から，エンドユーザー向けの仕事ではなく，当時，町工場も大阪市内で数々と創業していた状況もあり，卸会社としての方向性を確立した。

ねじは，当初，米国規格の製品を作れば売れた。まずは，「YR にいけばなんでも欲しいネジがある」という評判を得ることを第一に活動し，「利益」も在庫に投資したことから，今では「在庫の YR」といわれるまでになっている。

会社概要（2010年10月時点）は，資本金4000万円，社員約100名，主要販売先約1000社，在庫量約9000トン，ねじのアイテム約4万点である。

しかし，近年の産業空洞化の影響により，販売先である企業の海外流出（組立産業の流出），倒産，廃業が続き，新たな販売先の業界として「航空機産業」に目を向けはじめた。それが，「次世代型航空機部品供給ネットワーク（On the Wings of Osaka，以下 OWO とする）」設立の要因である。

（2）次世代型航空機部品供給ネットワーク（OWO）

「OWO」は，YR 社を事務局とし，計10社の部品供給体制が組織化されたものである。

YR 社長の説明では，「企業連携惑星群」と銘打たれており，企業連携による航空機部品の一貫生産を行っている。

OWO は，2004年からネットワーク構築に向けた研究会を開催し，2005年4月に「次世代型航空機に対応した部品供給をはじめとする航空機体開発への参画を実現するために，パートナーシップ型ネットワークを形成し，航空機市場への参入に必要な取組みを共同で行うことで，航空機市場及びその関連産業に通用する技術を確保し，販路開拓を行うこと」を目的として設立された。

その後，大きな転機となったのが，2009年に近畿経済産業局の「川上川下ネットワーク構築事業」の支援を受け，OWO の3つの研究会（航空機産業・生産技術・複合材）と近畿経済産業局との連携が始まったことである。

（3）S 社の応援による学習効果

上記のような中小企業の動きが，尼崎市に本社を置く航空機部品メーカーであるS 社の目に留まり，S 社からの技術支援等も受けはじめるなど，OWO として，ビジネスの形が出来上がってきた。ユーザーである大企業 S 社が YR 社に発注し，YR 社が参画企業（加工企業群）に部品製造を依頼し，完成後 YR 社にて最終検査をし，S 社へ出荷する仕組みになっている（図12-3）。

第Ⅲ部　これからの自治体産業政策

図12-3　OWO の概要

（出所）YR 社資料を参照し筆者作成。

　航空機部品メーカーのＳ社は，このようにして，2010年10月に，航空機部品に参入のない関西の中小企業と共同で中小型航空機の脚部を製造するプロジェクトに着手したのである。

　このプロジェクトは，これまでのように，協力会参加企業に部品発注し，納品するといった下請制度ではなく，新たな仕事（航空機部品）をＳ社が受注した際に，それらの部品の生産を，YR 社（大阪市・ネジ卸会社）を中核とする企業グループ（10社）が一括して請負い，これまで輸入に頼っていた部品等の国産化による品質の保持及びコスト軽減を図り，一貫生産体制の構築による競争力の向上を目指したものである。

　また，新たなグループの育成にあたっては，Ｓ社から技術者を派遣し，精度の高い作業手順書の作成や航空機産業の調達基準を満たす生産技術の指導など各企業での品質向上の指導にあたっている。

　Ｓ社は，これまでの協力会参加企業への技術支援を中心とした支援から，技術プラス品質向上に努力する企業の育成に力点を置きはじめている。筆者のＳ社へのインタビューにおいても，「企業の努力こそがやる気の表れであり，そうした企業と共に仕事がしたい。また，次なるステップを目指し学習する企業は，信頼にもつながってくる」と語っていた。このように，メーカー企業も生き残りを模索する中，産業集積地の力のある企業を育成し，グローバリゼーションに対応できる生産システムを創る新たな取組みが始まっている（図12-4）。

（4） 今後の課題

一方で，課題として以下の点などが挙げられる。

①発注側企業はコストダウンを前提として依頼してくるが，どのような形でされるかが不明である。

②今後は，中小企業の集積を活かしたKIT化（ユニット化）とJIT（just in time）が必須となり，企業の努力が求められる。

③大企業による中小企業への指導・育成がないと実現できないシステムである。

今後の中小企業連携の形として，OWOのように受注・検査等担当する中核企業と技術提供する加工企業の合議体的な組織は，これまでの試作品や共同受注グループとは違い，役割分担がより明確化される。

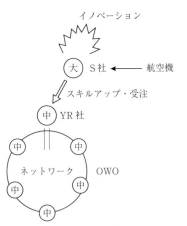

図12-4　OWOとS社におけるイノベーション
（出所）筆者作成。

また，それぞれの企業が役割を果たすことで，コストダウンも含めた競争力を示し，新たな価値を創造することにもつながる。その効果として，参画企業におけるOWO以外の仕事にも好影響を与えているようである。

5　中小企業技術開発型

（1） Y社の概要

第5章において取り上げたY社は，主に自動車ならびに医薬品機器関連の金型及び金型部品の製造・加工とエアロラップと呼ばれる研磨機器（技術）の開発・製造・販売を業務としている。従業員数は2018年2月現在において138名である。また，Y社は，タイのバンコク近郊に子会社であるアジアY社を保有している。

Y社は，2006年に中小企業庁の「明日を支える元気なモノ作り中小企業300社」にも選定されており（中小企業庁編，2006b），また，新製品のエアロラップで，2007年に経済産業省「第2回ものづくり日本大賞」優秀賞を，2008年に日

本発明振興協会「第33回発明大賞」本賞を受賞した。さらに2018年には経済産業省・地域未来牽引企業に選定されるなど，各界より高い評価を得ている，日本を代表する中小企業である。

（2）事業の経緯[5]

大企業からの独立　Y社のY社長の活躍は第5章において触れたが，大手菓子メーカーの包装機械メンテナンスに携わることとなったことが大きな転機となった。包装機械の磨耗防止には，硬質クロムメッキが使われていた。硬質クロムメッキは磨耗を防止する一般的な技法であるが，対象物に対して「密着性の良好な分厚い皮膜を均一に施す」ことが必要であり，多くの作業プロセスを要することからそのメンテナンスは大変であった。当時，「自動車のロータリーエンジン向けに開発されたセラミックコーティングで，耐摩耗性を改善できることがわかっていた」。以前から起業の思いもあり，セラミックコーティング技術を活用した業務に関わっていきたいと考え，1986年に独立し創業することになった。

問題点への注目　創業当初は，大手金属コーティング会社の構内下請としてスタートした。創業当初の業務の柱は，金型をコーティング処理する前に行う仕上げ工程のバフ研磨作業であった。バフ研磨とは，「布，皮，ゴムなど柔軟性のある素材でできた軟らかいバフに，砥粒を付着させ，このバフを回転させながら工作物に押し当てて表面を磨く加工」のことである。[6]バフ仕上げやバフ磨きともいわれる。このバフ研磨作業をY社長自らが行っていた。バフ研磨は，重労働の手作業に頼っており，ほこりまみれの中で行われる骨の折れる大変な作業であった。金型の研磨技術の向上のためには，熟練の技能と作業に対する根気が必要となる。しかしながら，バフ研磨の「磨き」作業に代表される，いわゆる3K（きつい，汚い，危険）の業務では，金型の研磨技術の向上は期待されえないと考え，研磨工程の自動化・簡素化を考えはじめた。[7]

「磨き」作業は，熟練の技能が問われる職人芸であった。Y社長は，旋盤工であった父親の仕事を幼少の時から手伝っていた経験にも支えられ，父譲りの器用さを備えていた。また，昔から「磨き」が金属の表面の凹凸をなくし，

メッキののりを良くしたり耐久性を高めたりするという「磨き」の長所もよく知っていた。こうしたことが相俟って，創業後も業績を順調に伸ばしていった。しかしながら，個人事業主として独立・創業したことによる自負とは裏腹に，同じ「磨き」の作業をしている発注元の従業員との間に賃金格差が存在するという現実があった。賃金格差の存在を知ったことをきっかけに，Y社長は，賃加工から脱却を図るべく，1988年からバフ研磨とは別の業務の柱となるような独自製品の開発に取り組むこととなった。

金型技術の学習　Y社長がはじめに目を付けたのが，「パンチ」といわれる金型部品である。「パンチ」は，プレス加工の際，上から強い力で押し付ける部品である。賃加工時代に培った磨きの技術を活用し，冷間鍛造で精度の高い「パンチ」や，自動車に必要なボルトやナットを製造するための金型部品である「ピン」を製造する会社として，その後順調に業績を伸ばしていった。しかし，技術やノウハウの不足から，半年間ほどで苦境に陥ることになった。そこで，Y社長は，元請企業である大手金属コーティング会社からの紹介で，金型工場で1週間ほど金型製造の基礎を学び，独自の金型製造技術を習得し，1989年に法人化し，株式会社となった。

（3）新製品開発：エアロラップ

新製品の概要　Y社長は，もともと，研磨工程の機械化や研磨技術の習得の難しさといった課題に頭を悩ませていた。こうした課題を解決すべく，7年の期間をかけ開発し，1996年に完成したのが，「エアロラップ（AERO LAP）」という研磨技術である。エアロラップとは，「"Wet・Dry" Media」を用い，磨耗を防止し，耐久性をいっそう高めることができる鏡面仕上げ方法である。エアロラップは，マルチコーンと呼ばれる研磨材に強みをもつ。食品素材をベースに数ミクロン大のダイヤモンドパウダーを複合させた研磨材を高速で吹き付けるだけで，熟練技能を必要とせずに，初心者でも簡単に，複雑な形状の金型や切削工具，樹脂成形品などを短時間で鏡面加工（ラッピング；LAPPING）できるという特長をもっている。職人が半日かかる磨きも，1～2時間ほど教育すればパートタイマーでも数十分で加工できるという。このラッピングの効率性の高さが，エアロラップの特長の1つである。

第Ⅲ部　これからの自治体産業政策

表12-2　エアロラップの特長

・あらゆる形状の金型を短時間に鏡面状態までラッピング可能。 ・ラッピングによる金型の変寸・変形が極少。 ・鏡面仕上げにより金型の耐久寿命を延ばすことが可能。 ・PVD・CVD などのコーティングの密着性も向上。 ・従来の方法と比べて大幅なコスト減少。 ・研磨剤にゼラチンを使用するため，粉塵が起こりにくい。 ・廃油や廃水がない，クリーン加工。

（出所）関・梅村（2009a）。

図12-5　エアロラップ
（出所）中小企業庁編（2006b）。

第2の特長は，ラッピングの清潔さであり，「"Wet・Dry" Media」を用いることで，粉塵の発生を抑えるだけでなく，作業環境をより清潔に保つことが可能となる。

第3の特長は，多様なラッピングのニーズに対応することができるということであり，様々な研磨材を使うことができる。

最後に，研磨材は繰り返し使用できるためランニングコストが非常に低く，エコにもつながっている（表12-2）。

エアロラップの形体は，図12-5の通りである。食品素材を基にし，水分などを使用してそこにダイヤモンドを複合させたものがエアロラップで使用する研磨材（マルチコーン）である。マルチコーンのサイズは，0.5〜2㎜である。これを30〜60度の角度で取り付けられたノズルから遠心力を利用して噴射させる。ノズル上部には，研磨時に発生する中摩擦熱を冷却させるためにエアノズルが設置されている。ノズルから空気圧（0.5〜0.8MPa）をかけて，対象物に吹き付け，表面を滑らしていく（山下，2006）。

大手メーカーでの「学習」経験を活かした新製品開発　Y社にとって，エアロラップの開発は苦難の連続であった。「磨く」ということを突き詰めていくと，砥粒（磨き砂であり，エアロラップではダイヤモンドがそれにあたる）と水または油分が必要であることがわかり，金型の表面を滑走する研磨材づくりに取り

第**12**章　学習政策①中小企業ネットワーク

組む必要があった。研磨材の材料として，スポンジ，おが屑，樹脂などを試したが，液体は表面張力的にしか保持しないため，瞬時に砥粒も液体も飛散するなど課題は多く，粘着性のある素材が必要となり，その解決策の模索に大変な労力と時間を費やした。こうした試行錯誤の過程で役に立ったのが，大手菓子メーカーでの学習であった。それは，休憩時間に，きなこ団子を見ている時に思いついた。

　そこから食品素材へのチャレンジが始まり，お米やもち米をふかし，砥粒を練り込んだりした。しかし，最初は良いが繰り返し行うと老化が早いなど問題が顕在化し，製品化にまで至らなかった。こうした試行錯誤を繰り返し，最終的に行き着いたのが，昔勤務していた大手菓子メーカーでも使用していた「食品系の物質」であった。これに含有される水分や油分を熱などで加工した結果，液体を混合した研磨材の完成に至った。この研磨材を用いると，磨いた後の鉄粉や磨きクズは研磨材がもつ粘着性質により研磨材にからみついて外部へは排出されない。さらには，研磨材はその都度回収され，装置内で循環再利用が可能であるために，環境に優しいものとなった。これがエアロラップの特長ともなっている。また，一般的に，噴射加工で鏡面仕上げを行うことは困難であるとされていたが，開発した研磨材を高速投射することで金属への鏡面仕上げを可能とし，硬質樹脂の透明度を向上させるといった新しい鏡面仕上げ法として，社団法人砥粒加工学会が，2007年に「エアロラップ工法」という新工法を定めた。

　エアロラップは，当初，自社での使用を考えたものであったが，噂を聞きつけた大手工作機メーカーと秘密保持契約を交わした上で販売をしたのをきっかけに，2001年8月から外販に踏み切った。当時の設定価格は，大きさや治具の有無により異なるが350～500万円であり，初年度で100台の販売を目標としていた。エアロラップには，YT-100型（標準タイプ），YT-300型（大型タイプ），YT-300H型（YT-300発展タイプ），YT-500型（超大型タイプ）の4つのタイプがある。エアロラップの生産ロットは月に7台程度であり，日本で販売するものについては，営業部隊やメンテナンス部隊をもたないので，販売とメンテナンスを行ってくれる企業と連携を組み対応をしている。主に自動車産業に導入実績がある。大手自動車メーカーの部品設計図面には，「エアロラップにて磨

き」と加工指示がなされるまでの評価を得ており，日本国内では自動車メーカーや大手超硬工具メーカー向けに約500台以上の販売実績も有している(2007年12月現在)。最近では，自動車産業に限らず，金属をはじめ，アクリルや入れ歯などの樹脂の研磨へと，その用途は着実に広がっている。2008年2月までには全世界で約700台以上もの販売実績がある。Y社長は，今後の課題として「様々な大きさや形状をもつ製品に対応できるようにさらなる研究開発を進めていきたい」と語っており，そこにはさらなる技術向上を目指す技術者の姿がある。また，Y社は，後述する近畿高エネルギー加工技術研究所の開発相談・試作試験依頼などの利用者であるとともに，共同研究も行っており，その経験から常々中小企業の技術開発等には，地域の研究機関の支援が不可欠であることを語っている。

（4）暗黙知から形式知への転換

エアロラップの開発は，Y社長が大手企業で培ってきたものづくり力が活かされている。つまり「暗黙知」から「形式知」への転換が進んだ結果として，開発につながったといえよう。野中・小久保・山下・佐久間（1997）は，「知」について以下のように整理している。企業の新しい経営理念は，知を作り続けるカンパニーを目指すことである。知識を獲得，創造，活用，蓄積を回しつづける必要がある。知には2つのタイプがある。形式知と暗黙知であるが，知の創造はこの2つのタイプの知のスパイラルで作られるものである。したがって知の創造には，「形式知」と「暗黙知」の組み合わせで4つの知の作り方が生まれる。

第1は暗黙知から暗黙知を作る「共同化」，第2は暗黙知から形式知を作る「表出化」，第3は形式知から形式知を作る「連結化」，第4は形式知の「スキル化」である。

こうした一連の動きの中で，暗黙知を形式知に変換し，言語化すれば普遍化につながる。また，同時に，個人の知を形式知に変換すれば組織の知になる。組織の知に変換されれば，組織の知のインフラが高まる。組織の知のインフラが高まれば高まるほど，そこに働く個人の知の創造を刺激する。また，同時に暗黙知を形式知に変換し，頭を空にすれば，また新しい暗黙知の獲得に向けて

刺激される。そして，新しい質の高い経験に自らチャレンジするという現象がおきると指摘されている。

また，野中・竹内 (1996) において，暗黙知から形式知への変換は日本企業の知識創造の特徴であると整理されている。エアロラップの開発においても，Y社長がもつ暗黙知の形式知への変換とそれに付随したさらなる学習への刺激が与えられてきたからこそ，製品として世に出る形にまでなってきたのであろう。

6　学習クラスター

近年，産業集積地域が，新しい知識や技術を生み出す場として再評価されている。特に，集積活用における議論の中で，競争力を生み出す仕組みとして，「学習」という概念を取り入れた「学習地域 (learning region) 論」(Florida, 1995) が注目されている。

Florida (1995) は，知識経済化の時代における地域が大量生産地域から学習地域へとシフトしつつあると捉え，知識創造と継続的組織的な学習に地域の競争の優位性があると指摘した。そうした可能性のある地域が，尼崎市をはじめとした大阪湾ベイエリアに位置する産業集積地であろう。

海外へのものづくり企業が移転・流出していることに悲観する傾向があるが，OWOのような新たな産業分野への進出にかける企業もある。しかし，こうした創造的な取組みに対しての支援はまだ薄いのが現実である。

デュースブルグ・エッセン大学（ドイツ）のHassink (2005) は，新たな概念として「学習クラスター (learning cluster)」を示し，「生産ネットワークのグローバル化が進展し，国や地域の境界がますます複雑化し地域間のギャップが生まれているが，学習地域の戦略性と中小企業活動を中心とした異なる特徴をもつクラスターの多様性といった2つの強みをつなぐことができれば，地域経済のロックイン問題にも対応できる」と指摘している。

我が国には，これまで下請制度があり，批判的な指摘もあるが，大企業が中小企業を支援・育成してきた側面もある。今後，同様の形の復活ではなく，OWOに見られるような企業として必要な連携組織の新しい枠組みの中に，競

争力の強化のための「学習」を取り入れることも，再検討すべきなのではないだろうか。また，地域政策の観点から，企業の学習に自治体として支援することを併せて検討することも可能だろう。

注
(1)　航空機産業への新規参入及び受注拡大に向けた取組みを行っている事例として，「秋田輸送機コンソーシアム」（秋田県）や「まんてんプロジェクト」（神奈川県），「ウィングウィン岡山」（岡山県）などがある。
(2)　2010年10月16日，YR 社へのインタビューと，2011年2月26日開催の大阪市立大学「大都市圏産業政策研究会」での YR 社の講演内容に基づく。
(3)　S 社と YR 社を中心とするグループ企業の連携は，経済産業省近畿経済産業局のサポートに起因する（『朝日新聞』2010年12月3日）。次世代型航空機部品供給ネットワーク（OWO）については，帝国データバンク（2010）が詳しい。
(4)　2010年10月5日，S 社へのインタビューに基づく。
(5)　2008年7月10日，Y 社へのインタビューに基づく。
(6)　東大阪市技術交流プラザの技術用語集による。詳細は，東大阪市技術交流プラザのホームページを参照。http://www.techplaza.city.higashiosaka.osaka.jp/help/word/index.html（2018年10月1日アクセス）。
(7)　『日本経済新聞』2004年11月30日。
(8)　リサイクルの費用は，ダイヤモンドの量により異なり，ダイヤモンド1キログラムあたり20〜60万円くらいであるという（『日経産業新聞』2001年7月31日）。
(9)　『日経産業新聞』2001年7月31日。
(10)　『日経ビジネス』2008年2月11日号。

第13章
学習政策②公的研究機関
―― まちづくり的手法(5) ――

　本章では，公的研究機関を拠点とした学習政策による技術支援のあり方について考察する。また，公的研究機関の活動，成果，ネットワークについても触れ，地域における公的研究機関の役割について言及する。

1　公設試験研究機関

(1) 公設試験研究機関とは

　公設試験研究機関（以下，公設試）とは，一般に自治体（都道府県・政令指定都市・市町村）が設置した，地域産業振興を目的とした試験研究機関を指し，農林水産業，鉱工業，環境等の多様な分野が含まれる。本章において，主に取り上げる工業系の公設試の業務には，次のようなものが挙げられる。

- 企業が抱えている技術問題の解決のための技術相談
- 専門家を生産現場に派遣し工程の改善指導等を行う技術指導
- 地域の技術者の質的向上を図るための技術研修
- 企業からの依頼により行う製品・原材料等の依頼試験・分析
- 設備機器の開放
- 地域産業の関連に関する技術課題についての研究開発及び成果普及
- 技術振興のための各種講習会
- 最新技術の提供等

　このように，公設試は当該地域の主として中小企業に対し技術に関する相談，指導，研修等を通して支援するとともに，依頼試験・分析に対応し，試験機器の開放等も行い，さらに研究開発を行うという多様な業務を担っている（九州経済産業局，2007）。

　また，公設試の分類は，工業系，農林水産業系，食品加工業系，環境系など

専門分野によって分類され，さらに工業系公設試においては「特化型」「中規模総合型」「大規模総合型」に分類される（本多，2008a）。

近年の公設試の動向として，西尾（2008）は研究開発志向から企業支援活動への方向性の転換傾向を指摘しており，本章において後述する近畿高エネルギー加工技術研究所（The Advanced Materials Processing Institute, 以後 AMPI）においても同様の傾向が見られる。特化型ではあるが，一部総合型の部分も含む，「特化・総合型」の形態にあるといえる。

厳しい経済情勢が続く中，中小企業の存立には，技術開発，商品開発が必要不可欠である。また，開発にかかる人員や財源も，企業規模から全体的に限定されるのは中小企業であり，そうした企業を支援することは，公的機関の本分であろう。

しかし，各地域に所在する公設試は，設立後どのように活用され，地域産業振興にどのような効果をもたらしているのか，あまり明らかにされていない実態がある。

（2）公設試の現状と多様性

公設試は，その規模等から多様性を窺うことができる。公設試は，機関の総人員が数人から200人を超える規模まで幅があり，最も大きな公設試は東京都立産業技術研究センターである。また，29名以下の小規模の公設試は，地域の特定産業を対象にした産地向けのものが多いと指摘されている（植田・本多編，2006）。

次に，予算規模についても，最も大きい東京都立産業技術研究センターが30億円を超えている一方で，1億円未満のものが11機関あるなど，大きな乖離が見られる。予算規模には，人件費などが含まれている場合とそうでない場合があるので，単純に比較することはできないが，公設試の規模やミッションによって幅があることも考察する上で注意したい。

また，本章においてケーススタディする AMPI は，日本産業技術振興協会（2005）に掲載されている公設試156機関のうち87機関が所在する工業系公設試（表13-1）に位置づけられるが，本章で取り上げる公設民営型公設試は AMPI のほかに北海道立工業技術センターがあるのみである。

第13章　学習政策②公的研究機関

表13-1　工業系公設試の概要（2004年度）

工業系公設試の人員数		工業系公設試の予算規模	
人員数	公設試数	予算金額	公設試数
1～9人	7	1億円未満	11
10～29人	21	1億円以上5億円未満	29
30～49人	24	5億円以上10億円未満	29
50～99人	26	10億円以上20億円未満	14
100人以上	9	20億円以上	4
計	87	計	87

（出所）日本産業技術振興協会（2005）。

（3）既存研究

公設試に関する研究蓄積として，公設試に対する多面的な分析が植田・本多編（2006）においてなされ，公設試の概要，設立意義，各地域における公設試の実態も明らかにされ，深堀りされている。また，イノベーションの観点から分析を試みているものに福川（2007），本多（2008a；2008b）など，国際比較の視点からはIZUSHI（2005），事例分析として関・三谷編（2001）などがある。しかし，開発支援を主体とした中小企業支援の視点から行った，大学や他の研究機関との連携についての検討には，やや弱い側面があるとともに，実際にどのような中小企業に対する効用をもたらしたのかについては，詳細には考察されてこなかった。

そうしたことから，本章における事例研究として，AMPIの活動内容及び中小企業支援の現状を分析することにより，公設試の役割や課題解決に向けた研究機関ネットワークについて検証することの意義はある。

2　自治体産業政策と AMPI の設置

自治体が産業政策を計画的に進める場合，一般に計画や指針が策定される。AMPIが所在する尼崎市においても同様であり，自治体の計画行政の中にどのように中小企業政策とAMPIが位置づけられているのか見てみる。

尼崎市の産業振興の指針として，「新たな尼崎産業の長期振興ビジョン（以下，新ビジョン）」が1994年に策定され，計画期間は概ね2010年までであった。

新ビジョンの目的は，前ビジョンの目的を引き継ぐとともに，その後の社会経済環境の変化や産業の抱える課題を再度点検し，今後の指針を示すことであった。新ビジョンが策定された背景としては，1980年代後半以降に進んだ製造業の海外生産拡大による国内産業の空洞化という問題がある。1985年のプラザ合意以降の急速な円高は，国内製造業の現地生産化を拡大し，一方国内生産は縮小を見せはじめていた。もっとも，バブル経済期は，海外生産の拡大は直接国内生産の縮小には結びつかなかったといわれているが，日本の製造業における輸出主導型の産業活動の限界が露呈し，生産拠点の配置をはじめとして，市場，技術，人材など多方面にわたる事業活動の再構築（リストラクチャリング）に直面していた。

　尼崎市の製造業は，製造品出荷額等総額や粗付加価値額の伸び率が，全国や兵庫県，他の工業都市に比べて低かった。また，製造事業所数においても1983年より減少傾向に移り，かつ1事業所における製造品出荷額等総額の伸びも低い状態であった。その要因の1つとして，尼崎市内において各事業所における事業拡大が困難であったことが挙げられる。具体的には，次の通りである。第1に，市域が既に都市化されていることに伴う事業地の不足及び地価の高騰などにより事業所適地の確保が困難であった。第2に，工場の操業環境の変化である。工場周辺の住宅地化が進み，住工混在による住民と工場のトラブルが増加した。また，工場跡地にはマンションなどの住宅が建設される傾向が強く，残された工場の操業環境を脅かしていた。第3に，工場等制限法などによる法の規制があった。第4に，尼崎市の都市イメージが低く評価されている。一方，尼崎の製造事業所においては，多くが今後も尼崎での操業を希望している実態もある。しかしながら，実際には移転・廃業などにより工場敷地面積は減少傾向にあり，新規工場の増加をはるかに上回っていた。また，尼崎以外にも工場をもつ大企業においては，尼崎工場の生産設備の更新や製造品目の高付加価値化の遅れにより，企業内での位置づけが主力工場から補助的なものへと変化しつつあると新ビジョンでは指摘している。

　次に，新ビジョンの将来像を見てみることにする。1992年に策定された尼崎市総合基本計画では，尼崎市の最大の課題は「都市魅力の創出」であり，いかに尼崎産業がそれに寄与できるかが求められていた。そうしたことから，尼崎

産業の将来像では，まず基本理念としては，①大都市立地の有利さを活かした産業活動への展開，②環境や地域社会と産業活動の調和，③新たな価値創造への挑戦，とし，尼崎産業の将来像を「環境との共生を図りながら，多種多様な事業所の集積を活かした交流と，蓄積された経営資源の融合による新たな価値の創造・提供をめざす産業」と位置づけている。そして，その将来像の実現に向けた基本戦略として，①ソフトな資源の蓄積，②創造的な交流ネットワークの充実，③個性ある中堅・中小企業群の育成，④知的活動にふさわしい地域環境の形成，⑤企業家精神にあふれた風土づくりを挙げている。

次に，これを受けて具体的な施策として，基礎素材型工業への偏重を改善し，都市型工業構造の転換を目指すリーディングプロジェクトとしての位置づけとともに，南部臨海地域の工場跡地を活用した拠点づくりも含め，1991年3月に民活法の認定を受けた「尼崎リサーチコア整備計画」により，研究所やインキュベーション施設等の整備を進めることになった。1993年に近畿高エネルギー加工技術研究所（AMPI）が，産学官民の共同事業による大学と産業界の連携に基づいた尼崎市初の公設・民営の研究拠点として設立された。[2]

3 AMPIの活動

（1）組織の概要

AMPIは大学と産業界を結ぶ研究開発ネットワークの拠点として先端的な加工技術の研究開発等を先導し，インキュベーション施設との連携を図りつつ，その研究開発を誘導・普及させる学習的機能と役割を担う施設として，公設民営型で設置された。

公の役割として，当初は尼崎市が建物・設備を整備し（後に兵庫県も支援開始），民の役割として，学識経験者・企業等によりAMPIが設立され，運営を任されることになった。[3]

組織の形成にあたっては，①研究部門を，大阪大学工学部及び溶接工学研究所（現接合科学研究所）[4]を母体として他大学との交流によってテーマを設定し，それに賛同する企業の委託研究を結びつける産学連携施設として運営し，②技術指導部門は，兵庫県立工業技術センターが阪神間の中小企業が集積する尼

表13-2　AMPIの組織（2011年度）

役員	理事長：重機メーカーA 副理事長：重機メーカーB，電力会社，大学（元大阪大学） 専務理事：元重機メーカーA
研究部門	研究所長：大学（元大阪大学） 副研究所長（研究開発担当）：大阪大学教授 研究部長：元電機メーカーA
支援部門	ものづくり支援センター長：元自動車メーカー 技術支援部長：元兵庫県工業技術センター 試作開発支援部長：元電機メーカーA
事務部門	事務局長（専務理事兼務）：元重機メーカーA 企画部長：電力会社 総務部長：尼崎市

（出所）AMPI資料を参照し筆者作成。

崎市に分室を設けてその役割を果たす，③それらを実施主体である尼崎市が支援するものとした。それゆえ，研究所の所長には，大阪大学溶接工学研究所長経験者が就任した。また，産学連携の最も重要なポジションである研究開発部長には，現職の大阪大学工学部助教授を尼崎市が部長級として採用の上配置し，さらに技術助成部長には，兵庫県立工業技術センターの技術指導長を課長級として採用した。当初の組織として，尼崎市及び参画企業からの出向者等により事務局3名，研究開発4名，技術助成3名の計10名にて開設した。

組織体制（2011年6月現在）は，事務局5名，研究開発部門4名，ものづくり支援センター11名の計20名の常勤職員と，ものづくり支援センターで技術指導にあたる5名の非常勤職員による計25名で運営している（表13-2）。また，ものづくり支援センターは，2001年に地域の中小企業への支援強化のため設立され，相談・指導事業に注力している。

（2）事業概要

事業内容は，①大出力の CO_2，YAGレーザ，プラズマレーザ等による高エネルギー加工技術に関する調査及び研究開発，②研究所設備の各種装置を低廉な価格で開放，利用誘導で中小企業の技術助成を行う，③諸外国の大学・研究機関と高エネルギー技術に関する国際技術交流，が主として実施されてい

る。

　具体的な取組みについて，2010年度の実績を AMPI 事業報告書を元に下記に示した。

　2010年度は，第Ⅴ期マルチ共同研究（2008～10年度）「高エネルギー密度熱源応用新プロセス技術の適用性拡大に関する研究」の3年目最終年度の取組みとして，高集束レーザの溶接への適用性拡大，レーザ切断の適用性拡大，高集束レーザのビーム安定性に関して，次の6社の参画を得て実施した。参画6社：川崎重工業㈱，関西電力㈱，住友金属工業㈱，㈱ダイヘン，日立造船㈱，三菱重工業㈱。

　①高集束レーザの溶接への適用性拡大に関する調査及び研究

　ファイバーレーザなどの高集束レーザを用いて，厚板鋼材に対する貫通溶接能力や溶接施工時における溶接火花（溶接スパッター）の発生状況及び内部欠陥の発生現象に関して，実験検討を実施した。

　②レーザ切断の適用性拡大に関する調査及び研究

　高集束レーザのビームエネルギー密度が高いという特徴を活かした切断加工性能に関する検討を行った。厚板鋼材並びに複合材料の切断に関する実験検討を実施した。

　③高集束レーザのビーム安定性に関する調査及び開発

　高集束レーザビームが発振器から加工材まで伝送される過程で，レンズ系などを通過する際に生じる熱的不安定性について，シミュレーションも交えて検討を実施し，熱的不安定性の発生程度を簡易モニターで検出する技術を開発した。

　④レーザを活用した微細加工等に関する調査及び研究

　微細加工関連では，電子部品関連の複合材料を微細に除去加工する技術開発を継続実施した。また，レーザナノクラスター形成装置を用いた超微粒子関連技術開発に関しては，高機能材料のナノレベルの複合成膜技術について検討を実施した。

　次に，加工技術に関する普及及び啓発事業（ものづくり支援センター）では，以下の事業を行った。

① ものづくり総合相談事業

　地域企業からの「ものづくり技術」に関する種々の相談に対応するとともに，センターに設置した各種装置・機器の地域企業による有効利用を促進するための講習会，研修会等を開催し，装置・機器の開放利用及び依頼試験の拡大を図った。また，「兵庫ものづくり支援センター阪神」，阪神南県民局「21世紀阪神南リーディングテクノロジー発掘・創出（当年度から実用化）支援事業（LT事業）」，兵庫県「ものづくり産業集積交流支援事業」，国の「ふるさと雇用再生特別基金事業」，レーザプラットフォーム協議会等の他機関との連携した企業訪問による相談受け・ニーズ把握等を積極的に展開した。その結果，機器利用が減少したが，技術相談，機器利用・依頼試験を合計した技術支援総数は，3645件と前年度と比べ約1％の増加となった。

② 人材育成・技術力向上支援事業（表13-3）

　広域連携企業立地促進等事業費補助（国庫補助）「高度ものづくりマルチタイプ技術者養成事業」を既存事業と合わせて積極的に展開・推進した。

　少人数制での実習研修は参加者も多く，ものづくり技術力向上に寄与した。しかし，共催講演会等の参加者が若干少なかったため，延べ約1256人と前年度より参加者が約5.8％の減少となった。

③ 技術開発・試作支援事業

　先端加工技術，新素材加工技術などの適用により地域企業の既存製品の高付加価値化及び新技術・新製品の開発に貢献することを目的として，「兵庫ものづくり支援センター阪神」をはじめとする近隣支援機関との連携により，ものづくり支援センター事業のPR，ニーズ調査，開発テーマの発掘，各種助成金制度の紹介・申請支援・共同開発の実施等を幅広く行った。推進した技術開発テーマの総数は，23テーマである。

（3）ものづくり支援センター

　次に，ものづくりに関連する企業の総合的サポートを実施するために設立されたセクションであるものづくり支援センター（以下，支援センター）を見てみる。支援センターは，AMPIを母体として，試作をしたいが装置や場所がない，共同試作や開発のパートナーを探している，大学や公的機関の支援を受け

表 13-3　人材育成・技術力向上支援事業

1. ものづくり塾
①ものづくり塾（入門課程）
・プレス加工実践コース，機械工作加工コース，溶接技術実践コース，IT 技術基礎コース等（延べ23回開催，24名）
②ものづくり塾（プロフェッショナル養成課程）
・高度ものづくりマルチタイプ技術者人材養成事業：基盤技術（メカニカル加工熱加工コース），品質評価技術（SEM，発光分光操作技術等），IT 技術（三次元 CAD，CAE 等），品質保証技術（非破壊検査，三次元座標測定等），ロボットオペレート技術等，新製品開発技術（PVD，レーザ等）等（延べ36回，260名）
・金属プレス検定コース（延べ7回，215名）
・中堅人材養成コース（神戸大学での講義の実施）
③ものづくり塾（管理者課程）
・元株式会社豊田中央研究所取締役・顧問の高瀬公宥氏による技術開発にかかわる課題を中心とした塾を開催（延べ5回，60名）
2. ものづくり体験教室等
①ものづくり体験教室・森の木工教室（小学生およびその保護者対象）（延べ4回，90名）
②インターンシップ受け入れ（産技短大学生ほか，3回，12名）
3. 講演会・セミナー等の開催（延べ12回，593名）
①「AMPI ものづくり講演会」（阪神南リーディングテクノロジー実用化支援事業と合同開催）（参加者74名：高度ものづくり人材養成事業に計上）
②先端技術講演会「先端 X 線機器分析から汎用機器分析技術」（参加者53名）
③機能性材料技術講演会「低炭素社会を実現する新エネルギー」（参加者46名）
④ドライコーティング研究会技術交流会（3回開催，参加者236名。内1回は，東京の理化学研究所が主催するトライボコーティング研究会と共催）
⑤第11回大阪大学工学部と尼崎地域企業との技術交流会（ソシオ大阪）（参加者35名）
⑥ダイハツ工業㈱滋賀工場場見学・技術交流会（高瀬塾と共催）（参加者20名）
⑦三菱電機㈱先端技術総合研究所・生産技術センター技術交流会（参加者37名）
⑧三菱重工業㈱神戸造船所見学会（参加者37名）
⑨川崎重工業㈱明石工場見学・技術交流会（参加者34名：高度ものづくり人材養成事業に計上）
⑩レーザプラットフォーム協議会共催ほか（1回開催，参加者18名）

（出所）AMPI の資料を元に筆者作成。

たいがどこに行けばいいのかわからない等の技術支援・相談を求める中小企業やベンチャー企業，新規創業者等の「駆け込み寺」的役割を担うため，2001年に開設された（図13-1）。

　支援センターには，2名の相談員が常駐し，それを補完する体制として技術，機械等分野のエキスパートである技術員等計10名が，技術指導，技術相談，人材育成事業，コーディネート事業，技術開発試作支援事業などに携わっている。また，その活動内容や方向づけは，企業がメンバー主体となった「ものづくり

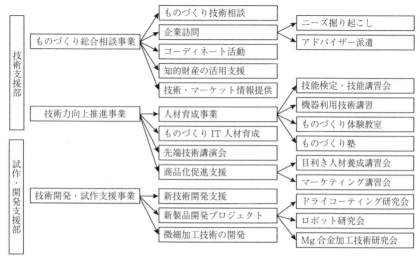

図13-1　ものづくり支援センターの組織と主な活動

（出所）AMPI。

支援センター活用推進委員会」において審議され決定されている。こうした地域企業のニーズを積極的に取り込み，事業を構築していく姿勢と相談員や技術員たちの親身な対応が評価され，支援センターの活性化につながっている。例えば，技術指導の実績では，2010年度に技術指導3645件，技術相談2208件を数え，オープン時の2001年度に比べ飛躍的に伸びていることがわかる（図13-2）。

　また，技術相談の進展状況（進展率）[5]においては，1回の相談で技術支援が完結したものは57％だが，試作・試験につながったものが29％に達し，企業の技術力の向上に寄与しているものと考えている。さらに，企業からの技術相談や開発依頼の中には，AMPIや支援センターに設備や専門技術者がない場合においても，その該当する分野の専門家に技術アドバイザーとして依頼したり，大学の先生方に相談をもちかけたりとコーディネート役として橋渡しを行っている（山田，2008）。このように地域の産業支援機関として，企業のニーズを理解し，責任をもって対応していることから，中京圏からも技術相談等の依頼があるなど，地域企業の駆け込み寺としてその存在意義は年々高くなっている（図13-3，13-4）。

第13章　学習政策②公的研究機関

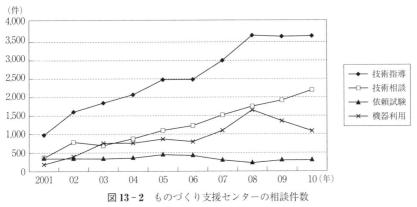

図13-2　ものづくり支援センターの相談件数
（出所）AMPI。

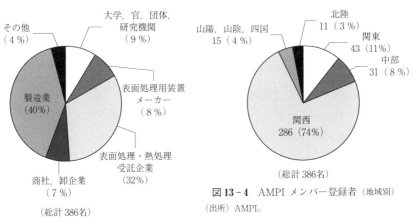

図13-3　AMPIメンバー登録者（業種別）
（出所）AMPI。

図13-4　AMPIメンバー登録者（地域別）
（出所）AMPI。

（4）開発支援状況

　AMPIでは，大型装置などを利用した企業との共同研究を行い，研究の成果として，42件（2010年度末）の特許を出願している。また，それらに伴い研究者を中心とした中小企業への支援を行うとともに，微細精密加工や表面改質，薄膜形成の技術高度化を目指し，地域企業主導型の研究会活動を通じた新技術・新製品開発の支援を行い，国や兵庫県，尼崎市の技術・研究開発助成案件にも認定されるなど，一定の効果をあげている。

また，人材育成・技術力向上事業として，技能講習会や検定，先端技術講演会や機器利用技術講習会などを実施し，技術開発・試作支援事業として，企業の個別技術開発への対応や共同研究などに取り組むとともに，3研究会（2010年度実績：ドライコーティング研究会約80社，ロボット研究会約20社，マグネシウム研究会約10社）のコーディネート等も行っている。[6]

開設以来，毎年10件程度の新規研究開発に取り組んでおり，その財源は，企業や国等から拠出されている。研究費は年々減少傾向にあるが，このような先端的な研究開発の実績により，近年レーザによる溶接技術が自動車生産に採用されはじめており，今後の受託研究につながっていくものと考えられ，我が国の基幹産業にも貢献できるものと期待される。一方，鉄鋼業の不振により全体的な溶接技術の需要が弱くなっていることが懸念されている。また，副次的効果として，共同研究等により優秀な研究者が AMPI とつながりをもつことができ，企業からの出向者が，そのまま AMPI に転籍し，ものづくり支援センターを支える人材となっているケースもある。

（5）中小企業への開発支援事例：SK 社

SK 社は，1963年に大阪市で創業し，当初はプールや浄化装置の販売を行っていたが，1967年の尼崎市移転を契機に工場を新設し，プラスチック容器の成型，販売を始めた。その際に導入したのが，オランダメーカーの特許による，エンゲルプロセス（回転成型）による生産方式である。この回転成型により，超大型容器の生産が可能となり，主力商品となっている。2018年時点の資本金は4800万円，従業員は約130名であり，尼崎の本社工場以外に，滋賀2工場，熊本1工場の計4工場の生産体制である。

回転成型とは，樹脂の粉末を，2軸で回転している金型で過熱しながら積層していく成型法である。特長は，①大型商品の製造，②安価な板金金型の使用が可能，③製品に方向性がないため，内部応力が生じにくい（細かい部分や表面部から先に冷えて固まるため，固まった外部には内部を引っ張る力が残ること），④同一金型でも肉厚を変えることができるなどであり，ユニークな成型法として，工業製品，容器，遊具，園芸資材等の製品製造に使われている。

また，SK 社が手がけている大型のポリエチレン製の容器は，ライバル社と

しては他に1社があるだけであり，ニッチな市場をターゲットとしている。

SK社の売上は約33億円である。厳しい経済状況ではあるが，経営計画としてさらなる売上増加を目指し，AMPIへの主な相談として，①樹脂積層の試作，②金型製造，③経営計画へのアドバイスなどが依頼されていた。

SK社企画推進部長のK氏は，「AMPIは本当に親身に相談にのってくれる」「AMPI本来の研究分野ではないことも相談すれば，直接ではなく間接的にでも必ず答えはいただける」「研究機関は，中小企業にとって敷居の高いものと考えがちだが，そのようなことはなく，トライしてみる価値はある。また，研究員とのディスカッションは勉強になる」と述べていた。AMPIへの相談依頼の結果，製品の品質向上，コストダウンにかかる知見獲得につながったと聞き及んでいる。

また，中小企業の研究機関への積極的な相談依頼をするべきだと常々発信しているY社のY社長は，下記のように述べていた。

「研究機関は，一般的に敷居が高く，大学も出ていない中小企業の経営者から見たら，小難しい理論を背景に，相談しても研究者としての見地からしか答えを返してくれないものと考えていた。そのため，長く尼崎市が積極的に展開していた研究支援の事業には，商工会議所工業部会の他のメンバーとともに，懐疑的な目をもっていた。しかし，実際に意を決して相談してみると，AMPIの研究者たちはそうではなく，懸命に自らの専門分野を超え，答えをもってきてくれた。現在，製造分野の異なる分野への挑戦を続けているが，お蔭様で試作品が完成し，売り込みにも力を込めている。また，AMPIの研究者が週に数回，工場に来て，試作品の調整もしてくれている。こうした研究者が普通に町工場に来て社員と話をすることは，現場と理論の差を近づける実践的な学習の場となっているし，何よりも社員の刺激となり，単なるモノを造っている，造らされているのではなく，社会への貢献になるということを自覚した上でのものづくりは，まったくのモチベーションが異なるものとなり，本当にありがたい。どんどんAMPIのような研究機関は利用すべきだと最近は同業者にもよく言っている。自治体や商工会議所は，もっと発信し，宣伝すべき事業である」。

（6）中小企業への開発支援事例：ドライコーティング研究会

ドライコーティング ドライコーティングとは，ドライプロセスを使用して真空中で薄膜を形成する技術のことをいう。この技術は，表面処理を行う（広義の）メッキ技術の中で，電解メッキなどのウェットプロセスに対して，ドライプロセスの乾式（ドライ）メッキ法を範囲とする。従来イメージの溶液中などで行う湿式（ウェット）メッキ法と異なり，主に真空中で基材・基板の表面に金属などのきわめて薄い膜（薄膜）を被覆またはコートする加工・処理の技術で，コーティングの真空法ともいわれている。また，そのドライコーティング技術の代表例として，蒸着とスパッタリングの技術が存在している。

蒸着は，コーティングしたい金属を真空中で加熱することにより蒸発させ，基材表面につけるコーティング方法である。代表的な蒸着フイルムは，ポテトチップス等の袋で銀色をしているものであり，これはアルミを蒸着したもので，防湿効果がある。またコンビニで販売されているおにぎりの包装紙はシリカが蒸着されている。

次にスパッタリングであるが，金属に熱をかけるかわりに，エレクトロンビームのような強いエネルギーをかけて，コーティングしたい物質を叩き出し，基材に付ける加工方法である。代表的なスパッタリング製品は，ITO（酸化インジウムスズ）をスパッタリングした透明導電フィルムで，透明タッチパネルの電極や，液晶の透明電極，PDP（プラズマ・ディスプレイ・パネル）の前面板に使われている。[9]

研究会の概要 ドライコーティング研究会（以下，ドライ研）の参加者資格は，地域の限定は特になく，ドライコーティングに興味をもつ企業や研究機関，大学等で80社程度の参加者がある。また，活動内容は，①研修会活動：参加者の研究事例発表，専門家の講演などによる情報交換，勉強会，②試作実験活動：有志メンバーによる試作実験の推進，である。

また，活動開始時期は，2002年3月に発足し，研修会活動は年3〜4回とし，試作実験活動はメンバー間での協議により実施されている。研究会参加費は1回1000円程度である。

研究会の変化　ドライ研発足以来，会員（約80社，約380名）が増加した要因として，AMPI関係者は「会員が興味を持ち続けるよいテーマ，よい講師の選択があった」と述べていた。

　当初の研究会は，AMPIの機械を使い，研究や試作品づくりをしていたが，ドライコーティング技術は製品化の最終的技術であり，共同での研究開発が困難であることが明らかになってきた。ドライコーティングは，歴史的にも長く取り組まれていたが，核となる研究や基本的な技術の継承が行われていなかったことから，研究会の最終目的を製品化ではなく，知識・技術の向上と確立，伝承を主体とするものに変化してきた。その研究成果として，2007年に近畿高エネルギー加工技術研究所ドライコーティング研究会が書籍『高機能化のためのDLC成膜技術』（発行：日本工業新聞社）を刊行した。

　ドライ研は，近年東京においても，理化学研究所ならびに東京都立産業技術研究センターの表面技術の研究グループである「トライボコーティング技術研究会」との共同研究会を実施するなど，ますますその活動は拡大している。

　ドライ研は，アットホームな実務ベースの研究会であり，一方トライボコーティング技術研究会は，理研等が主催であることから，学術的で参加者の制限（1社2名まで）等の制約もあり，少々ハードルの高い研究会である。特に，ドライ研においては，関西地域の特徴であるかもしれないが，発表会後の懇親会も貴重な交流の場となっている。発表会の内容は，通常3件の研究報告であり（ドライ研は，企業報告2件，研究機関1件であるが，トライボコーティング技術研究会はその逆である），両研究会のメンバーは重複している会員が多い。

　また，両者の橋渡しは，I氏（関西大学産学連携センター顧問，関西大学先端科学技術推進機構顧問，㈲アイエス技術研究所代表取締役，元茨城大学共同開発研究センター客員教授，元日本スピンドル製造㈱社員）が産業界のコネクションを活かした結果である。

　ドライコーティングは，主な用途を切削加工としていたが，微細加工や光分野への転用の可能性も膨らんできており，各社がDLC[10]のアプリケーション化を進めている。

ドライコーティング研究会の効用：T社の事例　次に，ドライ研に参加しているT社の技術開発の過程からドライ研との関連性を考察する。

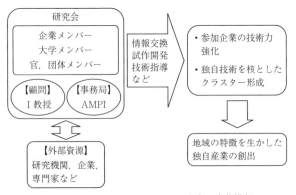

図 13-5　ドライコーティング研究会の全体構想
（出所）AMPI。

　T社は，大阪府八尾市に立地する企業で，資本金9000万円，従業員数約250名，八尾に2箇所，奈良も含め計3工場を所有し，特にコンピュータからプリントアウトされる帳票類に，ミシン目やパンチ穴を開けるビジネスフォーム刃のシェア90％，また段ボールや紙パッケージを打ち抜くトムソン刃も60％のシェアを確保するなどの工業用特殊刃物のトップメーカーである。

　さて，T社の研究開発の目的は，所有する DLC コーティングを利用した高機能化によって高度化し，低価格でオンデマンドな供給を可能にする高精度打抜き用次世代皮膜コーテッド金型を開発することであった。

　T社は，こうした研究開発への想いをもちつつ，ドライ研に参加していたところ，研究会の顧問である I 氏の発案により，経済産業省近畿経済産業局の戦略的基盤技術高度化支援事業へ研究共同体を組織して申請することとなった。

　研究組織としては，I 氏が所属する関西大学が主体となり，T社及び大阪府立産業技術総合研究所が加わる形となった。このようにドライ研及び AMPI は，研究開発の側面的支援も実施しており，企業や研究機関，大学の教育・研究の「場」ともなっていることがわかる。

　また，こうした事例からわかるように，ドライコーティングは研究開発の先で最終製品に使用または応用される技術であることから，研究内容も暗黙の了解により，最終結果を議論するものではなく，その研究過程を重視したものとなっている。つまり，一般的に研究会を設立すれば，例えば共同生産などの事

第13章　学習政策②公的研究機関

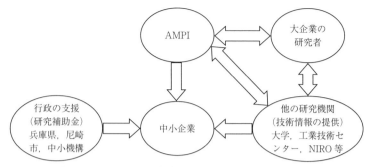

図13-6　AMPIと研究機関・研究者ネットワーク概観図
(出所) 筆者作成。

業化を政策目的に設定しがちだが，ドライ研は，各自が実施している，あるいは今後予定している研究開発のヒントやアドバイスを得る場となっており，図13-5にもあるように参加企業の技術力強化，独自技術を核としたクラスター形成に寄与することをねらいとし，地域における独自産業の創出につなげることを目的としている。

(7) 研究者間ネットワークの存在

AMPIには，図13-2からもわかるように，非常に多くの企業からの技術指導の依頼，技術相談が持ち込まれる。研究の特徴として，加工に関する事項が多く寄せられるが，すべての事項に対して常勤及び非常勤の研究員で対応できるものではなく，そうした時には，AMPI研究員の保有する各自のネットワークで問題解決に向けた調査・研究に取り組まれている事例もインタビューから発見した。つまり，AMPI内で解決できないことは，研究者が所属するあるいはかつて所属していた大企業の研究者に相談したり，研究者の大学院時代のネットワークや他の公設試や研究機関に問い合わせをしたりと様々なネットワークを駆使し，相談者である中小企業の依頼に応えようとする体制が整備されていた[12] (図13-6)。

地域の公的研究機関としての使命感と研究者の探究心とがこうした姿勢を創りあげたのでないかと考えられ，AMPIが中小企業の学習拠点として存在していることが窺えた[13]。このような暗黙の課題解決スキームの存在が利用者であ

る中小企業に評価され，AMPIの相談件数の増加につながっているといえよう。また，AMPIと兵庫県工業技術センターや新産業創造研究機構（NIRO）は連携関係にあり，随時相談しあえる。こうしたことも影響して，AMPIが関わった中小企業の開発支援に係る助成金申請の採択件数は，2010年度総数25件であり，そのうち国10件，兵庫県2件，尼崎市3件の実績となっており，AMPIの支援と行政の支援が結果的につながる形が見られる。

　一方課題として，①厳しい経済状態・財政事情から，研究開発はリストラ項目の1つであることもあり，行政及び企業の支援体制が縮小傾向にあること，②研究テーマである「溶接」技術に関する需要が鉄鋼業の不振により縮小していることに伴い，企業の研究意欲が低減していること，③商品開発，販売までのマーケティングを含めた総合的アドバイスに向けた体制構築が求められていること，④西日本有数の研究機関の集積地である尼崎市であるが，産業界から根強い要望のある地域連携を軸とした研究機関ネットワークが尼崎地域において弱いこと，などが明らかになった。

4　尼崎市における研究機関の立地状況

　尼崎市産業の特徴として，公的研究機関を含めた研究機関（研究セクション含む）の集積がある。一般的に，茨城県つくば市が日本の研究機関の集積地としてよく知られるが，尼崎市の集積も西日本を代表する地域である。

　尼崎市の研究機関の特徴は，約90％以上が民間の研究機関だということである。一方，国所管の産業総合研究所が立地していたことからも，尼崎市が工業都市として，産業政策上重要視されていたことが窺える。

　研究機関の立地は，大企業工場が立地するJR宝塚線沿い，及び南部臨海地域にその多くが集積している（図13-7）。また，内訳であるが，公的研究機関5機関，民間研究54機関である（表13-4）。民間研究機関を研究分野で分類すると，①ものづくり（機械，金属）分野28機関，②ものづくり（その他）分野17機関，③環境分野4機関，④バイオ分野2機関，⑤食品分野3機関となっている。しかし，研究機関が集積していても，その集積を活かす政策立案が課題となっている現状があり，特に産業界からは中小企業の開発力向上に向けた研

第13章　学習政策② 公的研究機関

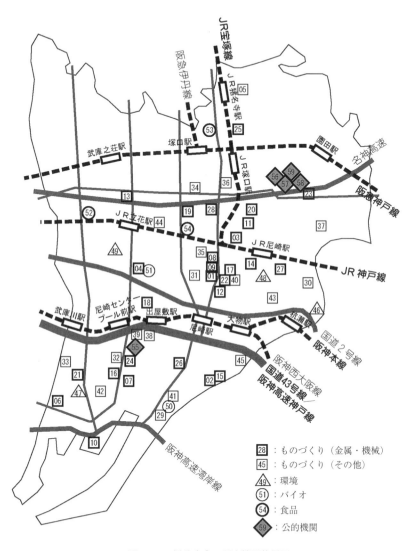

図13-7　尼崎市内の研究機関位置図
（注）数字は研究機関一覧（表13-4）との対応を示す（全59カ所）。
（出所）尼崎市ホームページ「尼崎インダストリー」（2010年9月30日時点）を参照し筆者作成。

第Ⅲ部　これからの自治体産業政策

表13-4　尼崎市内の研究機関一覧

	企業・事業所名	分　野
1	尼崎鋳鋼株式会社	機械・金属
2	アリオテクノ株式会社	機械・金属
3	音羽電機工業株式会社 雷テクノロジセンター	機械・金属
4	関西化学機械製作株式会社	機械・金属
5	株式会社神崎高級工機製作所	機械・金属
6	神鋼建材工業株式会社	機械・金属
7	神鋼鋼線工業株式会社 尼崎事業所	機械・金属
8	住友金属工業株式会社 総合技術研究所	機械・金属
9	住友精密工業株式会社	機械・金属
10	株式会社大阪チタニウムテクノロジーズ	機械・金属
11	セイコー化工機株式会社	機械・金属
12	大日電子株式会社	機械・金属
13	株式会社テイエルブイ 大阪営業所	機械・金属
14	東洋精機株式会社	機械・金属
15	特許機器株式会社	機械・金属
16	日亜鋼業株式会社	機械・金属
17	株式会社ニブロン	機械・金属
18	日本エレクトロニクス工業株式会社	機械・金属
19	日本コーティング工業株式会社 大阪工場	機械・金属
20	日本スピンドル製造株式会社	機械・金属
21	日本鍛工株式会社	機械・金属
22	日本電子材料株式会社	機械・金属
23	フソー株式会社	機械・金属
24	古河電気工業株式会社 金属カンパニー銅管事業部	機械・金属
25	三菱電機株式会社 先端技術総合研究所	機械・金属
26	三菱電線工業株式会社 尼崎事業所	機械・金属
27	ヤンマー株式会社 尼崎工場	機械・金属
28	利昌工業株式会社	機械・金属
29	岩谷瓦斯株式会社 尼崎工場	ものづくり
30	王子製紙株式会社 神崎工場	ものづくり
31	片山化学工業株式会社 尼崎工場	ものづくり
32	株式会社コベルコ科研 技術本部 尼崎事業所	ものづくり
33	株式会社白石中央研究所	ものづくり
34	神東塗料株式会社	ものづくり
35	住友金属テクノロジー株式会社	ものづくり
36	住友ベークライト株式会社 尼崎工場	ものづくり
37	ダイセルバリューコーティング株式会社 神崎工場	ものづくり
38	樽谷包装産業株式会社	ものづくり
39	チバ・ジャパン株式会社	ものづくり
40	株式会社ナード研究所	ものづくり

41	日東化成株式会社 尼崎工場	ものづくり
42	日油株式会社 尼崎工場	ものづくり
43	堀井薬品工業株式会社 尼崎工場	ものづくり
44	松井化学株式会社	ものづくり
45	メック株式会社	ものづくり
46	木村化工機株式会社	環境
47	株式会社ケイエヌラボアナリシス	環境
48	株式会社タクマ	環境
49	株式会社ファインクレイ	環境
50	ダイソー株式会社	バイオ
51	Bio-energy 株式会社	バイオ
52	株式会社コンフェクショナリーコトブキ 武庫川工場	食品
53	高田香料株式会社	食品
54	明治油脂株式会社 本社工場	食品
55	財団法人近畿高エネルギー加工技術研究所	公的機関
56	独立行政法人産業技術総合研究所 関西センター 尼崎事業所	公的機関
57	財団法人電気安全環境研究所	公的機関
58	日本電気計器検定所 関西支店 尼崎事業所	公的機関
59	財団法人レーザー技術総合研究所	公的機関

(出所) 尼崎市ホームページ「尼崎インダストリー」(2010年9月30日時点)。

究機関のネットワーク化における要望がある。その可能性については，次節において検証する。

5 研究機関ネットワークのあり方——尼崎市におけるアンケート調査

(1) 調査目的と調査設計

研究機関や企業の研究部門同士の連携を図ることができれば，さらに研究機関を軸にした中小企業支援の体制整備が向上し，地域の新たな経済活動を喚起することになるのではないだろうか。そのように考え，尼崎地域における研究機関のネットワークに関する現状を把握し，今後どのような政策・手法が有効であるのかを検討していくための基礎資料とするため，アンケート調査を実施した。

調査設計は以下の通りである。

・調査対象：尼崎市の企業データベース「尼崎インダストリー」に掲載されている尼崎市内に所在するすべての研究所及び研究部門を保有する企業

- 調査数：59機関（2011年5月末現在）
- 調査方法：郵送配布・FAX回収
- 調査期間：2011年6月5日～6月17日
- 配布・回収状況：配布数は59機関，回収数12機関，回収率20.3%

(2) 調査結果及び考察

ネットワークへの参加　ネットワークが公的研究機関によって構築された場合，参加すると表明した研究機関は8機関であり，全体の3分の2を示した。また，参加への期待として，複数回答ではあるが，「企業間交流の促進」が7機関と一番多く，他に「技術開発力の向上」及び「産学官連携の推進」が4機関，「研究者間交流」が2機関という結果であった。

しかし，自由意見においては，創造的な連携への期待や新技術の取得，事業所の連携による開発手法へのアドバイスに向けた勉強会の開催を要望する声などもある一方，ネットワークのレベルの問題や具体的なメリットについての厳しい意見もあった。

研究機関による学習支援の有無　研究機関による中小企業の学習機能向上を目的とした支援（技術・経営の研修，相談等）を実施する考えのある研究機関は，2機関に過ぎず，既に実施しているのは6機関，考えのない研究機関は4機関であった。なお，実施を検討していると答えた研究機関は0であった。また，企業への学習支援については，政策的意味が理解できないと示した研究機関が2機関であった。

次に，支援を行う対象企業については，「グループ企業」2機関，「取引関係のある企業」3機関，「技術提携関係にある企業」1機関，「未定・その他」3機関という結果であった。

助成による学習支援の可能性　公的研究機関が研究機関の学習支援に対して助成を行う場合に支援を実施する可能性については，あり10機関，なし2機関であった。また，その補助内容については，「経費の補助」7機関，「場所の提供」3機関，「公的機関による広報」2機関，「その他」1機関であった。特に，意見として，経費だけでなく活動に費やす要員や，時間の負担など考慮すべき事項が多いこと，私的企業がグループ外企業に

開示できることは教科書的レベルまでであり，実質的有効性をもたせるための工夫が必要であることなどの指摘があった。

（3）結果概要

　尼崎地域には，試験研究機関，研究機関，企業内の研究部門などが多く集積している。その機能，能力，人材などは地域産業振興の強力な「地域資源」である。同様の集積が，茨城県つくば市にも見られるが，その集積は主として公的な機関が多い。それに対して，尼崎地域の研究機関は，その多くが民間企業であることに特徴がある。アンケート調査から，研究機関等のネットワーク化について，肯定的な意見が多く，その必要性，有効性については，概ね尼崎地域内で理解されているものと見える。しかしながら，開放的なネットワークの具体的な内容については，いまだどの研究機関も明確なイメージをもてていないようである。

　特に，研究機関ネットワークの構築にあたり，単なるサロン的な「場」づくりはもはや不要とされている感があり，より実質的な産業官連携を軸とした学習拠点として，AMPIが主体となって「創造の場」づくりを試行してもよいのではないだろうか。特に，研究機関へのアンケート結果から，ネットワークのメリットを示すことが肝要であることが明らかになった。

6　評価と場づくり

（1）公設試としての評価

　AMPIでは，設立以来大型装置などを利用した企業との共同研究を行い，研究の成果として，42件（2010年度末まで）の特許を出願しているほか，それらに伴い研究者による中小企業への開発支援を行い，微細精密加工や表面改質，薄膜形成の技術高度化に貢献していることが明らかになった。また，中小企業主導型の研究会活動を通じた，新技術・新製品開発支援を行い，国や兵庫県等の技術開発助成案件にも認定されるなど一定の効果もある。

　また，共同研究等により優秀な研究者がAMPIとつながりをもつことができ，大企業からの出向者が，そのままAMPIに転籍し，ものづくり支援セン

ターを支える人材となっているケースや，大企業からの出向者が AMPI での任期満了後に大企業に帰っても継続して中小企業とつながっているケースも見られており，公設民営方式の長所が活かされた形となっている。

次に，公設試が一般的に運営上厳しい事情を抱えている中，AMPI の持続的な進展の要因として3点が考えられる。

第1に，溶接領域における大学と大手企業との従前からの強い連携関係を基軸とした産学連携に行政（尼崎市，兵庫県）も加えた産学官連携が形成され，継続的な大手企業と行政の人的，財政的支援があること。

第2に，工業集積地域に立地しており，集積地特有の企業間ネットワークとつながり，中小企業の開発支援拠点としての認知度と信頼度が高いこと。

第3に，公設試の役割として，技術・開発支援に対する課題解決に向けた研究者のモチベーションが高いこと，が挙げられよう。

一方，課題として，①行政及び企業の支援体制（人員，運営経費，受託研究費）が縮小傾向にあること，②「溶接」技術に関して，鉄鋼業の不振による，需要の縮小に伴い，企業の研究意欲が低減していること，③技術支援だけではなく，マーケティングも含めた総合的アドバイスの体制構築が求められていること，[15]④関西を代表する研究機関の集積地であるが研究機関ネットワークが弱いことなどが挙げられた。

こうした検証結果から，課題はあるものの，AMPI を通して研究機関をもつ大手企業や公的研究機関と中小企業が研究を軸にした接点や学習の場も創出されており，中小企業の開発支援拠点として，今後も進展する可能性が期待できる。

しかし，今後の展開については，時代が知識経済に移行する中，「溶接」「加工」に特化する必然性については，AMPI の組織を支える大手企業や地域の中小企業の意向を調査した上で，再検討を要するものと考えている。研究テーマやそれに呼応した体制についてもフレキシブルに対応できることが求められているのではないだろうか。[16]

また，産業界から要望のある研究機関ネットワークについても，企業によってその意見は大きく異なる。特に，サロンなどの「場」づくりの有効性を否定するものではないが，中長期的視点から参画・連携する研究機関のメリットを

導くことができるかが焦点であろう。

（2）学習の「場」づくりと知識・技術の普遍化

ドライ研の進展した要因としては，①事務局の活発な活動，②キーマンの存在，③コーティング技術の確立，④研究者間の交流の場としての機能，などが挙げられる。

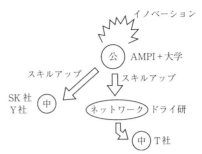

図 13 - 8　ドライコーティング研究会における場のイノベーション
(出所) 筆者作成。

また，AMPI 研究員の S 氏にドライ研において特に重要視してきたことを問うと，「工業都市には，研究開発型企業の集まる場が必要である」「各企業がなにげなく所有する知識は実は大変素晴らしいことに気づいていないことが多い。そうしたことから，知識や技術の発掘と一般化に力点を置いていきたい」との回答であった。

つまり，AMPI は，中小企業の技術開発支援の場づくりに注力していたことがわかる。

では，場とは何か。場とは，そこに参加する人々の間に密接の高い情報的相互作用が起こる状況的枠組みのことと整理されている（伊丹，1993）。

また，額田（1998）は，人々が参加し，意識的にあるいは無意識のうちに相互に観察し，コミュニケーションを行い，共通の体験をする中で，その人々の間で特有のものの見方や雰囲気のようなものが形成され，そこに身をおく人々の行動に影響を与えると指摘し，産業集積地における柔軟な分業の視点から説明した。しかし，産業集積地の縮小が懸念される中で，企業の関係のみでは，既に場づくりには限界がきているといえよう。そうしたことから，公設試の役割である技術支援，開発支援，相談業務などの重要性が高まってきているものと考えられ，場だけではなく，ドライ研のような学習の拠点としても期待されている（図 13 - 8 ）。

Asheim et al.（2003）は，中小企業における地域イノベーションシステムの意義を論じつつ，中小企業が地域内の暗黙知・形式知を利用してイノベーション能力を高めるには，中小企業間ネットワークが重要であり，その連携促進に

資する公共政策の必要性を指摘した。公設試が主体となって設置する研究会等の意義も高いといえよう。

注

(1) 開発型中小企業の定義は，中小企業金融公庫総合研究所（2008）において，売上高に占める研究費等比率，技術部門の有無，特許出願数，国や研究機関からの研究開発の助成認定などをその基準としていることが示されている。

(2) 施設や試験機器等の整備は尼崎市が行い，運営・管理は㈶近畿高エネルギー加工技術研究所が行っている。また，財団名に近畿を付けた理由は，尼崎市から近畿圏まで広く利用してもらいたいとの思いの表れであると聞き及んでいる。

(3) 設立目的は，①レーザー等の高エネルギー密度熱源を駆使した，加工技術の調査研究，情報提供，普及を行い，産業技術の向上と学術の振興に寄与すること，②ものづくりに関する技術支援事業を通して，地域企業のものづくり新技術の創生と技術の高度化を図り，産業振興に寄与すること。2011年9月に複数回実施したAMPIへのインタビューに基づく。

(4) 1991年当時の研究所は，研究員数150名を超え，附属施設として超高エネルギー密度熱源センター，高エネルギー溶射研究センターを所有していた。

(5) 進展率は，AMPI独自の資料であり，他の公設試のデータとの比較ができない。

(6) 特に，ドライコーティング研究会は，当初10社程度からスタートしたが，大阪府・兵庫県内を中心に鳥取県，新潟県等の遠方からの参加もあり，ドライコーティング技術の研究者による新技術の開発を目指した取組みが定期的に行われている。

(7) 2011年2月22日，SK社インタビューに基づく。

(8) 2011年2月18日，Y社インタビューに基づく。

(9) ドライコーティングについては，㈱きもとホームページを参照。https://www.kimoto.co.jp/application/files/7814/6493/9945/film_06.pdf（2018年10月1日アクセス）。

(10) DLCとは，Diamond-Like Carbonの略であり，金属表面にナノレベルの薄膜をつくることで，従来にない低摩耗係数の表面にすることができる技術である。㈱不二WPCホームページを参照。https://www.fujiwpc.co.jp/industry-service/about-dlc.html（2019年1月7日アクセス）。

(11) この事業は，鋳造，鍛造，切削加工，めっき等の20技術分野の向上につながる研究開発からその試作までの取組みを支援することを目的とし，特に，複数の中小企業者，最終製品製造業者や大学，公設試験研究機関等が協力した研究開発であって，この事業の成果を利用した製品の売上見込みや事業化スケジュールが明確に示された提案を支援するスキームになっている。

⑿　ただし，AMPI に所属するすべての研究員が研究者間ネットワークを駆使して，中小企業からの相談依頼に対応しているかについては不明である。
⒀　本章においては，研究開発者の組織人と専門家の2つの立場をもついわゆる二重のロイヤリティ問題には触れていない。この問題については，三崎（2004）を参照されたい。
⒁　兵庫県では，最先端技術分野を重点に次世代の成長産業を育成し，地域の産業振興を支援するため，県内に4つの技術支援拠点「兵庫ものづくり支援センター（神戸・阪神・播磨・但馬）」を設置しており，「兵庫ものづくり支援センター阪神」がAMPI 内に設置されている。産学官連携コーディネーター，研究コーディネーター，技術コーディネーターを配置し，それぞれ，地域の研究機関と連携して産学官連携による研究開発への支援や共同利用機器の活用による技術指導，技術相談等により，中小企業のサポートをしている。
⒂　AMPI との共同研究経験のある尼崎市内の SK 社，Y 社のインタビューにおいて，中小企業の弱い面であるマーケティング面での支援強化の声を聞き及んだ。
⒃　AMPI 内において，「ローテクのハイテク化」に対する研究者の思いは強い。

第14章
学習都市への期待と政策形成力の向上

　本章では，新たな産業政策の方向性の1つとして，第12章・第13章にて検討された「学習政策」を政策的機軸とする「学習都市」の可能性について考察する。また，地域で実践されている事例にも触れ，創造的な政策づくりの必要性について言及する。

1　学習都市への期待

（1）3つのタイプ

　第12章及び13章において学習政策について言及してきたが，そこでは企業の学習を促進させ成功しているパターンとして，「中小企業ネットワーク型」「中小企業技術開発型」「公的研究機関型」の3つのものを確認した。

①中小企業ネットワーク型

　航空機部品分野というこれからマーケットが拡大しつつある分野における中小企業のまとめ役のYR社と，大企業S社のモデルである。ネットワーク（OWO）を通じて中小企業が学習する。中小企業が中心となってネットワークをつくり，それを大企業が注目して，技術指導，及び発注を行っていることが興味深い。

②中小企業技術開発型

　中小企業のイノベーションを行ったのがY社の例であり，経営者がかつて大企業に勤めており，そこから「のれん別れ」的にスピンオフした経歴で，前の企業にいたときの技術をヒントにして，新技術を開発したもの。また，ニッチマーケット開発がN社の例であり，大企業から「のれん別れ」的にスピンオフし，技術移転と発注を受けているもの。

③公的研究機関型

中小企業が，公的研究機関や大学で技術を学習し，スキルアップする。AMPIにおけるSK社やY社の例。また，中小企業が公的研究機関に設置された内部ネットワークを利用してスキルアップする。ドライ研におけるT社の例。

いずれのケースにおいても，中小企業振興を支える根本として学習の必要性，重要性，期待度の高さが窺える結果となった。

次に，上記で示した3つのパターンについて具体的に学習の観点から説明する。

「中小企業ネットワーク型」におけるOWOの事例（第12章）は，まさに下請分業制度を基本とした中小企業ネットワークの発展形である。近年，大企業が厳しい経済事情から，下請や協力企業に対して，技術支援や技術開発の研修を頻繁に無償で実施していた時とは大きく様相が変わり，そうした研修は減少あるいは縮小し，有償となっているようである。そうした中，S社がOWOの既存のシステムに改めて着目し，それらを再編することによって，企業としての優位性を確保しようとしており，その基盤となるものが「学習」である。

次に，「中小企業技術開発型」のY社の事例（第12章）は，大企業に勤務していた経験を活かしたスピンオフの典型的事例であり，培った技術とそれを補完する技術者のネットワーク，そして地域に所在する公的研究機関の支援により，技術力を向上させてきた。

さらに，「公的研究機関型」の事例（第13章）では，Y社をはじめ多くの中小企業が技術相談はもとより試作開発においても共同研究するなど，まさに「ものづくりの寺子屋」としての存在感が際立っている。今やY社にとっては，なくてはならない存在となっているようである。Y社のY社長は，かつて自身が大企業にいた経験から社員教育にも熱心であり，「AMPIとの共同研究は，社員にとって得るものが大きい。AMPIこそが我が社の研究部門のようなものだ。中小企業には，専属の研究スタッフをもつ余裕はなく，一方で取引企業に対して様々な提案をしていかなくてはならないジレンマがある。そうしたことを解決してくれる機関は中小企業には必要であり，さらに経営者がワンマンで判断しがちな事項を客観的な目で見て意見をくれることは尚さら大切であり，他の中小企業ももっとAMPIのような機関を利用すべきだ」と語っていた。

また，AMPIの事例では，中小企業支援を目的として中小企業との共同研究や密着型の相談・支援事業，あるいは中小企業主導型の研究会活動を通じた新技術・新製品開発支援などを行っていた。こうした活動の検証を通して，中小企業と研究者のつながりの存在が明らかになり，以下の点を発見した。

- AMPIを介在して大企業と中小企業の実質的な技術交流があること
- 尼崎・大阪地域における研究者のヨコのネットワークが存在していること
- 中小企業と研究者がネットワークを形成すると，持続的な関係に発展する可能性があること
- 中小企業と研究者の交流が学習の場となり，ものづくりに付加価値を加える可能性があること

（2）日本型イノベーション・学習地域モデル

第5章において，企業のケーススタディを通して，尼崎市における中小企業創出のメカニズムの一端を次のように明らかにした。

第1に，これまでの中小企業研究で中心であった「東大阪市」などを例とする典型的な中小企業だけのネットワークモデルと違い，尼崎市では大企業と中小企業が結びついた関係を見出した。

第2に，尼崎市で見られる「のれん別れ型のゆるやかなスピンオフ（元会社とは，対立関係でなく，人間関係を保ちつつ，若干棲み分けを行い，関係を継続するやり方）」を発見した。

第3に，尼崎市でよく見られる「のれん別れ型のゆるやかなスピンオフ」や「ゆるやかな中小企業＝大企業関係」がイノベーションの生成と成長に重要な役割を果たしていることがわかった。

我が国の産業システムは，下請分業という制度を基盤として発展した経過もあり，中小企業と大企業企業間の連携にはそれほど違和感はない。この点，他国においては，企業間において従属関係や競争関係が一般的なことから考えると，このような「のれん別れ型のゆるやかなスピンオフ」による「ゆるやかな関係」が，知識取得，知識創出に有利に働き，学習の面で効果的に働いているといえよう。

また，本書で新たな発見として指摘した，尼崎市特有の「のれん別れ的スピ

第14章　学習都市への期待と政策形成力の向上

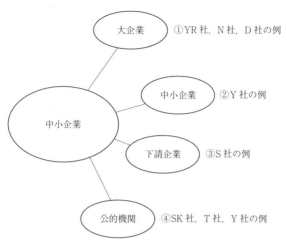

図14-1　中小企業の学習ネットワーク
（出所）筆者作成。

ンオフ」は技術伝達や学習に有利に働いていることから，「シリコンバレー」などとは違う，地域産業創出に向けた日本型のイノベーション・学習地域モデルとして捉えられるのではないだろうか。

最後に，改めて学習に関わるネットワークについて，これまで本書で検証した中小企業の活動事例を含め整理する（図14-1）。

①大企業との相互作用によりイノベーションやスキルアップがおこるものの事例として，YR社（12章），N社（5章），D社（5章）

②大企業からの「のれん別れ的スピンオフ」にヒントを得た技術アイデアを活かし，通常取引のなかった他企業との新たな連携の相互作用によりイノベーションやスキルアップがおこるものの事例として，Y社（5章）

③大企業側から見て，下請などの取引先企業との相互作用によりイノベーションやスキルアップがおこるものの事例として，S社（12章）

④公的機関との相互作用によりイノベーションやスキルアップがおこるものの事例として，SK社（13章），T社（13章），Y社（12章）

以上，「学習と中小企業のネットワーク」が政策的視点として重要であることが窺える結果になったといえよう。

第Ⅲ部　これからの自治体産業政策

2　自治体産業政策の担い手

　ここでは，筆者が兵庫県尼崎市役所にて1988〜2011年までの23年間勤務し，そのうちの9年間産業政策に従事した実務経験と，オフサイト（職場以外の場所）を活用し政策課題研究に注力した体験を元に，自治体産業政策の課題と今後の政策学習の必要性について示したい。

　河藤（2016）は，「自治体産業政策の有効性を高めるためには，その中心的な役割を担う自治体がその意義や方法について熟知している必要があるため，産業政策の担い手人材の確保が重要な課題となる」と担い手づくりの必要性を指摘している。

　では，産業政策の担い手育成に取り組んでいる自治体は増えたのであろうか。地方創生が注目され，表面的には産業政策に力点を置きはじめたとも見えなくはないが，実のところ答えは否であろう。また，自治体産業政策の担い手として「現場を知る」ことは最重要であるが，現場を知ることこそ，最も時間と労力の要ることでもある。役所や役場という「箱」の中にいては，そもそもの政策課題の根本を理解することはできないだろう。

　しかし，人口減少と地方分権の進展により，地域課題はますます増加傾向にある中，自治体は行革の名の下に職員の定数削減を進め，自治体職員の業務量は増えるばかりである。また，経費削減のために「職員研修」のメニューや研修期間などは縮小の一途にある。そうした状況において，自治体の政策力向上を声高に求めることは，難しいといわざるをえない。

　一方で，苦しい現状の中，懸命に地域産業振興のノウハウを県内全体で蓄積しようと試みる自治体もある。まだ挑戦中の段階であるが，これから自治体産業政策を深めようとする自治体の参考事例となるだろう。以下，高知県の取組みを紹介したい。

3 職員研修による政策形成力向上とネットワークづくり
—— 高知県・土佐まるごと立志塾

(1) 高知県の挑戦：課題解決先進県に向けた取組み

　多くの地方都市では，少子高齢化や人口減少，産業の空洞化などを背景に地域の活力や持続可能性が問われている。しかし，地方では地域の活力の元となる地域資源も乏しく，その対応策に苦慮している現実がある。高知県の現状もまた厳しいといわざるをえない。リーマンショック以降の景気回復の遅れや少子高齢化への対応，また予想される南海地震への対応などやるべきことは山積みである。しかし，高知県の尾崎正直知事は，こうした課題を正面に捉え，厳しい地方の現状を受け入れ，高知県を「課題の先進県。であればこそ課題解決の先進県としていきたい」と強い姿勢を示している。

　特に，長年課題解決に向けて悩まされてきたことを「蓄積された知恵」と前向きに捉え，高知県が時代を生き抜く処方箋を全国に先駆けて示すことで，高知県を後続の県に頼られる，いわば時代に必要とされる県にしていきたいと標榜している。その政策的姿勢として，第1に，県が抱える政策課題に真正面から取り組む。第2に，自らの知恵で解決策を切り拓く創造性を重視する。第3に，これまでのノウハウを積極的に対外発信し，県外から活力を呼び込むよう努めるとしている。

　このように，高知県は，多様な主体による地域経営や地域課題解決のシステム構築に向けた活動環境整備を主目的とした地域づくりを目指していることが大きく注目されている。

(2) 職員研修：土佐まるごと立志塾

　多くの課題を抱える高知県だが，馬路村や四万十川のブランド化は，過疎地活性化の成功事例として全国的にも有名である。地元の食材等を加工販売する㈱四万十ドラマなど，都市部と比べると小規模ながら，元気な企業や地域などが公・民ともに数多くある。また，高知県内にはまだまだ多くの地域資源や活性化の源泉がある。

　「土佐まるごと立志塾（以下，立志塾）」（図14-2）は，高知県産業振興計画

第Ⅲ部　これからの自治体産業政策

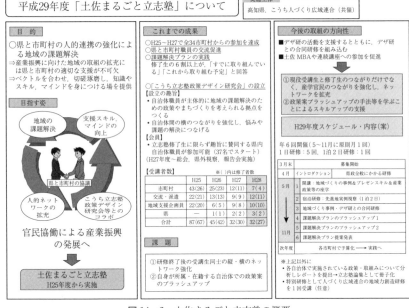

図14-2　土佐まるごと立志塾の概要

（出所）高知県産学官民連携センター。

の推進に向けて、高知県と高知県内の市町村が現状や課題を共有し、地域産業振興のための解決手法を学ぶために、2013年度からスタートした。参加メンバーは、主に県内市町村職員、高知県に交流派遣されている職員、高知県地域支援企画員、地域おこし協力隊隊員で構成され、2017年度研修修了生も含め5年間で約200名を数える。

　立志塾の目的は、概ね半年間計6回の研修（合宿研修含む）を通して、地域産業振興に関する知識取得と、スキル、マインドなどを醸成し、塾生自らがそれぞれの地域課題を解決するための産業政策を作成すること、としている。特に力点を置いているポイントは、自治体職員間のネットワークの構築である。また、立志塾の研修を通じて地域課題克服のために悩む自治体職員は他にもいることを認識し、1人で悩むのではなく、立志塾仲間に相談し一緒に考え、地域のベストプラクティスを生み出してほしいとの願いも込められている。

　立志塾は単なる研修の場ではなく、今後の高知県を支えていくための自治体

第14章　学習都市への期待と政策形成力の向上

表14-1　土佐まるごと立志塾のスケジュール（2017年度）

候補日		時　間	講義テーマ等	講　師	内　容
第1回	5/25(木)	10：15～10：25	(1) 開講式	産学官民連携センター長	モチベーションアップ（立志塾実施の背景、受講者への激励）
		10：30～12：00 (90分)	(2) 期待される自治体職員像と創発力	大阪経済大学教授　梅村　仁氏	自治体職員に期待する姿、自治体職員と地域との関わり等
		13：00～14：15 (75分)	(3) 大学と連携した地域活性化	高知大学　地域連携推進センター 産学官民連携推進部門長　石塚悟史氏	大学と自治体との連携、大学シーズの活用等
		14：20～15：35 (75分)	(4) 地域づくり事例「地域再生のツボ」	中小企業基盤整備機構　長坂泰之氏	産業支援機関の立場から携わった全国各地の地域政策事例等
		15：40～16：55 (75分)	(5) 企画力を高めるポイント	土佐MBA　講師　川村晶子氏	課題をとらえ解決策を生み出す"発想力"を高め"企画する"ポイント等
第2回	6/29(木)	10：30～16：30	地政策研究	大阪経済大学教授　梅村　仁氏 高知大学　地域連携推進センター 産学官民連携推進部門長　石塚悟史氏 土佐MBA　講師　川村晶子氏	[視察地域から学ぶ]（特徴的な政策等）研究 ・その政策が実現にいたった背景 ・政策実現のプロセス（資金獲得、地域との関わりか） ・政策実現のツール（課題解決に向け、具体的に何を行ったか） ・効果 グループごとに政策研究を行う→発表 デキ研の視察報告又は受講生とともにワークショップ等
第3回	7/13-7/14 (木金)	1日目 (午後) 現地視察 (候補地：徳島県神山町等) 2日目 (9：00～15：00) グループワーク、グループ発表	★デキ研と合同研修	大阪経済大学教授　梅村　仁氏 高知大学　地域連携推進センター 産学官民連携推進部門長　石塚悟史氏 土佐MBA　講師　川村晶子氏	[現地視察から学ぶ] ・第2回の研究結果の確認 ・グループごとに"気付き、学び"の確認 ・視察先地域に対して"新たな政策の切り口を発表
第4回	8/29(火)	10：30～16：30	政策ブラッシュアッププログラム①	大阪経済大学教授　梅村　仁氏 高知大学　地域連携推進センター 産学官民連携推進部門長　石塚悟史氏 土佐MBA　講師　川村晶子氏	〈前半〉 ・"ミニアイデアソン"から学ぶ政策ブラッシュアップのコツ 〈後半〉 ・グループにわかれ、一人5～8分ずつ政策案を発表（発表ごとに質疑応答あり）
第5回	10/12(木)	10：30～16：30	政策ブラッシュアッププログラム②	大阪経済大学教授　梅村　仁氏 高知大学　地域連携推進センター 産学官民連携推進部門長　石塚悟史氏 土佐MBA　講師　川村晶子氏	〈前半〉 ・プレゼンリハーサル 〈後半〉 ・グループワークによる政策最終ブラッシュアップ
第6回	11/17(金)	10：30～16：30	個別発表（個別政策：最終案発表、質疑応答）	大阪経済大学教授　梅村　仁氏 高知大学　地域連携推進センター 産学官民連携推進部門長　石塚悟史氏 土佐MBA　講師　川村晶子氏	・一人8分ずつ政策案を発表。 ・今後の政策実現実施に向け、受講生、講師陣からのアドバイスをフィードバックする。

（出所）高知県産学官民連携センター。

職員の創造的プラットフォームとなることも目指されている。

　さて，研修の内容は，①自治体政策に関する講義，②地域活性化事例研究のフィールドワーク（合宿），③グループワーク，④政策発表，である（表14－1）。なお，立志塾塾頭は高知県知事であるが，副塾頭（担任講師）を筆者が務めている。

　立志塾は5年間の事業として，一定の役割を達成したとして2017年度に終了した。しかしながら，高知県内における立志塾の存在意義に鑑みて，2018年度からは，自治体職員以外にも受講対象を拡大して「高知大学まちづくり塾」（筆者：副塾長）として新たにスタートした。

（3）こうち立志塾政策デザイン研究会創設と政策起業家の創生

　こうち立志塾政策デザイン研究会（以下，デザイン研究会）は，2013年度から始まった土佐まるごと立志塾の研修修了生が多数生まれたことを契機に，彼らが立志塾終了後に継続的に学ぶ場所として，さらに自治体職員が新たなまちづくりに向け主体的に行動する拠点として，2015年5月に設立された。その理由は，高知県庁をはじめ高知県内の自治体の中には，各地域の課題や政策を学ぶ研究会や勉強会などはほとんど見受けられない状態であったためである。

　デザイン研究会の規約に掲げる目的は，「高知県「産業振興」の活性化を図るため，様々な地域が連携し，地元産品を活用した新商品や新サービス等のビジネスなどを支援する政策を創造（デザイン）すること」としている。

　具体的な活動は，①研究会，講演会，シンポジウム等の開催，②会員間の連携強化，③勉強会等のグループの立ち上げ，活動支援などとなっている。

　今後，立志塾及びデザイン研究会が進展することを前提として，高知県内の各地域（7区域）との政策連携イメージを図14－3に示した。例えば，高知県西部地域に位置する物部川地区と安芸地区との横の連携強化につながれば，類似する地域課題も多い両区であることから，政策連携の効果が高まる可能性はあるのではないだろうか。ただし，これまで以上に自治体職員の奮起が必要であることはいうまでもない。

　デザイン研究会の体制として，代表理事を岩瀬和廣氏（高知県中土佐町職員），それらを補佐する役職として10名の理事（自治体職員），顧問として立志塾講師

であった筆者及び石塚悟史氏（高知大学次世代地域創造センター副センター長）が就任し，2018年10月末現在30名が入会している。主な活動は，年に数回の研究会を実施し，精力的に地域課題への解決策についてディスカッションするとともに，メンバーの特徴として強い探究心をもつ人々が多いことから，県外の地域研究としてフィールドワークを実施している。視察先は，2015年度島根県海士町，2016年度沖縄県久米島，2017年度徳島県神山町，高知県大川村，2018年度岡山県西粟倉村である。

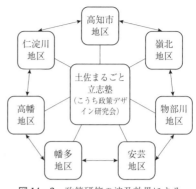

図14-3　政策研修の波及効果による政策連携イメージ

（出所）筆者作成。

特に，神山町では，IT中小企業の新たな集積が確認され，地域活性化が期待されている（梅村, 2019）。

また，これまで地域の諸課題解決に向けて精力的に取り組んできたデザイン研究会メンバーの中から，2019年春から「政策起業家」として，地元の高知県を軸としながら，自ら立案・実施してきた政策目的実現に向けて民間の立場から動き出す人物が現れた。政策起業家とは，長野（2009）において「自ら望む社会的価値達成のために連携関係構築を目指し，政策の窓を開けようとする主体」と定義されているが，連携をさらに超えるこのような動きが，全国で活発に展開されつつある。新たな公・共・私の関係が模索されているが，現場は待ったなしの状態であることの表れでもあろう。今後の活躍を強く祈念している。

4　なぜ政策学習を促すのか

（1）筆者の体験

筆者は，尼崎市役所在勤時に産業振興部局9年，次いで秘書課7年のキャリアがある。秘書課では長く助役秘書を務め，政策・財政・地域活動など助役が参画する様々な場面に随行した。経済，政治から福祉分野までの知見に触れ，

また地域コミュニティからグローバル企業までの多彩な人脈づくりの機会をいただいた。一方，日々感じていたことは，自身の知識不足である。例えば，土木・都市のハード部局の会議における議論や資料は，文系出身の筆者には理解できない。また，助役が民間企業の会議などに参加する場合，秘書は別の場所にて待機することが多かったが，そこでのグローバル経済等の話に付いていけず，内心恥ずかしい限りであった。こうしたことをきっかけに，筆者は尼崎市役所内の都市計画などハード部局の研究会，大学教員が主催する勉強会などに参加するとともに，大学院へも進学し，自治体政策を形成するための学習に取り組んだ。なお，当時（2000年頃）の尼崎市役所は，業務時間終了後の勉強会なども多数存在し，大学院に通う職員も多かったことから，職員が「学習」する雰囲気は大変強かったと考える。また，「学習地域（learning region）」という概念については前述したが，筆者の体験から考えても，政策を生み出す学習環境を整備することは大変重要である。学習環境の整備とは，意義のある研修メニューの開発・提供，職場内外にて職員が学習に取り組むことへの理解などのことをいう。それが政策を創造するための空間づくりにつながるのである。前述した立志塾やデザイン研究会は，こうした学習環境の整備の1つであり，政策学習のための空間づくりの第一歩になっている。

（2）様々なネットワークによる学習空間の存在

政策学習のために有効な様々なネットワーク組織は多数あるが，事例として産学官民連携及び自治体連携の2つのタイプを紹介する。

産学官民連携：関西ネットワークシステム　関西ネットワークシステム（以下，KNS）は，2003年に大阪にて設立された。産・学・官・民に属する有志メンバーが，個人資格で参加する異分野コミュニティである（関西ネットワークシステム，2011）。筆者も10年以上 KNS に参加しているが，毎年メンバーが属する地域と参加者数が増えているように思える。なぜ KNS に参加するのか，筆者なりの答えは，多様な参加者との交流を通じて「政策のインスピレーションを感じる」ことにある。KNS は，人と知識，パワーが集積する学習空間といえる。[4]

なお，高知県においても，KNS をモデルに「土佐まるごと社中（TMS）」が

第14章　学習都市への期待と政策形成力の向上

設立されるなど，KNS の活動に大きな影響を受けている。同様の連携組織は，全国に約20団体あり，組織の形・目的などの違いはあるが，お互いが刺激しあう関係である。

**自治体連携：東北まちづくり　**東北まちづくりオフサイトミーティング（以下，
**オフサイトミーティング　**東北 OM）は，「東北」という広域的なフィールドでのまちづくり・組織づくり・人づくりを目指し，自治体や民間企業の職員・学生など様々な立場の人が交流・情報交換する場として，公務員系の雑誌で紹介されるなど，高い注目を集めている。2009年に設立されたネットワーク組織である。2011年の東日本大震災を契機に，人と人との"絆"や地域のつながりの大切さを見直そうという機運が高まり，東北 OM も被災地復興支援の取組みに加わったことから，次第に共感する仲間の輪が広がったとされる。

また，東北 OM のコンセプトは，全国にも伝播し，北関東・四国・九州エリアにも同様の組織が立ち上がりつつある。こうした新しい公務員像の広がりによる「地域型職員」がますます増えることを期待している。新しい自治体職員像とは，前例踏襲型の仕事にとどまることなく，時代の変化を柔軟に捉え，その先（未来）を創造的かつ政策的に自分事（ジブンゴト）として，考え続けることのできる職員であると筆者は考える。大多数の自治体職員は，「人の役に立ちたい」「地域を良くしたい」など高い志を抱き，役所の世界に入ったことだろう。しかし，実際の自治体現場は厳しい。自治体職員が活き活きと仕事ができているかは，実は地域の暮らし（生活）に大きく関わっているのである。

以上，2つのネットワーク組織の事例から，活性化するための条件として，第1にオープン・イノベーションな空間（場）であること，第2に同じ志をもつ人を呼び込むこと，第3に参加者が自ら考え動くことを自覚すること，第4に，参加することの面白さを参加者全体で共有していること，最後に他人事ではなく自分事として考え続けること，が必要なのではないだろうか。

5　政策形成に求められる力と草の根イノベーション

さて，現在の日本を語る時に目につくワードは，人口減少，少子高齢化，財政難，円高株安など，いずれもネガティブなものばかりである。本書でも一部

紹介しているように多くの地域で様々な取組み（政策）が行われており，次代に向けて「未来の姿」を描き出そうと必死にもがく地域政策が立案・実施されている。だがそれらは，カネ（財源），ヒト，タイム（余裕，余白）も十分ではなく，小さな政策効果を狙う事態になっているかもしれない。しかし，実は意外と地域社会を変えるとても大きなことにつながる可能性も含んでいる。ゆえに，地域課題は誰かが解決してくれるものではなく，自治体職員が率先して地域活性化に向けて，積極的な行動（政策づくり）を起こすことが求められている。そのために，「現場」を基盤として「政策」を学び，創造し，実行し，評価し，また再創造・再構築していくことが必要である。藤本（2012）は，現場でおこるイノベーションを「草の根イノベーション」としてその重要性を指摘している。自治体職員が地域課題に目を向け，解決に向けて動き出すことも現場からの一手であり，まさに草の根イノベーションなのである。これからは，地域のヒト・企業が多様な立場や視座から「小さな」イノベーションを起こすことのできる社会の形成が強く求められており，そうした環境整備への注力が期待されている。

　また，自治体職員のあるべき姿勢として，田中・本多編（2014）では「自らの眼前に広がる現実を直視しよう。そして決して傍観者にならず，自身も地域を彩りかたちづくる当事者なのだという意識をもち，地域に関わるすべてのプレイヤーと協調しつつ，地域を形成していく気概が必要である」と熱いエールを込めて記されている。

　最後に，これからの自治体産業政策の政策形成に求められる力を示してまとめとしたい。

　①耳を傾ける力（地域の声を聞き，新しい知見や情報を収集する力）
　②好奇心力（従来型ではない創造力の源泉）
　③学習する力（自己を高める力）
　④適正な判断力（公平性を保つ力）
　⑤比較する力（基準を知り，高みを志向する力）
　⑥空間参加力（望ましい場所に赴く力）
　⑦総合的考察力（様々な事象を分析し総合的に考える力）

　以上，7つの力を示した。多くの自治体は従来から部局のセクショナリズム

が強く，縦と横の連携には弱い面がある。ゆえに，まずは政策を考える段階で，柔軟性に富んだ枠のない発想で，共に政策を創る・支えるヒトを軸として「総合的」に考えることから始めてほしい。

今，地域課題解決に向けた創造的な自治体産業政策が待たれているのである。

注
(1) 2003年，地域支援企画員制度が実施され，県職員が実際に地域に入って，住民と同じ目線で考え，住民と一緒になって，官民協働で地域の振興に向けた取組みを進めることになった。その制度の基盤となるのは，地域支援企画員であり，地域づくりを住民と共に企画して，支援する高知県職員のことをいう。また，地域支援企画員の特徴として，一般的に自治体職員は，福祉分野や農業分野などいずれかの所属に属し，いわゆる縦割りの組織の中で業務することが通常であるが，こうした縦の組織には属さない形をとっている。つまり，1人の地域支援企画員として，ある程度，遊軍的に，フリーに動けるという立場が大きな特徴である。地域支援企画員自身が仕事を考え，自分自身で実施するという，画期的な職務のあり方でもある。したがって勤務する机は県庁内になく，地域に軸足を置くため，配属された地域の市町村の役場内に設置されている。なお，身分としては，通常の県職員と同一である。詳しくは，梅村（2015）を参照されたい。
(2) 例えば，「地方公務員最前線　変わる仕事と役割」『西日本新聞』2018年7月24日。
(3) 助役とは，現在の副市長のポストに相当する。筆者は秘書時代に2人の助役に付いたが，会議などの終了後，よく意見を求められた。当時の筆者の役職は係長であり，筆者の意見が政策などに反映されている可能性は薄いが，強い緊張感の中で考え，判断することを通して多くを学ぶことができた。
(4) 詳しくは，関西ネットワークシステムのホームページを参照。http://www.kns.gr.jp （2018年10月14日アクセス）。
(5) 詳しくは，後藤（2013）を参照されたい。
(6) 草の根イノベーションについては，佐藤（2017）の指摘も興味深い。

終　章
新たな自治体産業政策の構築に向けて

　終章では，これまでの議論をまとめるとともに，新たな自治体産業政策の構築に向けた政策的インプリケーションを示す。

1　本書のまとめ

　産業集積の今日的課題として，集積に対する産業政策の変化，地域における中小企業の役割の重視，地域経済活性化の源泉としての期待等が挙げられ，様々な研究も行われてはいる。しかし，実証的研究に基づく産業集積地域の維持・形成についての研究がいまだ不十分ではないかと考えたことが本書の出発点である。また，本書における分析視点として，産業集積とは何か，産業集積を活かす政策とは何かを念頭に置き，産業集積の活性化に資する自治体産業政策へのインプリケーションを提示することを試みた。

　第1章では，本書のテーマである自治体産業政策を概観し，本研究に取り組む背景と意義を論じた。

　第2章では，産業集積に焦点をあて，その歴史的経過に触れながら，産業集積の重要性，必要性における論点を整理し，特にメリットについて考察した。また，産業集積に対する国外及び国内の先行研究をレビューし，残された課題を明らかにした。

　第3章では，尼崎市・東大阪市の製造業の企業間取引の現状分析から，近接性の有効性を示した。また，四国における紙産業の企業間取引の現状を確認し，産業政策への新たな観点として，政策の都市間連携の必要性を示した。

　第4章では，高知県内に存立する手すき和紙の小規模事業所を対象に，地場産業の現状と課題を明らかにするとともに，自治体の地場産業支援が地域経済にどの程度連関しているのか，自治体産業政策として地場産業をいかに捉える

べきかを検討した。その結果，高知県の地場産業である手すき和紙産業は，既に一部において生業として成り立っていない可能性があることと，地場産業を支える自治体産業政策も脆弱であることが明らかとなった。また，高知県における手すき和紙の産業振興に向けた政策ポイントを示した。

　第5章では，本書の主題の1つである都市型産業集積について，尼崎市，東大阪市，東京都大田区との比較検証を行い，都市型産業集積地域に地域的特性があることを明らかにした。分析結果として，尼崎市の集積では，①企業規模はやや大きく，②中小企業間の連携が弱い反面，開放的な取引が存在し，③中小企業と大企業の結びつきが強いなど，かなり特徴が異なることがわかった。また，3地域の比較から，都市型産業集積の中小企業モデルとして，例えば東大阪市及び大田区は「内陸型中小企業連携型集積モデル」，尼崎市は「臨海部型・大企業・中小企業連携型集積モデル」といった分類も提示した。政策的含意として，産業集積地ごとに形成要件が相違していることがあり，集積地の活性化には，画一的な政策ではなく，地域特性に基づいた産業振興のあり方，産業政策が求められることを提示した。

　第6章では，尼崎市の産業政策を事例に，政策形成の過程及び位置づけを検証した。尼崎市では市独自の産業政策及び中小企業政策としての企業立地促進施策の具体的展開により，中小ものづくり企業の操業環境を整備し，集積地域としての活力再生に取り組んでいることを示した。

　第7章では，ビジネス・インキュベーション施設を事例に，運営課題及び政策的転換の必要性について検討した。具体的には，尼崎リサーチ・インキュベーションセンター（ARIC）の現状分析における課題が3点明らかになった。第1に尼崎市の産業政策における創業支援事業の優先順位が下がっていること，第2にARICと地域企業，地域経済団体との連携が十分でないこと，第3にビジネス・インキュベータ機能の構築及びそれらを活用する人材（インキュベーション・マネジャー）の体制が不十分であることが指摘された。また，政策の転換すべき視点として，フルセット型支援からネットワーク型支援への転換を提示した。

　第8章では，尼崎市の企業立地政策がどのように地域に影響を与え，まちの再編に寄与したかについて検討した。地域への影響として，企業立地政策の進

展から，第1に空間の再編，第2に地域の位置づけの変化，第3に自治体政策の浸透，第4にネットワークの構築を提示した。一方，企業立地政策の光と陰についても触れた。

第9章では，まちづくり的手法の1つである「土地利用手法」による産業集積の維持・形成に向けた方策を考察した。特に，自治体によるルールづくりの実例分析から，土地利用の適正化を図る都市政策の実施にあたっては，地域のグランドデザインを明確に示すことと，地域の主体性を引き出す仕組みづくりを行うことが必要であることを示した。

第10章では，第9章で取り上げた地域のルールづくりの事例である「地区計画」の先進地域である東京都板橋区舟渡三丁目をケース・スタディし，産業政策と土地政策の有効性について考察した。検証結果として，舟渡地区計画は，住民，企業，行政の3者による十分な協議を土台とした計画策定の経過から，その計画の有効性は高いものと考えられる。一方，地区計画制定後の課題も明らかになり，協働して地域における地区計画の意義と役割を考える「場」の設定と地域課題を検証する「危機意識」の継続の必要性を示した。

第11章では，産業振興と地域環境の調和に向けた施策の検証を行った。具体的には，製造事業所用地の有効活用から企業立地促進を図る施策を事例に，調和を基本姿勢とした産業振興と地域をつなぐ環境政策のあり方を考察した。その結果，堺市，尼崎市の事例は，地域経済の活性化と地域の環境整備というどちらかというとこれまで政策的に相反していたものを，互いを補完する形として示していた。ここに政策としての進展性及び産業振興政策と都市政策の政策的融合化が見られ，今後の都市部あるいは産業集積地域の活性化策の1つとして，環境政策としての意義も高いことが明らかになった。

第12章・第13章では，新たな産業政策としての「学習政策」について，中小企業ネットワーク，中小企業の技術開発，公設試験研究機関を事例に検討した。その結果，中小企業振興を支える根本として「学習」の必要性，重要性，期待度の高さが窺える結果となった。

第14章では，第12章・第13章にて検討された新たな産業政策の方向性の1つとして，「学習」を政策的機軸とする「学習都市」といったベクトルの可能性を示した。また，地域課題克服に向けた創造的な政策づくりの必要性を指摘し

た。

　終章では，これまでの議論をまとめるとともに，以下にて新たな自治体産業政策の構築に向けた政策的インプリケーションを示す。

2　政策的インプリケーション

(1) インプリケーション

　これまでの産業の発展構造においては，中小企業を中心とした産業集積が基盤となっていることが多い。このようなことから，我が国を含めた先進諸外国の産業振興の重要なテーマの1つとして，都市型産業集積の問題がある。しかし，これまでの検証結果から，

　①大田区や東大阪市などの典型的事例についての研究は進んでいるが，それだけが都市型産業集積の典型であるのか，その他の都市型産業集積のタイプがあるのか，十分に研究されているとはいえない

　②産業集積に対する既存の産業政策も，産業集積の衰退を食い止めるところまでいっていないものが多く，新しい観点が求められる

などの点が指摘できる。

　さて，本書の目的は，第1に，これまで地域において取り組まれてきた産業政策を事例検証し，従来型産業政策の問題点と課題を抽出すること。第2に，これまで展開されてきた産業政策が，産業振興にうまくつながっていない現状から，新たな政策としてまちづくり的手法の導入・活用の可能性を検討すること。第3に，集積発展に向けた新しい政策の可能性を示唆することにあった。

　まず，これまでの自治体における産業政策の現状においては，従来型産業政策の代表的な政策例として，創業・起業支援（ビジネス・インキュベータ），外部資源の導入（企業誘致）について取り上げ，尼崎市の事例から，これまで必ずしも効果をあげてこなかったことを示した。具体的には，ビジネス・インキュベータは，多額の費用をかけたが，計画目標とは大きく相違した結果になり，事業所の集積には効果は薄かったといえる。また，企業誘致は尼崎市が全国に先駆けて実施したことから，大規模工場の誘致にも成功し一定の効果はあった。しかし，景気の波に影響され短期的な成果に終わってしまい，産業集積地域の

維持・形成を狙った持続的な施策としては，今後の展望も含め厳しい結果となっている。

これらを考察すると，産業集積という「面」を維持・発展させるためには，インキュベータや企業誘致などの「点」の政策だけでなく，より広い「ネットワーク」や「地域づくり」を対象とすることも重要なのではないだろうか。

そうした中，自治体は，旧来の狭義の「産業政策」の手法だけではなく，「都市政策」という広い意味では，その他も多くの多様な政策手段を有している。そこで本書では，このような広義の「都市政策」手法の中で，産業集積の維持・発展に寄与すると思われるものを検討し，従来型の「産業政策」を強化する新しい「まちづくり的手法」の可能性を4種提示した。

①土地利用計画：都市政策的手法の1つである土地利用計画手法による産業集積の維持・形成に向けた方策が存在することを示した。

②産業型地区計画：東京都などの地域のルールづくりの先進事例を調査し，「産業型地区計画」に一定の効果があることを示した。

③産業振興と地域環境の調和：製造事業所用地の有効活用から企業立地促進を図る施策を事例に，調和を基本姿勢とした産業振興と地域をつなぐ環境政策のあり方を示した。

④学習政策：「中小企業ネットワーク」「中小企業の技術開発」「公的研究機関」のモデルを抽出し，尼崎特有の「のれん別れ的スピンオフ」が学習やイノベーションの生起に関係していることを示した。

本書において新たに提示されるインプリケーションは次の点である。

第1に，従来型の狭義の「産業政策」だけでなく，新たに総合的な「まちづくり的手法」など産業集積を活かす政策の可能性が大きいことである。従来には想定されなかった都市政策的手法も実施されてきており，地域産業振興には都市計画や教育など複数の分野も組み合わせた政策的融合の視点が重要である。

第2に，「学習」が今後の産業政策のキーワードとなる可能性を指摘した点である。我が国の産業システムは，下請分業という制度を基盤として発展して経過もあり，企業間関係を通した知識取得，知識創出の経験等，学習組織という面では強い点がある。そうした中，企業も「学習」を再認識しはじめている。今後のものづくり都市は，大学や研究機関による研究支援や研究機関ネット

ワークが地域産業システムの中枢としてフォーラム化するなど,「学習する雰囲気」をもつ地域に成長すれば,イノベーションが活性化され,自ずと産業集積地域としての持続的発展につながるのではないかと考えている。

第3に,都市型産業集積の地域的特性の新しいタイプの指摘がある。これまで我が国の都市型産業集積研究では,東大阪市と大田区の事例が代表的なものと見なされ,中小企業のヨコのつながりが中心の都市型集積のモデルが多く論じられてきた。しかし尼崎市を分析した結果,あまりコミュニティをつくらず,大企業と直接結びつく新しいタイプとなっている。このように,産業集積地ごとに様々なタイプがある場合には,集積地の活性化には,画一的な政策ではなく,地域特性に基づいた産業振興のあり方,産業政策が求められることを指摘できる。

第4に,そのような尼崎型の産業集積における中小企業 - 大企業関係の中で見出された「のれん別れ的スピンオフ」や公的研究機関が,学習やイノベーションの生起に重要な役割を果たしていることを示した。

以上,産業集積の持続的発展のためには,まちづくりからものづくりを考える視点に基づいた総合的な政策推進が必要である。

(2) 政策モデルとしての提示

次に,本書における研究の主要な地域である尼崎市の検証から,産業集積の政策モデルを提示したい。

第5章において,尼崎市では,創業者が尼崎市あるいは大阪市をはじめとした近隣地域で就職し,その後,旺盛な独立心や勤務先との人間関係の問題等からスピンオフし,尼崎市内にて起業しているケースが多く見られることを指摘し,「のれん別れ」的なスピンオフ形態の存在を示した。こうしたスピンオフの形態は,発生内容は異なるが米国のシリコンバレーでも見られ,集積地特有の地域特性といえよう。

近年,中小企業の開業率より廃業率が高い傾向を示し,ベンチャー企業の創出に期待がかかる経済環境の中,産業集積地域からの自然発生的スピンオフは,貴重な企業創出形態といえよう。また,本書において示したまちづくり的手法としての「学習」を機軸とした政策とリンクすることができれば,日本経済の

大きな課題の1つである技術継承や後継者等の問題解決（事業承継）の促進につながるのではないだろうか。

3　今後の研究課題

　本書での研究は，研究対象ならびに分析方法での制約もあり，不十分な面があることも否めない。

　第1に，研究対象を自治体の産業政策に限定している点である。産業集積地域の維持・形成には，政策だけが影響を与えることはなく，企業活動や企業間取引なども大きな要因となる。こうした対象にも研究を拡張していくことが今後の課題である。

　第2に，研究対象・方法を個々のケースに限定している点である。本書で取り上げたいくつかのケースは，必ずしも日本における産業集積地域全体の実情を示したものではない。個別ケース分析の有効性は疑いがないものの，本書の結論を一般化し論じることには限界がある。特に，まちづくり的手法については，多様な政策事例が存在しているものと考えられる。今後は，ケース・スタディを積み重ねることにより，本書の主張を深めていきたい。

参考文献一覧

日本語文献

浅妻裕（2000）「川崎臨海部の産業再編と公害地域再生の課題」『一橋研究』第25巻3号，一橋大学大学院生自治会．
尼崎市（1950）『尼崎市産業要覧』．
尼崎市（1970）『尼崎市史第三巻』．
尼崎市（1981）『尼崎産業の長期振興ビジョン』．
尼崎市（1992）『尼崎市総合基本計画』．
尼崎市（1994）『新たな尼崎産業の長期振興ビジョン』．
尼崎市（1996）『尼崎地域史辞典』．
尼崎市（2000）『尼崎市第2次基本計画』．
尼崎市（2001）『業務系機能等立地促進調査報告書』．
尼崎市（2006）『平成17年度人口等都市政策調査研究事業報告書』．
尼崎市（2007a）『尼崎市内陸部工業地の土地利用誘導指針』．
尼崎市（2007b）『図説・尼崎の歴史』．
尼崎市（2008）『企業立地促進法に基づく準則条例制定に向けた「尼崎市における緑地等面積率の緩和手法のあり方」検討報告書』．
尼崎市議会（1969）『民生経済常任委員会資料・主要事務事業』．
尼崎市議会事務局（1971）『尼崎市議会史・記述編』．
尼崎市産業経済局（2002）『2002年度尼崎市産業経済局施策の概要』．
尼崎市産業振興協会（2001）『尼崎市共同受注に関する調査報告書』．
尼崎地域・産業活性化機構，兵庫県立大学（2007）『尼崎市における土地利用と製造業立地特性に関する研究』．
安藤元夫（1997）「住工混在市街地（地場産業）と住環境整備」『都市計画』第46巻3号，日本都市計画学会．
泉英明（2010）「東大阪市・高井田地区における住工共生の取り組み」『産業立地』第49巻1号，日本立地センター．
磯辺剛彦（1998）『トップシェア企業の革新的経営——中核企業の戦略と理念』白桃書房．
板橋区（1987）『板橋区産業構造調査——工業編』．
板橋区（1994）『板橋区産業構造調査』．
板橋区（2005）『板橋区産業振興構想』．
板橋区都市整備部（2018）『新河岸二丁目地区地区計画』．
板橋区立郷土資料館（2008）『平成20年度企画展板橋と光学』．
伊丹敬之（1993）『マネジメント・ファイル'93』NTT出版．
伊丹敬之（1998）「産業集積の意義と論理」伊丹敬之・松島茂・橘川武郎編『産業集積の本質』

有斐閣。
伊丹敬之・松島茂・橘川武郎編著（1998）『産業集積の本質』有斐閣。
伊藤正昭（2003）『新版地域産業論』学文社。
伊藤正昭・土屋勉男（2009）『地域産業・クラスターと革新的中小企業群』学文社。
稲水伸行（2002）『MASによる産業集積研究』http://mas.kke.co.jp/event/mas_competition2/result/03_paper.pdf（2018年11月22日アクセス）。
植田浩史（2000）「産業集積研究と東大阪の産業集積」植田浩史編『産業集積と中小企業』創風社。
植田浩史編（2004）『「縮小」時代の産業集積』創風社。
植田浩史（2005）「地方自治体と中小企業振興——八尾市における中小企業地域経済振興基本条例と振興策の展開」『企業環境研究年報』第10号，中小企業家同友会全国協議会企業環境研究センター。
植田浩史（2007）『自治体の地域産業政策と中小企業振興基本条例』自治体研究社。
植田浩史・本多哲夫編（2006）『公設試験研究機関と中小企業』創風社。
内田信義（2002）「大田ブランドを世界に発信——脱下請け型オンリーワン企業目指す」『地域づくり』第159号，財団法人地域活性化センター。
梅村仁（2005a）『尼崎市企業立地促進制度の解説——尼崎市企業立地促進条例の制定と運用』尼崎市。
梅村仁（2005b）「尼崎市における企業立地促進施策の取組みと展望」『季刊ひょうご経済』第86号，（財）ひょうご経済研究所。
梅村仁（2008a）「企業立地による地域づくり（3）企業立地促進における課題——緑地面積規制から見える産業振興と環境保全」『自治実務セミナー』第47巻4号，第一法規。
梅村仁（2008b）「企業立地による地域づくり（4）自治体の企業立地政策①——尼崎市における企業立地促進施策の進展」『自治実務セミナー』第47巻5号，第一法規。
梅村仁（2008c）「企業立地による地域づくり（10）自治体の金融政策と地域金融機関」『自治実務セミナー』第47巻11号，第一法規。
梅村仁（2008d）「産業集積都市の再生——尼崎市の企業立地戦略と都市政策」『産業立地』47巻5号，日本立地センター。
梅村仁（2010）「都市型産業集積の地域的特性に関する研究——尼崎市を事例として，東大阪市・大田区との比較から」『都市研究』第10巻，近畿都市学会。
梅村仁（2011）「産業集積の維持・形成と地域産業政策——都市型産業集積地域を事例として」『産研論集』第38号，関西学院大学産業研究所。
梅村仁（2012）「産業集積の課題と企業立地施策の新たな展開——緑地面積規制の緩和を事例として」神戸大学法政策研究会編『法政策学の試み第13集』信山社。
梅村仁（2013）「自治体産業政策と公設試験研究機関の役割」『社会科学論集』第102号，高知短期大学社会科学会。
梅村仁（2015）「高知県における地域支援企画員制度と中山間地域問題への対応」『湘南フォーラム』第19号，文教大学湘南総合研究所。
梅村仁（2019）「地方都市におけるIT中小企業の集積と地域活性化」『企業環境研究年報』第

23号,中小企業家同友会全国協議会企業環境研究センター。
梅村仁・高田剛司(2015)「エコノミックガーデニング手法の自治体政策への導入に関する試行的考察」『日本計画行政学会関西支部年報』第34号。
梅村仁・原畑亮平(2013)「高知県の地場産業・紙産業の集積と企業間取引の実態」『産業調査分析レポート SPECIA』帝国データバンク。
瓜田靖(2007)「2007年に制定された中小企業振興基本条例」『企業環境研究年報』第12号,中小企業家同友会全国協議会企業環境研究センター。
岡田知弘(2005)『地域づくりの経済学入門』自治体研究社。
岡田知弘ほか(2013)『中小企業振興条例で地域をつくる――地域内再投資力と自治体政策』自治体政策社。
大阪市総合計画局(1969)『大阪市内工住混合地域における中小工場と住宅の立地条件実態調査報告書』。
大阪自治体問題研究所・堺市企業立地とまちづくり研究会(2008)『地方自治体と企業誘致――大阪・堺市のシャープ誘致にみる問題点の分析と提言』せせらぎ出版。
大阪府(2004)『平成16年版大阪経済・労働白書――企業家精神と地域産業イノベーション』。
(一財)大阪湾ベイエリア開発推進機構・兵庫県立大学政策科学研究所(2011)『インナーシティ(住工混在地区)の変容が大阪湾ベイエリアの展開に及ぼす影響に関する調査』。
大澤勝文(2003)「東大阪市における「トップシェア企業」の実態――ヒアリング調査からの分析」『釧路公立大学紀要 社会科学研究』第15号。
大澤勝文(2004)「産業集積の比較分析にむけて――課題の整理」『釧路公立大学紀要 社会科学研究』第16号。
大田区編(1986)『ナショナル・テクノポリス 大田区における高度工業集積の課題』。
太田真治(2008)「かながわサイエンスパークのベンチャーインキュベーションシステム」『中京商学論叢』第54巻,中京大学学術研究会。
小田利広(2018)「小規模企業者における事業承継への一考察――縮小産業集積地,大阪市生野区,平野区を事例に」『中小商工業研究』第134号。
小田宏信(2005)『現代日本の機械工業集積――ME技術革新期・グローバル化期における空間動態』古今書院。
梶川義実(2003)「ビジネス・インキュベーションの必要性――新事業創出機運の高まり」日本新事業支援機関協議会編『ビジネス・インキュベーション総覧2003――新事業創出支援施設ディレクトリ』日外アソシエーツ。
鹿住倫世(2007)「日本におけるビジネス・インキュベーターの変遷と今後の展望――先進的取り組みに学ぶ日本型インキュベーターのあり方」『調査季報』2007年2月号,国民生活金融公庫総合研究所。
鹿住倫世(2008)「日本におけるビジネス・インキュベーターの現状と課題――先進的取り組みに学ぶ日本型インキュベーターのあり方」日本中小企業学会編『中小企業の今日的課題』同友館。
加藤厚海(2009)『需要変動と産業集積の力学』白桃書房。
加藤秀雄(1994)『変革期の日本産業』新評論。

加藤恵正・森信之（1986）『尼崎市工業の連関構造』神戸商科大学経済研究所。
兼村智也（2001）「インキュベータの展開」関満博・三谷陽三編『地域産業支援施設の新時代』新評論。
鎌倉健（2002）『産業集積の地域経済論――中小企業ネットワークと都市再生』勁草書房。
河藤佳彦（2016）「地域産業政策の現代的意義に関する考察」『日本地域政策研究』第16巻2号, 日本地域政策学会。
関西ネットワークシステム（2011）『現場発！産学官民連携の地域力』学芸出版社。
岸本浩明（2016）「オール尼崎による創業支援への挑戦」尼崎地域産業活性化機構編『次代を担うひと・まち・産業』清文社。
北村唯吉（1998）『紙の町・伊野に七色紙誕生の謎を追う』南の風社。
衣本篁彦（2003）『産業集積と地域産業政策――東大阪工業の史的展開と構造的特質』晃洋書房。
清成忠男（1986）『地域産業政策』東京大学出版会。
清成忠男・橋本寿朗（1997）『日本型産業集積像の未来』日本経済新聞社。
九州経済産業局（2007）『平成19年度産業技術動向調査 九州地域の公設試の技術ポテンシャル及び広域連携を活用した実用化技術開発の事業化促進調査報告書』。
近畿経済産業局（2007）『企業立地戦略フォーラム in 近畿・配布資料』。
近畿経済産業局・経済産業調査会近畿本部（2007）『パワフル関西』No. 458。
桑原武志（2006）「自治体による中小企業政策」植田浩史ほか『中小企業・ベンチャー企業論（新版）』有斐閣コンパクト。
粂野博行（2003）「東大阪地域のトップシェア企業と産業集積」湖中齊・前田啓一編『産業集積の再生と中小企業』世界思想社。
経済産業省（2005）『我が国の今後の BI 施策の方向性と戦略について』。
経済産業省（2007a）『平成18年度ビジネス・インキュベータ基礎調査報告書』。
経済産業省（2007b）『平成18年度ビジネス・インキュベータ基礎調査報告書（資料編）』。
経済産業省（2007c）『企業立地促進法の概要（パンフレット）』。
経済産業省（2009）『平成20年工場立地動向調査結果（年間速報）』。
経済産業省（2014）『平成25年度地域産業活性化対策調査（ビジネス・インキュベーション手法調査）報告書』。
経済産業省産業構造審議会（2004）『地域経済産業分科会工場立地法検討小委員会・今後の工場立地法のあり方について』。
経済産業省産業構造審議会（2008）『地域経済産業分科会工場立地法検討小委員会・工場立地法の課題と今後のあり方について』。
工業集積研究会（2010）『地域産業政策に関する自治体アンケート調査報告書』。
幸田清喜（1963）『尼崎の工業』東京教育大学。
後藤好邦（2013）「「職員ネットワーク」が自治体を変える！」『月刊ガバナンス』2013年7月号。
湖中齊（2009）『都市型産業集積の新展開』御茶の水書房。
湖中齊・前田啓一・粂野博行（2005）『多様化する中小企業ネットワーク事業連携と地域産業

の再生』ナカニシヤ出版.
小長谷一之・久木元秀平(2010)「創造都市と学習都市論」大阪市立大学大学院創造都市研究科編『創造の場と都市再生』晃洋書房.
小西唯雄・土井教之(1987)「尼崎市産業構造の変化と地域産業政策」増谷裕久編『阪神間産業構造の研究』法律文化社.
小林伸生(2003)「地域における開業率規定要因に関する一考察」『経済学論究』第57巻1号,関西学院大学経済学部研究会.
小林伸生(2009)「地域産業集積をめぐる研究の系譜」『経済学論究』第63巻3号,関西学院大学経済学部研究会.
堺市(2006)『堺市緑の工場ガイドライン基本方針』.
坂田一郎・藤末健三・延原誠市編著(2002)『テクノロジーインキュベータ成功の条件――テクノロジー・トランスファーとハイテク起業家の育成』経済産業調査会.
笹生仁(1987)(日本計画行政学会編)『都市工業の立地環境整備計画――住工調和を目指して』学陽書房.
佐竹隆幸(2002)『中小企業のベンチャー・イノベーション――理論・経営・政策からのアプローチ』ミネルヴァ書房.
佐藤暢(2013)「高知の産学官民コミュニティ「土佐まるごと社中(TMS)――その設立経緯と展望」梅村仁編著『地方都市の公共経営――課題解決先進県「高知」を目指して』南の風社.
佐藤暢(2017)「草の根イノベーションと産学官民コミュニティ」『高知工科大学紀要』第14巻1号.
塩沢由典・小長谷一之編(2008)『まちづくりと創造都市――基礎と応用』晃洋書房.
島田晴雄編著(1999)『産業創出の地域構想』東洋経済新報社.
下平尾勲(1995)『地場産業地域からみた戦後日本経済分析』新評論.
シュンペーター,J.A.(1977)(塩野谷祐一ほか訳)『経済発展の理論――企業者利潤・資本・信用・利子および景気の回転に関する一研究』岩波書店.
鈴木正明・中川浩明・橋本昌(1994)『図解 地方自治法』良書普及会.
墨田区地域振興部(2002)『墨田区産業振興事業ガイド2002』.
瀬川直樹(2008)「企業立地促進法スキームにみる産業立地政策の転換と今後の地域産業政策の方向性について」『経済地理学年報』第54巻4号.
関智宏(2004)「事業創造とベンチャー経営・支援――神戸市内のベンチャー企業の調査から」『星陵台論集』第37巻2号,兵庫県立大学大学院研究会.
関智宏(2008)「都市における産業集積と中小企業――大阪府八尾地域における中小製造業の関係性構築と経営基盤強化」『企業環境研究年報』第13号,中小企業家同友会全国協議会企業環境研究センター.
関智宏・梅村仁(2009a)「中小製造業の新製品開発,人材育成,国際化――株式会社ヤマシタワークスのケース・スタディ」『阪南論集(社会科学編)』第44巻2号,阪南大学学会.
関智宏・梅村仁(2009b)「地方自治体における産業振興施策の展開と企業の活性化――尼崎市における総合計画と企業立地促進施策を中心に」『阪南論集(社会科学編)』第45巻1号,

阪南大学学会。
関智宏・立見淳哉（2008）「住工混在問題と産業集積——大都市自治体における先駆的取組の事例分析を中心に」『阪南論集（社会科学編）』第44巻1号，阪南大学学会。
関満博（1990）『地域産業の開発プロジェクト——住工混在地域と中小零細工場』新評論。
関満博（1995）『地域経済と中小企業』筑摩書房。
関満博（1997）『空洞化を超えて——技術と地域の再構築』日本経済新聞社。
関満博（2005）『現場主義の人材育成法』ちくま新書。
関満博・加藤秀雄（1990）『現代日本の中小機械工業——ナショナルテクノポリスの形成』新評論。
関満博・関幸子編（2005）『インキュベータとSOHO』新評論。
関満博・福田順子編（1998）『変貌する地場産業』新評論。
関満博・三谷陽造編（2001）『地域産業支援施設の新時代』新評論。
関満博・吉田敬一編（1993）『中小企業と地域インキュベータ』新評論。
全国手すき和紙連合会（1996）『和紙の手帳』全国手すき和紙連合会。
全国手すき和紙連合会（2002）『和紙の手帳Ⅱ』全国手すき和紙連合会。
大東文化大学・板橋区地域デザインフォーラム（2006）『地域デザインフォーラム・ブックレット No.14 地域の産業振興——ビジョン策定を受けて』。
高原一隆（2008）『ネットワークの地域経済学』法律文化社。
竹内淳彦（1973）『日本の機械工業』大明堂。
竹内淳彦（1996）『工業地域の変動』大明堂。
竹内淳彦（2007）『環境変化と工業地域』原書房。
竹内佐和子（2006）『都市政策』日本経済評論社。
竹澤史江（2011）「伝統産業における価値創造と職人の育成——和紙産業を事例として」『LEC会計大学院紀要』第9号。
立見淳哉（2007）「産業集積への制度論的アプローチ——イノベーティブ・ミリュー論と「生産の世界」論」『経済地理学年報』第53巻4号。
立見淳哉（2008）「産業論・環境論と創造都市」塩沢由典・小長谷一之編『まちづくりと創造都市——基礎と応用』晃洋書房。
田中宏昌・本多哲夫編（2014）『地域産業政策の実際——大阪府の事例から学ぶ』同友館。
中小企業金融公庫総合研究所（2006）「強い下請企業の戦略～受託・請負業務拡大のための中小企業の方向性～」『中小公庫レポート』No.2005-7。
中小企業金融公庫総合研究所（2008）『研究開発型企業における中核人材の確保と育成』。
中小企業総合研究機構（2003）『産業集積の新たな胎動』同友館。
中小企業総合研究機構（2010）『尼崎市中小製造業の競争力強化に向けた調査研究・地元意見交換会資料』。
中小企業庁編（2000a）『新中小企業基本法』同友館。
中小企業庁編（2000b）『2000年版中小企業白書』大蔵省印刷局。
中小企業庁編（2006a）『2006年版中小企業白書』ぎょうせい。
中小企業庁編（2006b）『元気なモノ作り中小企業300社2006年版』経済産業調査会。

参考文献一覧

帝国データバンク（2010）『TDB Watching　航空機産業へのチャレンジに必要な要素とは』。
徳増大樹・瀧口勇太・村橋正武（2007）「東大阪地域における産業構造と空間構造からみた産業活性化方策に関する研究」『日本都市計画学会学術研究論文集』No. 40-3。
友澤和夫（2000）「生産システムから学習システムへ——1990年代の欧米における工業地理学の研究動向」『経済地理学年報』第46巻4号。
内閣府政策統括官室（2005）『地域の経済2005——高付加価値を模索する地域経済』。
長尾謙吉（2000）「東大阪地域における工場立地と地域的存立基盤」『産業集積と中小企業』創風社。
中川雅之（2008）『公共経済学と都市政策』日本評論社。
長野基（2009）「地域ガバナンスにおける多主体間連携形成の基礎的条件」『跡見学園女子大学マネジメント学部紀要』第8号。
長山宗広（2005）「地域産業活性化に関する諸理論の整理と再構築——地域における新産業創出のメカニズム」『信金中金月報』第4巻10号，信金中央金庫。
西尾好司（2008）「工業系公設試験研究機関の現状に関する一考察」『研究レポート』第328号，富士通総研経済研究所。
西岡孝幸（2008）「地域BIネットワークの役割」『産業立地』第47巻2号，日本立地センター。
西田好司（2008）「工業系公設試験研究機関の現状に関する一考察」『研究レポート』第328号，富士通総研経済研究所。
日経ビジネス（2008）「日本を救う小さなトップランナー　ヤマシタワークス」『日経ビジネス』2008年2月11日号。
ニッポン高度紙工業（株）（1991）『NKK NOW』。
日本銀行神戸支店（2007）『兵庫県における企業立地動向（2007年11月発表）』
日本産業技術振興協会（2005）『平成16年度公設試験研究機関現況』。
日本政策投資銀行（2005）「2004・2005年度設備投資計画調査（2004年11月調査）」『調査』第73号。
（財）日本発明振興協会（2008）『発明と生活』第515号。
日本立地センター（1992）『工場立地法解説』。
日本立地センター（2008）『産業立地』第47巻8号。
額田春華（1998）「産業集積における分業の柔軟さ」伊丹敬之・松島茂・橘川武朗編著『産業集積の本質』有斐閣。
野木大典（2002）「インキュベータ施設による創業支援事業の現状と課題——ソフトピアジャパンを事例として」『経済地理学年報』第48巻2号。
野中郁次郎・小久保厚郎・山下義通・佐久間陽一郎（1997）『イノベーション・カンパニー——継続的に革新を生み出す会社の条件』ダイヤモンド社。
野中郁次郎・竹内弘高（1996）『知識創造企業』東洋経済新報社。
野村政彦（2011）「北九州市が取り組んできた環境政策」『九州国際大学経営経済論集』第17巻3号。
林聖子（2003）「ビジネス・インキュベーションの現況と課題」日本新事業支援機関協議会編『ビジネス・インキュベーション総覧2003——新事業創出支援施設ディレクトリ』日外ア

275

ソシエーツ．
東大阪市・中小企業都市連絡協議会（2009）『平成20年度中小企業都市連絡協議会合同調査報告書』．
深澤映司（2007）「地方自治体の中小企業向け制度融資が直面している課題」『レファレンス』No. 673，国立国会図書館．
福川信也（2007）「地域イノベーションシステムにおける公設試験研究機関の位置づけと戦略」『中小企業総合研究』第7号，日本政策金融公庫．
藤枝市中小企業振興推進会議（2018）『藤枝市中小企業振興推進プラン』http://www.city.fujieda.shizuoka.jp/ikkrwebBrowse/material/files/group/38/plan.pdf（2018年11月22日アクセス）．
藤田成裕（1994）「規制緩和と工場立地法」『産業立地』第33巻10号，日本立地センター．
藤田成裕（2007）「企業誘致の現状と課題」『産業立地』第46巻6号，日本立地センター．
藤本隆宏（2012）『ものづくりからの復活』日本経済新聞社．
フロリダ，R.（2010）（小長谷一之訳）『クリエイティブ都市経済論』ダイヤモンド社．
ポーター，M（1992）（土岐坤ほか訳）『国の競争優位（上）』ダイヤモンド社．
細木康広（2007）「地域ファンドの機能・役割とベンチャーキャピタル投資の現状・課題」『季刊中国総研』VOL. 11-2，No. 39，中国地方総合研究センター．
細谷祐二（2009）「集積とイノベーションの経済分析――実証分析のサーベイとそのクラスター政策への含意（前編）」『産業立地』第48巻4号，日本立地センター．
本多哲夫（2008a）「日本型地域イノベーションシステムと公設試験研究機関（1）」『経営研究』第59巻2号，大阪市立大学経営学会．
本多哲夫（2008b）「日本型地域イノベーションシステムと公設試験研究機関（2）」『経営研究』第59巻3号，大阪市立大学経営学会．
本多哲夫（2013）『大都市自治体と中小企業政策』同友館．
前田啓一・池田潔編（2008）『日本のインキュベーション』ナカニシヤ出版．
増谷裕久編（1987）『阪神間産業構造の研究』法律文化社．
松井敏邇（2004）『中小企業論』晃洋書房．
松永桂子（2015）『ローカル志向の時代』光文社新書．
松原宏（1995）「フレキシブル生産システムと工業地理学の新展開～A. J. Scott の New Industrial Space 論を中心に」『西南学院大学経済学論集』第29巻4号，西南学院大学．
松原宏（1999）「集積論の系譜と「新産業集積」」『東京大学人文地理学研究』第13巻，東京大学．
松原宏（2007）「企業立地の変容と地域産業政策の課題」『JOYO ARC』2007年5月号，(財)常陽地域研究センター．
松本健司（1979）「工場誘致条例と工業再配置促進法」『市研尼崎』第22号，尼崎市政調査会．
丸山美沙子（2007）「大都市機械工業地域における新規取引連関の形成過程――東京都板橋区の中小企業を事例として」『地理学評論』第80巻3号，日本地理学会．
三浦純一（2009）産業的自治と地域産業政策の新しい可能性――大阪府大東市の挑戦から見えてくるもの」植田浩史・立見淳哉編著『地域産業政策と自治体――大学院発『現場』から

の提言』創風社。
三崎秀央（2004）『研究開発者のマネジメント』中央経済社。
水野真彦（2005）「イノベーションの地理学の動向と課題――知識，ネットワーク，近接性」『経済地理学年報』第51巻3号。
水野真彦（2011）『イノベーションの経済空間』京都大学学術出版会。
森下正（2008）『空洞化する都市型製造業集積の未来』同友館。
森田康生（1990）『土佐和紙』高知県手すき和紙協同組合。
森本隆男（1987）「尼崎中小企業の分析」増谷裕久編『阪神間産業構造の研究』法律文化社。
吉田敬一（1996）『転機にたつ中小企業』新評論。
吉濱哲雄（2010）「生活と産業が共生するまちづくり――舟渡三丁目地区地区計画「産業育成街区」」『産業立地』第49巻1号，日本立地センター。
柳沼寿（2007）「地域社会における技能習得と教育の職業的意義」『経営志林』第44巻1号，法政大学経営学部。
柳井雅人編（2004）『経済空間論』原書房。
柳井雅人（2005）「中小製造業の新事業展開と産業集積――九州地域を例として」『北九州産業社会研究所紀要』第46号，北九州市立大学。
山下健治（2006）「含水性研磨メディアを用いた研磨法『エアロラップ法』」『機械技術』第54巻10号，日刊工業新聞社。
山田猛（2008）「ものづくり技術について」『溶接学会誌』第77巻3号。
山田伸顯（2009）『日本のモノづくりイノベーション大田区から世界の母工場へ』日刊工業新聞社。
山濱光一（2009）「各地の中小企業振興基本条例（2009年8月5日現在）」大阪府中小企業家同友会条例ワーキンググループ検討資料。
山本栄一（1987）「尼崎市における産業公害と公的補償問題」増谷裕久編『阪神間産業構造の研究』法律文化社。
山本健兒（2005）『産業集積の経済地理学』法政大学出版局。
山本尚志（2010）『地方経済を救う エコノミックガーデニング地域主体のビジネス手法』アース工房。
レニエ，キャサリーンほか（1994）（食野雅子ほか訳）『インタープリテーション入門――自然解説技術ハンドブック』小学館。
渡辺幸男（1988）「東京都城南地域機械工業集積の動向――地域中堅・中企業の企業戦略を中心に」『商工金融』第38巻6号，商工中金。
渡辺幸男（1997）『日本機械工業の社会的分業構造――階層構造・産業集積からの下請制把握』有斐閣。
渡辺幸男（2011）『現代日本の産業集積研究――実態調査研究と論理的含意』慶応義塾大学出版会。

外国語文献

Acs, Z. J. (ed.) (2000) *Regional Innovation, Knowledge and Global Change*, Thompson.

Asheim, B. T. et al. (2003) *Regional Innovation Policy for Small-Medium Enterprises*, Edward Elgar.
Camagni, R. (ed.) (1991) *Innovation Networks*, Belhaven Press.
Cooke, Philip and Kevin Morgan (1998) *The Associational Economy : Firms, Regions, and Innovation*, Oxford University Press.
Florida, R. (1995) "Toward the Learning Region," *Futures*, 27(5).
Freeman, C. (1995) "The national system of innovation in historical perspective," *Cambridge Journal of Economics*, 19.
Harrison, B. (1992) "Industrial District : Old Wine in New Bottles ?" *Regional Studies*, 26(5).
Hassink, R. (2005) "How to Unlock Regional Economies from path dependency ? : From Learning Region to Learning Cluster," *European Planning Studies*, Vol. 13, No. 4.
IZUSHI (2005) "Creation of Relational Assets through the 'Library of Equipment' Model : An Industrial Modernization Approach of Japan's Local Technology Centers," *Entrepreneurship & Regional Development*, 17, May.
Jacobs, J. (1969) *The Economy of Cities*, Vintage Books, Random House, New York.
Keeble, D. and F. Wilkinson (2000) "Collective Learning and Epistemologically Significant Moments," *High-Technology Clusters Networking and Collective Learning in Europe*, Ashgate.
Krugman, P. (1991) *Geography and Trade*, Leuven University Press.（北村行伸・高橋亘・妹尾美起訳［1994］『脱「国境」の経済学』東洋経済新報社）。
Malmberg, A. and P. Maskel (2002) "The Elusive Concept of Localization Economies : Towards a Knowledge-based Theory of Spatial Clustering," *Environment and Planning A : Economy and Space*, Vol. 34.
Markusen, A. (1996) "Sticky Places in Slippery Apace-A Typology of Industrial Districts," *Economic Geography*, Vol. 72, No. 3.
Marshall, A. (1890) *Principle of Economics*, London : Macmillan.（馬場房之助訳［1966］『経済学原理』東洋経済新報社）。
Piore, M. J. and C. F. Sable (1984) *The Second Industrial Divide*, New York : Basic Books.（山之内靖・永易浩一・石田あつみ訳［1993］『第二の産業分水嶺』筑摩書房）。
Porter, M. (1998) *On Competition*, Boston, MA : Harvard Business School Publishing.（竹内弘高訳［1999］『競争戦略論Ⅱ』ダイヤモンド社）。
Saxenian, A. (1994) *Regional Advantage*, Cambridge, Mass : Harvard University Press.（大前研一訳［1995］『現代の二都物語』講談社）。
Scott, Allen J. (1988) *New Industrial Spaces : Flexible Production Organization and Regional Development in North America and Western Europe*, London : Pion.
Weber, A. (1909) *Reine Theorie des Standorts*, Turingen, Germany : J. C. B. Mohr.（篠原泰三訳［1986］『工業立地論』大明堂）。

初出一覧

　本書の執筆においては，以下の論文をもとに，新たな調査をふまえ大幅に加筆・修正・再構成を行った。また，本書と初出論文等との関係は次のとおりである。

序　章　　書き下ろし
第1章　　「これからの自治体産業政策」日本都市センター編『これからの自治体産業政策——都市が育む人材と仕事』日本都市センター（2016年3月）
第2章　　「産業集積の維持・形成と地域産業政策——都市型産業集積地域を事例として」関西学院大学産業研究所『産研論集』第38号（2011年3月）
第3章　　「地方自治体の産業政策と産業集積地域の魅力化——地域的近接性の視点から」『産業調査分析レポート SPECIA』㈱帝国データバンク（2012年6月）
　　　　　「高知県の地場産業・紙産業の集積と企業間取引の実態」（原畑亮平氏との共著）『産業調査分析レポートSPECIA 』㈱帝国データバンク（2013年8月）
第4章　　「地場産業の振興と自治体産業政策——高知県の手漉和紙事業所を事例として」大阪経済大学中小企業・経営研究所『中小企業季報』2015 No. 4（2016年1月）
第5章　　「都市型産業集積の地域的特性に関する研究——尼崎市を事例として，東大阪市・大田区との比較から」近畿都市学会『都市研究』第10号（2010年12月）
第6章　　「地方自治体における産業振興施策の展開と企業の活性化——尼崎市における総合計画と企業立地促進施策を中心に」（関智宏氏との共著）阪南大学学会『阪南論集（社会科学編）』第45巻1号（2009年10月）
第7章　　「ビジネス・インキュベータの再生と地方自治体の産業振興施策——尼崎リサーチ・インキュベーションセンターのケース・スタディ」日本中小企業学会編『中小企業政策の再検討』同友館（2010年9月）
　　　　　「日本版エコノミックガーデニング手法の自治体政策への導入に関する試行的考察」（高田剛司氏との共著）『日本計画行政学会関西支部年報』第34号（2015年3月）

第8章 「産業集積都市の再編と企業立地——尼崎市における施策展開と実証的考察」植田浩史・北村慎也・本多哲夫編『地域産業政策——自治体と実態調査』創風社（2012年5月）

第9章 「土地利用の適正化に向けた都市政策に関する研究——尼崎市を事例として」日本地域政策学会編『日本地域政策研究』第7号（2009年3月）

第10章 「都市型産業集積地の保全に向けた産業型地区計画の可能性——板橋区舟渡三丁目地区を事例として」日本都市学会『日本都市学会年報』第44号（2011年5月）

第11章 「産業集積の課題と企業立地施策の新たな展開——緑地面積規制の緩和を事例として」神戸大学法政策研究会編『法政策学の試み第13集』信山社（2012年3月）

第12章 「中小製造業の新製品開発，人材育成，国際化——株式会社ヤマシタワークスのケース・スタディ」（関智宏氏との共著）阪南大学学会『阪南論集（社会科学編）』第44巻2号（2009年3月）

「中小企業ネットワークとラーニング・クラスター——尼崎地域を事例として」（一財）大阪湾ベイエリア開発推進機構・兵庫県立大学政策科学研究所『インナーシティ（住工混在地区）の変容が大阪湾ベイエリアの展開に及ぼす影響に関する調査報告書』（2011年3月）

第13章 「自治体産業政策と公設試験研究機関の役割」高知短期大学社会科学会『社会科学論集』第102号（2013年3月）

第14章 「自治体産業政策の課題と政策学習」日本都市センター編『これからの自治体産業政策——都市が育む人材と仕事』日本都市センター（2016年3月）

終　章　書き下ろし

あとがき

　「良いまちを創りたい」．本書を手にとってくださった多くの方々が，おそらくそう思っていることだろう。「良いまち」とは，甚だ抽象的で議論が分かれるものであるが，1人ひとりが，それぞれの思いを巡らせることこそ重要であろう。ゆえに，その定義は多様でよいと考えている。筆者は8年前に自治体職員から大学教員という新たな職に移ったが，目指していることは変わらない。常々思っていることは，「良いまちとは何か」である。昨今は，地方創生関係の審議会委員やアドバイザーなど様々な仕事に従事しているが，それは，筆者自身に何ができるのか，あるいは新たな知見を提供できたのか，そのための引き出しづくりへの努力を怠っていないかを問いかける場でもある。そして，多くの方々と知恵を出し合い，一緒に考えることが何よりも面白い。

　筆者が研究を始めるキッカケは，市役所時代に受けためっき加工の経営者からの1つの相談であった。「隣の工場が閉鎖し，住宅用地として転売されることになった。そうなったら，ここで操業することが難しくなる。どうしたら良いだろうか？」という内容だった。こうした問題は，一般的には「住工混在問題」といわれ，尼崎市や東大阪市などのものづくり都市に多く発生している。景気衰退や経済のグローバル化などを要因として，工場が転出する場合に，その跡地の活用策として住宅が建設されると，従前から立地している工場と新たに建設された住宅との共存・共生に向けた調整が必要となってくる。こうした場合，多くのケースでは既存工場の操業環境が悪化し，最悪のケースとして，操業不能になる場合がある。トラブルになった際は，当然どちらの言い分も正しいとなる。では，地域経営及び都市政策の観点から，どうすべきなのか。これを探るため大学院の門を叩いたことから研究ライフが始まった。

　さて，本書は，神戸大学大学院法学研究科に在学していた時から，今日に至る約15年間の研究成果である。学術的な考究のみならず，筆者が，長らく尼崎市の職員（産業振興課長，都市政策課長など）として，同市の政策立案の現場にて携わった経験に基づくところが大きな特徴となっている。大学を卒業後，

1988年に尼崎市役所に入所し，福祉，秘書，産業振興，企画財政の各部門で刺激的な仕事と素晴らしい上司，仲間に恵まれ様々な経験を積ませていただいた。これまで本当に多くの方々にお世話になったが，特に，辰巳浩氏（元助役，故人）及び堀内弘和氏（元助役，故人）には，若輩であった私を秘書として傍に置いていただき，自治体政策の立案，交渉，最終判断におけるトップの姿勢を学ばせていただくとともに，日々厳しくも温かいご指導とご支援をいただいた。また，中村昇氏（前尼崎商工会議所専務理事，元尼崎市副市長）には，産業振興課長拝命直後に自治体産業政策の基本姿勢として「企業（企業活動）の邪魔をしないことが重要」とご教示をいただき，今も産業政策を思考する上での視座としている。23年に及ぶ自治体職員生活を有意義に過ごすことができたのは，尼崎市役所の先輩，同僚，後輩の皆さんのお陰であることは言うまでもない。尼崎市では，市役所以外においても豊かな交流をもつことができた。(公財)尼崎産業活性化機構，尼崎商工会議所，尼崎経営者協会，(協)尼崎工業会，市内企業の皆様には大変お世話になり，産業界のことについてご教示をいただいた。特に，企業経営については，山下健治氏（㈱ヤマシタワークス代表取締役社長）から多くの学びをいただくとともに，多忙ななか海外を含めたインタビュー調査に応じていただき，心から感謝申し上げたい。

　また，筆者の研究及び地域活動にいつもご支援・ご協力をいただいている自治体関係者の皆様（高知県，中土佐町，神奈川県寒川町，東京都港区，板橋区，兵庫県，大阪市，生野区，大正区，摂津市，豊中市）ならびに産学官民組織の皆様（関西ネットワークシステム，土佐まるごと社中，こうち立志塾政策デザイン研究会，NPO法人砂浜美術館）には心からお礼申し上げたい。これからも引き続き，さらなる連携を深めさせていただければ幸いである。

　次に，自治体職員であった筆者が研究活動を続けてこられたことは，多くの先生方のご支援によるところが大きい。神戸大学大学院博士前期課程においては，山下淳先生（関西学院大学）より，社会人院生としてスタートした筆者を根気よく指導していただいた。大阪市立大学大学院博士後期課程では，小長谷一之先生（大阪市立大学）より，博士学位論文の主査としての叱咤激励，至らぬ社会人学生への温かみと深い示唆に富んだご指導をいただいた。また，博士学位論文の審査においては，明石芳彦先生（大阪商業大学），立見純哉先生（大

あとがき

阪市立大学) から大変有益かつ熱心なご指導をいただいた。心よりお礼申し上げたい。

筆者の研究は，これまで在籍させていただいた高知短期大学 (現高知県立大学)，文教大学並びに大阪経済大学の先生方，関係者の支えがあってこそできたものであり，深く感謝している。

本書の完成までには，学会や研究会などを通じて，多くの先生方からご指導や激励を受けた。記して，感謝申し上げたい。まず，筆者の研究領域である中小企業分野では，佐竹隆幸先生 (関西学院大学) より研究会への参画や執筆の機会をいただくとともに，研究への多くのご示唆をいただいた。植田浩史先生 (慶應義塾大学) には，主催される工業集積研究会に誘っていただき研鑽する機会をいただくとともに，様々な中小企業研究の場に導いていただいた。また，工業集積研究会のメンバーには中小企業研究だけでなく，大学教員活動も含めて多くの示唆と大きな刺激をいつも頂戴している。関満博先生 (一橋大学名誉教授) には，院生時代に企業訪問のイロハを教わったことが実証研究の基盤となっている。池田潔先生 (大阪商業大学)，太田一樹先生 (大阪経済大学)，加藤恵正先生 (兵庫県立大学)，鐘ヶ江秀彦先生 (立命館大学)，橋本行史先生 (関西大学)，林昌彦先生 (兵庫県立大学)，安田信之助先生 (城西大学)，和田尚久先生 (東洋大学) からも学会や研究会において，コメントやアドバイスを頂戴し，大変お世話になっている。次に，公共経営分野では，石原俊彦先生 (関西学院大学) から市役所時代より研究会や海外調査のお誘い，自治体関係者との交流の場など様々な機会を頂戴したことが，研究者を志す原点となった。また，高知県における教育・研究活動では，受田浩之先生 (高知大学)，石塚悟史先生 (高知大学) より厚いご支援をいただいている。先生方の考えや著作から受けた影響は大きい。学会活動では，日本地方自治研究学会および日本計画行政学会，日本中小企業学会の先生方から，多方面にわたり研究・教育へのご示唆をいただいている。

また，ゼミ活動や共同研究などにおいて，飯盛義徳先生 (慶應義塾大学)，市川顕先生 (東洋大学)，大貝健二先生 (北海学園大学)，小川長先生 (尾道市立大学)，近藤信一先生 (岩手県立大学)，関智宏先生 (同志社大学)，長谷川英伸先生 (玉川大学)，藤原直樹先生 (追手門学院大学)，山本尚史先生 (拓殖大学) より深

い交流をもたせていただき感謝している。

　次に，高知大学人文学部時代の恩師である紀国正典先生（高知大学名誉教授）には，転職後，学生への講義に対する心構えなど親身にご教示いただいた。明石照久先生（熊本県立大学名誉教授），河藤佳彦先生（専修大学）には大学院時代から，自治体出身研究者という同じ立場から，悩める筆者をいつも励ましていただいた。山崎佳孝先生（文教大学）には国際学会の場に導いていただき，いつも貴重なアドバイスを頂戴している。また，大学院時代の同僚として，赤井朱美先生（大阪国際大学），大和里美先生（奈良県立大学）との切磋琢磨する良い関係が大きな支えでもあった。学界以外では，株式会社帝国データバンクより，データの使用・分析・投稿の機会を頂戴するなど大変お世話になった。特に，北村慎也氏（総合研究所課長，一橋大学客員研究員）のお力添えによるところが大きい。また，中小企業家同友会全国協議会，(公財)ひょうご震災記念21世紀研究機構，(一財)日本立地センター，(公財)日本都市センターより研究の機会をいただき，大いに議論させていただいた。記して，深く感謝申し上げる。

　本書は，前述した博士学位論文をもとにしたものであり，調査時点から時間が経過している箇所が数多くあることは，心苦しく感じている。一方で，博士学位論文から大幅に加筆修正し，可能な範囲で最新の状況も反映させ，記載内容の充実に努めた。

　本書の出版にあたっては，筆者の職場である大学の大阪経大学会から出版助成を受けた。大阪経済大学研究支援・社会連携課をはじめ，関係各所の皆様に深く感謝申し上げたい。また，出版情勢の厳しい折，本書の出版を引き受けていただいたミネルヴァ書房ならびに編集をご担当いただいた前田有美氏には，この場を借りて厚く御礼申し上げる。

　最後に，私事ではあるが市役所から転職し，研究者の道を歩むことを後押ししてくれた家族に対し，心から感謝している。

　　　2019年1月

　　　　　　　　　　　　　　　　　　　　　　　　　　　梅　村　　仁

補足資料 尼崎市企業立地促進制度（2004年10月8日）抜粋

1 尼崎市企業立地促進制度の概要

(1) 目　的

　この条例は，市税の軽減措置を講ずることにより，市内における企業の立地を促進し，尼崎市（以下，本市）産業の活性化及び雇用機会の拡大を図り，もって本市地域経済の発展と市民生活の向上に寄与することを目的とする。

(2) 対象事業

　①製造業

　②重点産業分野の事業

	重点分野	対象事業	先端性の高い事業例
①	医療・福祉関連分野	医療・福祉関連機器，医薬品，保健機能食品等の研究，開発又は製造を行う事業	在宅医療関連機器事業，高度医療機器事業，医薬品事業，保健機能食品事業，医療用電子応用装置事業，医療用計測機器事業など
②	情報通信関連分野	情報通信関連機器及び製品の研究，開発又は製造を行う事業	情報通信機器事業，デジタル家電事業，半導体事業，次世代ICカード事業など
③	製造技術関連分野	(1) 情報通信システムと融合化した高度生産システム等の新製造システムの研究，開発又は製造を行う事業 (2) ファインセラミックス等の新素材・新材料及びこれらを応用した製品の研究，開発又は製造を行う事業 (3) マイクロマシン等に利用される新機構技術・高度加工技術の研究又は開発及びこれらを応用した製品の研究，開発又は製造を行う事業	○ 新製造システム 　FA・OA機器のオープン化事業，環境対応型生産システム関連事業など ○ 新素材・新材料 　ファインセラミックス等材料応用事業，高分子材料応用事業，新金属材料利用事業など ○ 新機構技術・高度加工技術 　マイクロマシン事業，高度ロボット事業，レーザー計測・加工関連事業など

④	環境・エネルギー関連分野	環境関連機器,環境調和型製品及び燃料電池等の新エネルギー・省エネルギー関連機器等の研究,開発又は製造を行う事業	○ 環境 　公害防止・環境保全装置事業,リサイクル装置事業など ○ エネルギー 　新・省エネルギー技術開発事業,風力・太陽光発電事業,都市エネルギーの有効利用化事業,燃料電池開発事業など
⑤	バイオテクノロジー関連分野	バイオテクノロジーを応用した製品の研究・開発・製造を行う事業	化成品及び医薬品(原料)事業,バイオ利用機器事業(バイオリアクター・バイオセンサー)など
⑥	ビジネス支援関連分野	(1) 情報サービス業　プログラム作成,市場調査等サービス,シンクタンク業務,コールセンター	
		(2) エンジニアリング業　工場等プラントの設計・施行・管理	
		(3) デザイン業　工業・クラフト・インテリア・商業・テキスタイルデザイン	
		(4) 人材育成業　職業能力開発のための教育訓練業　具体的には,ものづくり技能やCADなどの情報技術,デザイン,経営などの専門知識取得を教育,訓練するための施設	

(3) 対象地域　市内全域

　製造事業所にあっては,工業専用地域,工業地域,準工業地域に限る。ただし,市長が定める住居系地域への転換を促進する区域(別図)は除くものとする。別図において2004年10月8日(尼崎市企業立地促進条例施行日)現在,工場その他これに類するものの敷地として使用されている土地の区域は除く。

(4) 対象区分　新設,増設,建替,市内間移転

　ただし,既存事業所における機械設備の更新や事業用地の取得など新たな事業所の

補足資料

設置と認められないものは対象外。
(5) 対象要件
　①事業所の新設又は拡張（新たな対象事業を営む場合に限り，事業所の設備の新設，増設又は更新も対象。）
　②事業投資額（土地・家屋・償却資産の取得合計額）及び従業員規模
　　・大企業　　事業投資額10億円以上かつ常時従業員数50人以上
　　・中小企業　事業投資額1億円以上かつ常時従業員数10人以上
ただし，増設・建替・市内間移転の場合は従業員の減少を伴わないこと。
　③環境保全への配慮など
(6) 奨励措置
　固定資産税（家屋・償却資産），都市計画税（家屋），事業所税（資産割）の1/2軽減。
　3年間。ただし，特に先端性の高いと認められる事業は5年間。
(7) 条例の期間
　2004年10月8日～2010年3月31日
　ただし，条例の期限終了前に申請のあったものには，奨励措置を継続。

2　尼崎市企業立地促進制度

(1) 背景と必要性
　本市は，製造業を初めとした多種多様な事業所が集積する我が国を代表する産業集積地であったが，社会経済情勢等の変化や産業構造上の問題などが要因となって，事業所の転出や閉鎖が続き，産業機能が低下してきた。
　一方，国内の工場立地は，平成元年度をピークとして，2002年度まで減少傾向にあったが，2003年度の上期から若干の上向き傾向が見られるようになってきている。その要因は，景気低迷の長期化による新規投資マインドの下げ止まり感や中国等海外での立地に対する国内立地の優位性が再認識され，国内回帰の流れが現れてきたものと考えられている。また，工場等制限法の廃止や工場立地法の緩和など工場等の立地環境に大きな変化が見られる。
　なお，本市臨海部では，交通の利便性など立地優位性を裏付ける動向として，大規模な物流施設の立地の動きが顕著である。
　そこで，本市では2003年度に産業立地課を新設し，経済団体をはじめ関係機関等との情報交換を密にし，企業誘致活動を進めてきた。こうした取組みは多くの自治体でもはじまっており，国内外の誘致競争が激化する中で，実効性を確保していくためには，事

業所（工場等）の新規立地や建替・増設などを行う企業に対し，立地優位性の高い本市においても思い切ったインセンティブの創設が待たれていた。

（2）目　的

本条例の目的は，対外的にも本市の産業振興に向けた積極的な姿勢を示すとともに，企業の新規立地，既存事業所の増設・建替による産業の活性化，更には企業の市外移転を防止するための立地施策を具現化することにより，「雇用の創出」「税源の涵養」「関連産業への誘発効果」，ひいては市民生活の向上に寄与しようとするものである。

（3）内　容

(1) コンセプト

本市では，企業の立地促進を図るため，現在，産業用地等の情報提供や立地相談などを実施している。しかしながら，企業誘致における都市間競争が激化している状況下では誘導施策としては十分とは言えず，更なる誘導施策として，本市の立地特性と誘致すべき企業側のメリットの高さを視点として，施策の検討を行った。そうしたことから，各種の要件を設定し，本市が誘導すべき産業の位置付けを明確にしたものである。

(2) 制度の内容

①目指すべき方向性

本市の第2次基本計画では，地域経済の活性化を重点施策と位置付け，その方向性の一つとして「多様で新規性のある産業活動の促進」を掲げ，施策の基本方針として立地促進を示している。

そうしたことから，本制度を核として，本市にふさわしい新規産業の導入や既存工業の事業拡大を図り，本市の産業構造を技術集約，知識集約的な事業活動へ転換させ，より付加価値の高い「ものづくり」のまちを目指していこうとするものである。

②対象地域

他都市の多くは，工業団地など公共用地の売却という目的もあるが，本市の施策は主として民有地の活用に主眼を置いており，多種多様な産業の事業所が集積する本市の特性から，立地すべき地域を限定せず，基本的に用途地域にあわせ，市域全体を対象に企業立地等を促進していこうとするものである。特に，製造事業所にあっては，用途地域で定める工業専用地域，工業地域，準工業地域での新設，増設等を対象としている。また，本市の地域事情から工業系の地域ではあっても，宅地化が進み，将来的には住居系を指向する地域（以下，住居系指向地域）は，製造事業所の立地を妨げるものではないものの，インセンティブを与える地域からは除外するものとする。一方，住居系指向地域の指定は，行政が現地の状況及び今後の土地利用を勘案した中で，決定したものであ

補足資料

ることから，現在（2004年10月8日：条例施行日）その区域内において，工場等の敷地として利用されている区域は，除くものとする。

③対象事業

本市の根幹産業は，雇用の創出，既存企業への波及効果の高いと言われる「ものづくり産業」であることから，対象事業を製造業及びそれを補完する研究開発施設などを対象とした。また，国の「経済構造の変革と創造のためのプログラム」（平成8年閣議決定）や新産業創造戦略（平成16年経済産業省発表）に示されている今後めざましい成長が見込まれる新規・成長分野の産業を重点分野と定め，本市のリーディング産業となる企業の立地・誘導を図ろうとするものである。

④対象要件

本市産業のリーディング機能を果たし，関連産業への波及効果や雇用吸収力が期待できる規模として，設備投資額（土地・家屋・償却資産）と常時従業員数でのハードルを設けた。要件の考え方としては，本市の立地優位性（交通利便・産業集積・市場への近接性など），地域産業の特性，他都市の施策を参考にし，特に従業員規模は雇用確保の必要性の観点から設定した。

また，立地パターンとしては，大規模工場の空き工場に新規立地するケースなど本市の立地特性から，そのパターンも対象とした。ただし，償却資産の更新のみは，対象外である。

次に，その他の要件として努力規定（10年以上の事業計画，尼崎市民の雇用，環境保全）を設けているが，これは市としての制度の主旨を事業者により理解していただくため，設定したものである。

⑤奨励措置

インセンティブの内容を考えるに当たり，都市間競争を意識して他都市の事例を参考に検討した。本市の考え方としては，①既に産業の集積があること②交通の利便性が高いこと③本市財政事情から新たな市税収入が必要であること④近隣都市の立地施策も参考にし，総合的に判断した結果，事業所の設置にかかる家屋及び償却資産に着目し，固定資産税，都市計画税，事業所税を対象とし，これらの税の2分の1を軽減しようとするものである。また，奨励措置の手法としては，補助金あるいは不均一課税の両論で検討した結果，税の公平性といった観点や本市が税の減免を見直している現状では，補助金が適当との意見も一部にあったものの，この制度の目的が企業の立地誘導施策であり，優先すべきは企業側のメリット（資金調達など当初負担の軽減）という点で，不均一課税が適当との政策的判断がなされた。

⑥条例の期限

条例の目的は，本市産業の活性化であり，産業構造の変革を促すための施策として，

長いスパンでの取組みが必要ではないかとの議論があったものの，経済状況の先行きや企業の動向が不透明であること，他都市の取組み，制度の効果などに応じた臨機の対応が必要であることから，条例の期限を約5年とした。

⑦認定審査会

事業対象の認定にあたっては，その新規性，成長性及び先端性についての意見具申また審査の専門性・透明性を確保するため，市関係部局職員並びに学識経験者を加え，審査会を設置するものである。

また，審査会は審議される内容に企業情報が含まれており，公開すれば企業の利益を損なう恐れが多分に考えられることから，非公開とする。

3 尼崎市企業立地促進条例の解説（主要条文）

本条例の根幹をなす条文のみ解説を行う。全文は次節4を参照していただきたい。なお，主要条文の解説は筆者が実際に立案者として関わった経験に基づいているが，不正確な部分があるかもしれない。不正確な部分があったならば筆者の責任である。

なお，尼崎市企業立地促進制度は，尼崎市企業立地促進条例の他に，同条例施行規則，同条例施行規則実施要領，尼崎市企業立地促進制度認定審査会設置要綱の制定によって運用されている。

> （この条例の目的）
> 第1条　この条例は，市内における企業立地を促進するため地方税法（昭和25年法律第226号）第6条第2項の規定による市税の不均一の課税を行うことにより，本市産業の活性化及び雇用機会の拡大を図り，もって本市地域経済の発展と市民生活の向上に寄与することを目的とする。

【趣旨】

1. 本条例は，一見，市税条例の特別法的な存在であるが，「尼崎市総合基本計画」「尼崎市第2次基本計画」「新たな尼崎産業の長期振興ビジョン」の意図を含んだ今後の尼崎市の産業政策の方向性を示すメルクマールの一つとなる政策的意義の高い条例である。

2. 尼崎市はこれまで鉄鋼，化学，機械金属などの基礎素材型産業を中心に産業都市として，我が国の経済発展に寄与してきた。しかしながら，我が国の社会経済環境の変化に伴ない，まちの中味も大きく様変わりしてきた。

バブル経済の崩壊以降，我が国の経済成長率は低下し，長期的に停滞している。これは，一時的な状況ではなく，社会経済が完全に成熟し低経済成長へと移行した表れ

であり、もはや高度経済成長は望めず、低経済成長下での経済社会を考える必要に迫られている。そうした状況のもとで、開業率が低下した産業構造においては新陳代謝が進まず、経済活力の喪失が懸念されている。また、企業活動においては、日本経済の活力や国際競争力を高めるための各種規制緩和により新しいビジネスチャンスが生まれると共に、新規参入が促進され競争激化がもたらされている。そして、国際的にも市場での競争がより激しくなると予想され、コアコンピタンス（核となる優位な競争力）を持つ企業のみがその競争を勝ち抜くことができるといわれている。

　また、国が三位一体改革を断行するなど、自治体を取り巻く環境は大変厳しいものとなる一方、自治体の責任が益々大きくなり、自立的な経済基盤を確立し、独自的かつ個性的な施策を行うことが期待されている現状がある。そうしたことから、多くの自治体がまちの賑わいや財源の確保を念頭に地域経済の活性化を標榜し、産業の集積あるいは創出に取り組み、企業誘致において激烈な自治体間競争が展開されている。また、本市の逼迫した財政状況下おいては、「歳出削減」と並んで、既存企業の育成・振興、新規成長分野企業の積極的な誘致、これによる市内周辺産業の活性化・雇用の場の確保・増大・創出から生じる税収の「増加」は緊急かつ重要な課題であると考える。

　そうした中、尼崎市においても事業所が減少傾向にあり、事業所（工場等）の流出が都市課題の一つであることから、市内産業の空洞化を防止し、活力を創出するには、内発的な拡大とともに、市外・海外からの新たな企業が尼崎に進出するという外部からの活力導入が是非とも必要であり、併せて既存産業と新規立地産業の相乗効果も期待するものである。尼崎市としても、「関連産業の誘発効果の創出、雇用の安定、税源の確保」を目的としてこうした課題に対処するための措置を講じるのが本条例の趣旨である。

【内容】

1. 財政的手法の選択（不均一課税）

　企業誘致の奨励措置を施行する際に、一般的に適用されているのは、補助金であるが、本市においては補助金ではなく不均一課税（税負担の軽減）を選択した。その理由として、(1)企業のメリットを最優先に考えたことにある。例えば、企業が立地した後、一旦固定資産税などの税を納入し、その後補助金として予算化し、翌年度に交付することになるので、結果的に税の負担をするのなら、少しでも企業の資金繰りに貢献できる制度のほうがよりアピール効果の高いものとなる。(2)施策の内容から予算的しばりを掛けるのはそぐわないことが挙げられる。予算は、議会の議決が必要である一方、不均一課税は課税段階から税の軽減を図るものであり、制度の安定性といった観点からも不均一課税の方が優れている。

2. 雇用機会の拡大
　これまで，本市では雇用機会の拡大を促すため，主に啓発による施策を展開してきたが，本条例においてはその適用にあたり，常勤従業員の要件を設け，具体的に雇用の拡大につなげる施策とした。

> （定義）
> 第2条　この条例において，次に掲げる用語の意義は，当該号に定めるところによる。
> (1)　事業所　会社又は個人（以下「会社等」という。）がその事業の用に供するために設置する事務所，工場，研究所その他これらに類するもの及びこれらに付随する関連施設をいう。
> (2)　企業立地　製造業その他規則で定める事業（以下「対象事業」という。）を営むため，会社等が市内（工場その他これに類するものを設置して製造業を営む場合にあっては，都市計画法（昭和43年法律第100号）第8条第1項第1号に規定する工業専用地域，工業地域又は準工業地域（規則で定める区域を除く。）内）において，固定資産（地方税法第341条第1号に規定する固定資産をいう。以下同じ。）のうち，家屋を取得し，新築し，増築し，若しくは賃借し，又は償却資産を取得し，若しくは賃借して，次に掲げる行為を行うことをいう。
> 　ア　事業所の新設又は拡張
> 　イ　事業所の設備の新設，増設又は更新（新たに対象事業を営むことを目的とするものその他規則で定めるものに限る。）

【趣旨】
　ここでは，尼崎市の企業立地における施策の対象要件を具体的に定めている。
【内容】
1. 会社又は個人
　本条例の目的として，地域経済の発展を掲げていることから，営利を目的として事業を営む会社（株式会社，有限会社，合名会社，合資会社）及び個人を対象としている。なお，財団法人や社会福祉法人など別の目的をもつ法人は，営利を追求することが目的でないことから，対象外としている。
2. 事務所，工場，研究所その他これらに類するもの及びこれらに付随する関連施設
　物を生産したり，サービスを提供するなどの経済活動が行われている個々の場所のことをいう。例えば，事務所，工場，研究所の他に，営業所などのように一区画を占めて事業を行っている事業所も含まれる。また，上記の事業所に，労働組合事務所や職員福利厚生施設（従業員専用の食堂，診療所，休憩所，車庫等）等が付随する場合には，これも対象事業所に含む。ただし，これらの用途が事業所の主たる用途となる

場合を除く。
3. 規則で定める区域を除く

　本市におけるまちづくりの指針の一つに「尼崎市住環境整備条例」に基づく「住居系指向地域」が区域として定められており，市として方向性を協調させる必要性から，工業地域・準工業地域内の住居系指向地域は除くものとする。
4. 事業所の新設又は拡張

　本条例の適用対象事業所として，事業所そのものの新設又は増設，建替などの拡張も含め，立地要件を広く捉えようとしているものである。ただし，原則的に既存事業所における既存事業の継続のための機械設備等の更新は，条例の趣旨から対象外とするものである。

（企業立地事業計画の認定等）
第3条　次に掲げる要件を備える企業立地を行おうとする会社等が第6条に規定する固定資産税等の不均一課税の措置を受けようとするときは，当該企業立地に係る計画（以下「企業立地事業計画」という。）を作成し，規則で定めるところにより，これを市長に提出して，その認定を受けなければならない。
(1) 企業立地事業計画に基づく次に掲げる固定資産の取得等に要する費用の額の合計額が10億円（中小企業者（中小企業基本法（昭和38年法律第154号）第2条第1項に規定する中小企業者をいう。以下同じ。）にあっては，1億円）以上であること。
　ア　土地又は償却資産の取得
　イ　家屋の取得，新築又は増築
(2) 事業所において常時使用する従業員（以下「常勤従業員」という。）の人数が次に掲げる要件を備えていること。
　ア　認定の申請の際現に市内に事業所を有しない会社等が新たに対象事業を営むために事業所を新設する場合にあっては，事業を開始する日における当該事業所の常勤従業員の人数が50人（中小企業者にあっては，10人。イにおいて同じ。）以上であること。
　イ　認定の申請の際現に市内に事業所を有する会社等が前条第2号ア又はイに掲げる行為を行う場合にあっては，事業を開始する日において市内に存する事業所における常勤従業員の合計人数が認定の申請の際現に市内に存する事業所における常勤従業員の合計人数（その数が50人を下回るときは，50人）を下回らないこと。

【主旨】
　本制度は，対象要件を設定しているが，あくまでも企業立地事業計画の認定により，

優遇措置が受けられる制度である。
【内容】
1. 企業立地事業計画
　企業立地事業計画には，事業所の立地に係る背景及び今後の事業展開や目標を記載する必要がある。また，提出時期については，規則において企業立地事業計画における事業所の主たる家屋の完成・売買契約・賃貸借契約日の60日前とし，現地調査等を踏まえた審査期間を確保しようとしているものである。また，当然，企業の進出にあたっては，構想段階からの本制度の適用も視野に入れるべきことから，(1)申請日以後に土地を取得又は賃借し及び家屋を新築又は増築する場合は，事業計画の認定から3年(2)申請日以後に家屋の新築又は増築する場合は，事業計画の認定から2年(3)その他の場合は，事業計画の認定からといった要件も定めている。
2. 要件
　要件の設定にあたっては，他都市の施策も参考にし，尼崎市のポテンシャル及び望ましい産業の立地といった観点から，事業投資額及び常勤従業員のハードルを設けたものである。
(1) 事業投資額　固定資産（土地，家屋，償却資産）の取得費用及び取得に伴う家屋の設計費用や償却資産の設備設置費用など含む。また，土地は企業立地事業計画の申請日前2年以内の取得に限り，固定資産の取得費用に含むものとしている。
(2) 常勤従業員　産業施策を立案する際，これまで「雇用の創出」については，波及的な意味合いの施策効果を狙ったものが多かったことが，本施策では要件として，具体的に常勤従業員数を盛り込んだ。そして，せっかく増設など本市での事業拡大していただいても，機械設備などの充実により，従業員数が減っては，本市の雇用拡大にはつながらないことから，以前の操業状態を起点として，減少しないことを要件に加えている。
　また，常勤従業員とは，申請企業が雇用する雇用保険の被保険者であり，原則として2か月を超えて使用され，1週間の所定労働時間（労働基準法の法定労働時間の40時間を指すものではなく，企業の勤務体制の実情で判断するものとする）が同じ企業に雇用される通常の従業員とおおむね同等である者をいう。なお，①65歳に達した日以後に雇用される者②短時間労働者③日雇労働者④季節的業務に4か月以内の期間を予定して雇用される者に該当するものは，含まないものとする。

> 3　市長は，第1項の認定の申請があった場合において，その企業立地事業計画が同項各号に掲げる要件を備え，かつ，次の各号のいずれにも適合するものであると認めるときは，その認定を行うものとする。

> (1) 企業立地が本市地域経済の発展に資するものであること。
> (2) 企業立地に係る対象事業の実施に向けて,環境の保全への配慮がなされていること。
> (3) 企業立地事業計画が当該会社等の経営状況等に照らして適切であること。

【主旨】
　いわゆる数字で示すことができる要件は,第3条の1で定めた。ここでは,事業所の立地にあたり,本市まちづくりの観点から,要件を定めたものである。
【内容】
1. 企業立地が本市地域経済の発展に資するものであること
　本市に立地し,操業することそのものが本市経済に寄与するものと考えるが,ここでは,例として奨励企業が反社会的行為（汚職等の犯罪や企業イメージを損なう行為も含む）を行ったという明白な事実がある場合,本市地域経済にも悪影響をもたらすことが予想されることから,そうした場合の取消し事項の要因となる。また,その取消し事項の要因としては,企業が事業を廃止等した場合も,企業活動が停止することから,必然的に本市地域経済に寄与しなくなるので該当することになる。
2. 企業立地に係る対象事業の実施に向けて,環境の保全への配慮がなされていること
　事業所の立地は,法令により多くの規制があり,概ね良好に立地するものと考えられるが,現地調査等を実施した中で,地域環境へ有害な影響を及ぼす恐れが認められるようであれば,奨励措置の対象にしないことを指している。
　また,ここでは一連の規制を強化しようとするものではなく,企業活動を行うにあたり,周辺地域に配慮した事業計画（騒音源等の配置,原料の保管（野積みしない),雨水浸透施設の設置,駐車場やフェンスの配置,緑地の適正配置など）であるかどうかについて,事業内容を勘案して,審査していこうとするものである。特に,環境配慮型企業（単に環境に優しい製品を提供するだけでなく,事業所や工場が排出する廃棄物や有害物質を減らすなどの努力を行い,取組みを積極的に情報公開している企業。一般には,環境改善に向けた体制づくりを審査する国際認証 ISO14001 を取得しているかや,環境負荷が少ない物品調達に取り組んでいるか,透明性が高い環境報告書を公表しているかなどによって判断される）は望ましい企業である。
3. 企業立地事業計画が当該会社等の経営状況等に照らして適切であること
　事業計画の中において,現在の運営状況及び資金計画もあわせて提出してもらい,申請企業の現況を把握しようとするものである。その本旨は,尼崎市に立地してもらい,長く本市において操業をしてもらい,そしてリーディング産業と発展してもらい

たいとのことからである。
　次に，取消しの効力の及ぶ範囲の限定（条例第10条3項）については，認定事業者として認定後，本制度における要件に合致しなくなった等の理由により，認定事業の取消しがなされた場合，税の軽減を将来に向けて行わないとするか，あるいは遡及して税の軽減そのものを取消しするかについて，取消しの理由を考慮し判断するものである。

（認定事業計画の変更）
第4条　認定事業者は，認定事業計画の変更（規則で定める軽微な変更を除く。）をしようとするときは，規則で定めるところにより，あらかじめ，市長の認定を受けなければならない。
2　前条第3項の規定は，前項の変更の認定について準用する。

【主旨】
　本来，企業立地事業計画は，あくまでも予定であることから，柔軟に対処していくべきものと考え，立地企業も操業後，社会経済情勢等によって事業計画を大きく転換される可能性もあることから，小さな変更（規則第6条1）は除き，変更申請を受付けようとするものである。また，その際，対象要件（投資額，従業員数）が下回った場合も，そのケースをよく見て対応しようとするものである。

（固定資産税等の不均一課税）
第6条　認定事業者が認定事業計画に基づいて取得し，新築し，若しくは増築した家屋又は取得した償却資産であって，認定事業者が所有し，かつ，当該認定事業の用に供するものに対して課する固定資産税の額は，当該家屋又は償却資産を所有することとなった日の属する年の翌年の1月1日（当該日が1月1日である場合には，同日。次項において同じ。）を賦課期日とする年度から3年度分（認定事業で特に先端性が高いと市長が認めるもの（以下「特定認定事業」という。）の用に供するものにあっては，5年度分。次項において同じ。）の固定資産税に限り，尼崎市市税条例（昭和25年尼崎市条例第61号。以下「市税条例」という。）の規定を適用して算定された当該家屋又は償却資産に係る固定資産税額（増築した家屋にあっては，当該増築部分の評価額に対応する部分に限る。）の2分の1に相当する額を当該家屋又は償却資産に係る固定資産税額から控除した額とする。
2　認定事業者が認定事業計画に基づいて取得し，新築し，又は増築した家屋であって，認定事業者が所有し，かつ，当該認定事業の用に供するものに対して課する都市計画税の額は，当該家屋を所有することとなった日の属する年の翌年の1月1日を賦課期日とする年度から3年度分の都市計画税に限り，市税条例の規

定を適用して算定された当該家屋に係る都市計画税額（増築した家屋にあっては，当該増築部分の評価額に対応する部分に限る。）の2分の1に相当する額を当該家屋に係る都市計画税額から控除した額とする。

3　認定事業者が認定事業計画に基づいて家屋を取得し，新築し，増築し，若しくは賃借し，又は償却資産を取得し，若しくは賃借した場合には，当該認定事業者が行う事業に対して課する事業所税のうち資産割の額は，認定事業者が法人の場合にあっては当該取得し，新築し，増築し，若しくは賃借した家屋（以下「新規家屋」という。）又は当該取得し，若しくは賃借した償却資産（以下「新規償却資産」という。）を認定事業の用に供することとなった日から3年（特定認定事業にあっては，5年。以下この項において同じ。）を経過する日以後に最初に終了する事業年度分まで，認定事業者が個人の場合にあっては新規家屋又は新規償却資産を認定事業の用に供することとなった日から3年を経過する日の属する年分までに限り，新規家屋又は新規償却資産を設置した家屋（これらの家屋の一部を認定事業の用に供する場合にあっては，当該部分に限る。）を事業所用家屋（地方税法第701条の31第1項第6号に規定する事業所用家屋をいう。）として市税条例の規定を適用したならば算定されることとなる資産割額の2分の1に相当する額を，当該認定事業者が行う事業に対して課する資産割の額から控除した額とする。

【趣旨】

ここでは，本制度の根幹である「税の軽減」について記載している。地方税法及び市税条例に基づき課税されていることから，税の軽減をするためには市税条例と同等の効力をもつ条例が必要である。

【内容】

1. 税負担の公平性

本来，税の負担は公平でなければならず，憲法に定める「公平の原則」にのっとって，運用されなければならない。しかしながら，企業立地促進施策として税を軽減することで，税の負担の公平性や経済活動の中立性をある程度損なうことは，政策税制の主旨からやむを得ないものと考える。また，公平感そのものは，納税者によってまちまちであり，一概に判断することは大変困難である。したがって，税の軽減措置による公平性の欠如は，施策目的である公益性との兼ね合いになることから，本施策では，条例案として議会に提案し，議論を深めるとともに，市民・事業者・経済団体へのパブリックコメントを実施したことから，広く意見を拝聴でき，コンセンサスが取れたものと考えている。

また，施策の有効性は，社会経済情勢等の変化に影響される可能性が高いことから，

常にその効果を検証していく必要がある。
2. 固定資産税等の不均一課税（税の軽減）
　企業の初期投資費用の軽減を図る観点から、確実に企業の軽減につながる固定資産税・都市計画税（家屋・償却資産），事業所税（資産割）を軽減対象とした。また，法人市民税については，その額に変動要素が多く，企業側のメリットが明らかではなく，インセンティブにはなりにくいことから対象外としている。また，奨励対象から土地を外している理由については，本市の誘致対象が工業団地の売却ではなく，民有地の活用が中心となることから，土地活用の有無に関わらず税収源となっており本市財政状況も勘案し，かつ本市の企業立地優位性をも考慮し，土地は対象から除外したものである。
3. 特に先端性の高い事業
　先端性とは，既存のものではなく，将来を見据えて，高度な技術に支えられた今後発展していくであろうと考えられる事業で，関連産業の誘発効果も高いと考えられることから，通常よりも長い5年間の奨励措置を設定している。また，特に先端性の高い事業の判断基準として，認定審査会において，内規を設定しているので，以下に示すものとする。
〔認定審査会・内規〕
　(1)先端性の高い事業
　　先端性の高い事業とは，既存のものではなく将来を見据えて，高度な技術に支えられた今後発展していくであろうと考えられる事業と考える。
　　具体的には，2004年5月18日経済産業省発表の「新産業創造戦略」において，先端的な新産業分野として「燃料電池」「情報家電」「ロボット」「コンテンツ」が示され，本市立地促進制度のひとつの指標とし，下記に掲げる重点産業分野にも反映したところである。
　(2)特に先端性の高い事業の基準
　　重点産業分野のうち概ね下記のいずれかの基準に該当する事業
　　　・新産業創造戦略で示す先端的な新産業分野の製品やその技術の研究開発又は製造を行う事業
　　　・新産業創造戦略で示す先端的な新産業分野を支える革新技術を利用した研究開発又は製造を行う事業
　　　・その他これらと同程度の先端性があると認められる事業
　(3)重点産業分野の事業　上記に掲載

(認定事業者の責務)
第11条　認定事業者は，認定事業に係る事業所において従業員を雇用しようとするときは，市内に住所を有する者を雇用するよう努めるとともに，地域社会の構成員として，参画及び協働の理念に基づき，その発展に協力するよう努めなければならない。
2　認定事業者は，認定事業を開始した日から10年を経過する日までの間，当該認定事業を継続するよう努めなければならない。

【趣旨】
　ここに記載した項目である①尼崎市民の雇用②地域社会の発展への協力③認定事業の10年間の事業継続のいずれもが本来，要件として入れてもよい事項であると考えている。しかしながら，どの項目も要件として入れるには，施策の有効性の観点から，事業者にとって少々ハードルの高いものと感じられることから，あくまでも努力規定として，施策の目的の理解を求めたものである。

【内容】
1. 市内に住所を有する者を雇用するよう努める
　産業が地域に及ぼす経済効果として，雇用の拡大は重要な事項であり，申請企業には，本立地促進制度の趣旨を踏まえ，市民の雇用について最大限に努力をいただくことをいう。
2. 参画及び協働の理念
　住民と行政が一緒になって，自分達の地域を住みやすくするため，知恵や力を出し合って，それぞれの責任と役割を果たしながら，互いに連携し，様々な地域づくりに取り組むことをいう。
3. 認定事業者は，認定事業を開始した日から10年を経過する日までの間，当該認定事業を継続するよう努めなければならない
　地域経済の発展のために，奨励措置終了後も本市において永く事業を継続していただきたいとの市としての姿勢を表したもので，例えば，他の事業場所で建替えをする間の一時的な事業所は短期利用であることから，条例の対象外となる。

4　資　料

（1）尼崎市企業立地促進条例（公布日　2004年10月8日，尼崎市条例46号）
（この条例の目的）
第1条　この条例は，市内における企業立地を促進するため地方税法（昭和25年法律第

226号）第6条第2項の規定による市税の不均一の課税を行うことにより，本市産業の活性化及び雇用機会の拡大を図り，もって本市地域経済の発展と市民生活の向上に寄与することを目的とする。

（定義）

第2条　この条例において，次に掲げる用語の意義は，当該号に定めるところによる。

(1) 事業所　会社又は個人（以下「会社等」という。）がその事業の用に供するために設置する事務所，工場，研究所その他これらに類するもの及びこれらに付随する関連施設をいう。

(2) 企業立地　別表に定める事業（以下「対象事業」という。）を営むため，会社等が市内（工場その他これに類するものを設置して製造業を営む場合にあっては，都市計画法（昭和43年法律第100号）第8条第1項第1号に規定する工業専用地域，工業地域又は準工業地域（規則で定める区域を除く。）内）において，固定資産（地方税法第341条第1号に規定する固定資産をいう。以下同じ。）のうち，家屋を取得し，新築し，増築し，若しくは賃借し，又は償却資産を取得し，若しくは賃借して，次に掲げる行為を行うことをいう。

　　ア　事業所の新設又は拡張

　　イ　事業所の設備の新設，増設又は更新（新たに対象事業を営むことを目的とするものその他規則で定めるものに限る。）

（企業立地事業計画の認定等）

第3条　次に掲げる要件を備える企業立地を行おうとする会社等が第6条に規定する固定資産税等の不均一課税の措置を受けようとするときは，当該企業立地に係る計画（以下「企業立地事業計画」という。）を作成し，規則で定めるところにより，これを市長に提出して，その認定を受けなければならない。

(1) 企業立地事業計画に基づく次に掲げる固定資産の取得等に要する費用の額の合計額が10億円（中小企業者（中小企業基本法（昭和38年法律第154号）第2条第1項に規定する中小企業者をいう。以下同じ。）にあっては，1億円）以上であること。

　　ア　土地又は償却資産の取得

　　イ　家屋の取得，新築又は増築

(2) 事業所において常時使用する従業員（以下「常勤従業員」という。）の人数が次に掲げる要件を備えていること。

　　ア　認定の申請の際現に市内に事業所を有しない会社等が新たに対象事業を営むために事業所を新設する場合にあっては，事業を開始する日における当該事業所の常勤従業員の人数が50人（中小企業者にあっては，10人。イにおいて同じ。）以上であること。

補足資料

　　イ　認定の申請の際現に市内に事業所を有する会社等が前条第2号ア又はイに掲げる行為を行う場合にあっては，事業を開始する日において市内に存する事業所における常勤従業員の合計人数が認定の申請の際現に市内に存する事業所における常勤従業員の合計人数（その数が50人を下回るときは，50人）を下回らないこと。
2　企業立地事業計画には，次の各号に掲げる事項を記載しなければならない。
　(1)　企業立地に係る対象事業に関する事項
　(2)　企業立地に係る事業所及び設備の概要に関する事項
　(3)　企業立地を行う者に関する事項
　(4)　企業立地を行う場所及び時期に関する事項
　(5)　企業立地に係る対象事業の用に供する固定資産及びその取得等に要する費用に関する事項
　(6)　企業立地に係る事業所における従業員に関する事項
　(7)　その他市長が必要と認める事項
3　市長は，第1項の認定の申請があった場合において，その企業立地事業計画が同項各号に掲げる要件を備え，かつ，次の各号のいずれにも適合するものであると認めるときは，その認定を行うものとする。
　(1)　企業立地が本市地域経済の発展に資するものであること。
　(2)　企業立地に係る対象事業の実施に向けて，環境の保全への配慮がなされていること。
　(3)　企業立地事業計画が当該会社等の経営状況等に照らして適切であること。
4　前項の認定を受けた者（以下「認定事業者」という。）は，規則で定める期間内に当該認定を受けた企業立地事業計画（以下「認定事業計画」という。）に基づく企業立地に係る対象事業（以下「認定事業」という。）を開始しなければならない。
（認定事業計画の変更）
第4条　認定事業者は，認定事業計画の変更（規則で定める軽微な変更を除く。）をしようとするときは，規則で定めるところにより，あらかじめ，市長の認定を受けなければならない。
2　前条第3項の規定は，前項の変更の認定について準用する。
（認定事業者の地位の承継）
第5条　相続，営業譲渡，合併，分割等の事由により認定事業計画（前条第1項の変更の認定があったときは，その変更後のもの。以下同じ。）に基づく企業立地又は認定事業を承継した者は，規則で定めるところにより，市長の承認を得て，当該認定事業者の地位を承継することができる。
（固定資産税等の不均一課税）

第6条　認定事業者が認定事業計画に基づいて取得し，新築し，若しくは増築した家屋又は取得した償却資産であって，認定事業者が所有し，かつ，当該認定事業の用に供するものに対して課する固定資産税の額は，当該家屋又は償却資産を所有することとなった日の属する年の翌年の1月1日（当該日が1月1日である場合には，同日。次項において同じ。）を賦課期日とする年度から3年度分（認定事業で特に先端性が高いと市長が認めるもの（以下「特定認定事業」という。）の用に供するものにあっては，5年度分。次項において同じ。）の固定資産税に限り，尼崎市市税条例（昭和25年尼崎市条例第61号。以下「市税条例」という。）の規定を適用して算定された当該家屋又は償却資産に係る固定資産税額（増築した家屋にあっては，当該増築部分の評価額に対応する部分に限る。）の2分の1に相当する額を当該家屋又は償却資産に係る固定資産税額から控除した額とする。

2　認定事業者が認定事業計画に基づいて取得し，新築し，又は増築した家屋であって，認定事業者が所有し，かつ，当該認定事業の用に供するものに対して課する都市計画税の額は，当該家屋を所有することとなった日の属する年の翌年の1月1日を賦課期日とする年度から3年度分の都市計画税に限り，市税条例の規定を適用して算定された当該家屋に係る都市計画税額（増築した家屋にあっては，当該増築部分の評価額に対応する部分に限る。）の2分の1に相当する額を当該家屋に係る都市計画税額から控除した額とする。

3　認定事業者が認定事業計画に基づいて家屋を取得し，新築し，増築し，若しくは賃借し，又は償却資産を取得し，若しくは賃借した場合には，当該認定事業者が行う事業に対して課する事業所税のうち資産割の額は，認定事業者が法人の場合にあっては当該取得し，新築し，増築し，若しくは賃借した家屋（以下「新規家屋」という。）又は当該取得し，若しくは賃借した償却資産（以下「新規償却資産」という。）を認定事業の用に供することとなった日から3年（特定認定事業にあっては，5年。以下この項において同じ。）を経過する日以後に最初に終了する事業年度分まで，認定事業者が個人の場合にあっては新規家屋又は新規償却資産を認定事業の用に供することとなった日から3年を経過する日の属する年分までに限り，新規家屋又は新規償却資産を設置した家屋（これらの家屋の一部を認定事業の用に供する場合にあっては，当該部分に限る。）を事業所用家屋（地方税法第701条の31第1項第6号に規定する事業所用家屋をいう。）として市税条例の規定を適用したならば算定されることとなる資産割額の2分の1に相当する額を，当該認定事業者が行う事業に対して課する資産割の額から控除した額とする。

（固定資産税等の不均一課税に係る申告）
第7条　前条の規定の適用を受けようとする認定事業者は，規則で定めるところにより，

認定事業計画に基づく家屋又は償却資産の取得等に関する事項その他の規則で定める事項を記載した申告書を市長に提出しなければならない。

（認定事業の開始の届出）

第8条　認定事業者は，認定事業を開始したときは，規則で定めるところにより，その旨を市長に届け出なければならない。

（認定事業の休止又は廃止の届出）

第9条　認定事業者は，認定事業を休止し，又は廃止しようとするときは，規則で定めるところにより，その旨を市長に届け出なければならない。

（企業立地事業計画の認定の取消し等）

第10条　市長は，次の各号のいずれかに該当すると認めるときは，第3条第3項の認定を取り消すことができる。

(1)　認定事業計画に従って企業立地を行っていないとき。

(2)　第3条第4項に規定する規則で定める期間内に認定事業を開始していないとき。

(3)　この条例若しくはこの条例に基づく規則の規定又はこれらに基づく市長の指示に違反したとき。

2　市長は，認定事業計画が第3条第3項各号のいずれかに適合しなくなったと認めるときは，当該認定事業計画の変更を指示し，又は同項の認定を取り消すことができる。

3　前2項の規定により第3条第3項の認定を取り消した場合において，市長は，当該取消し前に行われた第6条の規定に基づく固定資産税，都市計画税又は事業所税の軽減措置について，当該取消しの効力の及ぶ範囲を限定することができる。

（認定事業者の責務）

第11条　認定事業者は，認定事業に係る事業所において従業員を雇用しようとするときは，市内に住所を有する者を雇用するよう努めるとともに，地域社会の構成員として，参画及び協働の理念に基づき，その発展に協力するよう努めなければならない。

2　認定事業者は，認定事業を開始した日から10年を経過する日までの間，当該認定事業を継続するよう努めなければならない。

（報告）

第12条　認定事業者は，規則で定めるところにより，認定事業の運営状況について，市長に報告しなければならない。

（調査）

第13条　市長は，認定事業に係る事業所において，当該認定事業に関し必要と認める事項の調査をすることができる。

（委任）

第14条　この条例に定めるもののほか，この条例の施行について必要な事項は，規則で

定める。

　　付　則

（施行期日）

1　この条例は，公布の日から施行する。

（この条例の失効）

2　この条例は，2010年3月31日（以下「失効日」という。）限り，その効力を失う。

（失効に伴う経過措置）

3　失効日以前に第3条第1項の規定により企業立地事業計画の認定を申請した者については，この条例の規定は，前項の規定にかかわらず，失効日後も，なおその効力を有する。

別表

分　野	事　業
医療・福祉関連分野	医療・福祉関連機器，医薬品，保健機能食品等の研究，開発又は製造を行う事業
情報通信関連分野	情報通信関連機器及び製品の研究，開発又は製造を行う事業
製造技術関連分野	1　情報通信システムと融合化した高度生産システム等の新製造システムの研究，開発又は製造を行う事業 2　ファインセラミックス等の新素材・新材料及びこれらを応用した製品の研究，開発又は製造を行う事業 3　マイクロマシン等に利用される新機構技術・高度加工技術の研究又は開発及びこれらを応用した製品の研究，開発又は製造を行う事業
環境・エネルギー関連分野	環境関連機器，環境調和型製品及び燃料電池等の新エネルギー・省エネルギー関連機器の研究，開発又は製造を行う事業
バイオテクノロジー関連分野	バイオテクノロジーを応用した製品の研究，開発又は製造を行う事業
ビジネス支援関連分野	情報サービス業，エンジニアリング業，デザイン業及び人材育成業
上記以外の製造業	

（2）尼崎市企業立地促進条例施行規則（公布日 平成16年10月8日，尼崎市規則第66号）
（この規則の趣旨）
第1条 この規則は，尼崎市企業立地促進条例（平成16年尼崎市条例第46号。以下「条例」という。）第2条第2号，第3条第1項及び第4項，第4条，第5条，第7条から第9条まで，第12条並びに第14条の規定に基づき，条例の施行について必要な事項を定めるものとする。
（製造業に係る除外区域）
第2条 条例第2条第2号の規則で定める区域は，工業地域及び準工業地域のうち市長が別に定める区域とする。
2 市長は，前項の区域を定めたときは，その旨及びその区域を公告しなければならない。
（事業所の設備の新設等）
第3条 条例第2条第2号イの規則で定めるものは，次のとおりとする。
  (1) 会社等が現に営む製造業の業種（日本標準産業分類（平成14年総務省告示第139号）の中分類に掲げられる業種をいう。以下同じ。）と異なる業種の製造業を営むことを目的とするもの
  (2) 前号に掲げるもののほか，会社等が現に営む対象事業の事業内容を変更することを目的とするもののうち市長が認めるもの
（企業立地事業計画の認定の申請）
第4条 条例第3条第1項の規定による認定の申請（以下「認定申請」という。）は，企業立地事業計画認定申請書に企業立地事業計画その他次の各号に掲げる書類を添えて行わなければならない。
  (1) 定款及び商業登記簿の謄本又は登記事項証明書（個人にあっては，事業の概要を記載した書類及び住民票の写し又は外国人登録原票記載事項証明書）
  (2) 認定申請を行う日の属する事業年度の前事業年度における営業報告書，損益計算書及び貸借対照表（個人にあっては，これらに相当する書類）
  (3) 土地，家屋又は償却資産の取得に係る売買契約書又はその見積書，家屋の新築又は増築に係る請負契約書又はその見積書その他の企業立地に係る対象事業の用に供する固定資産の取得等に要する費用又はその予定額を確認することができる書類
  (4) 企業立地に係る対象事業の用に供する償却資産の明細書
  (5) 企業立地に係る事業所の配置図及び当該事業所における家屋の平面図
  (6) その他市長が必要と認める書類
2 認定申請は，次の各号に掲げる区分に応じ，当該各号に掲げる日の60日前までに行わなければならない。

⑴　家屋を取得し，又は賃借して事業所を新設し，又は拡張する場合　当該家屋を取得し，又は賃借する日
　⑵　家屋を新築し，又は増築して事業所を新設し，又は拡張する場合　当該家屋を新築し，又は増築する工事が完了する日
　⑶　償却資産を取得して事業所の設備を新設し，増設し，又は更新する場合　償却資産を取得する日
３　市長は，認定申請があった場合において，条例第３条第３項の規定により企業立地事業計画の認定を行ったときは企業立地事業計画認定通知書により，当該認定を行わなかったときは企業立地事業計画不認定通知書により，当該申請者に通知するものとする。
（認定事業の開始）
第５条　条例第３条第４項の規則で定める期間は，別表のとおりとする。ただし，市長がやむを得ないと認める場合は，当該期間を延長することができる。
（認定事業計画の軽微な変更等）
第６条　条例第４条第１項の規則で定める軽微な変更は，次のとおりとする。
　⑴　条例第３条第１項第１号に規定する費用の額の合計額の増減が当該合計額の100分の20に相当する額を超えない変更（同号に掲げる要件を備えなくなる場合を除く。）
　⑵　前条に規定する期間の範囲内において行う企業立地事業計画に基づく企業立地又は認定事業の開始時期の３月を超えない変更
　⑶　その他市長が認める変更
２　条例第４条第１項の規定による認定事業計画の変更の認定の申請は，認定事業計画変更認定申請書に第４条第１項各号に掲げる書類のうち変更に係るものを添えて行わなければならない。
３　第４条第３項の規定は，前項の変更の認定の申請があった場合について準用する。
（認定事業者の地位の承継の承認の申請）
第７条　条例第５条の規定による認定事業者の地位の承継の承認の申請は，地位の承継の日から14日以内に，認定事業者承継承認申請書に地位の承継の事実を証する書類を添えて行わなければならない。
２　第４条第３項の規定は，前項の地位の承継の承認の申請があった場合について準用する。
（固定資産税等の不均一課税に係る申告）
第８条　条例第７条の規定による申告は，次に掲げる区分に応じ，当該号に掲げる日までに，申告書により行わなければならない。

補足資料

(1) 条例第6条第1項又は第2項の規定の適用を受けようとする者
   当該年度の初日の属する年の1月31日
(2) 条例第6条第3項の規定を受けようとする者　尼崎市市税条例（昭和25年尼崎市条例第61号）第102条第1項第1号（個人にあっては，同項第2号）に規定する期限

2　条例第7条の規則で定める事項は，次のとおりとする。
 (1) 認定事業者の名称及び所在地（個人にあっては，氏名及び住所）
 (2) 認定事業を営む事業所の名称及び所在地
 (3) 条例第3条第3項の規定に基づき企業立地事業計画の認定を受けた年月日（以下「認定日」という。）
 (4) 認定事業計画に基づき取得し，新築し，又は増築した家屋の名称，所在，家屋番号，種類，構造及び床面積（家屋を増築した場合にあっては，当該増築部分に関するものを含む。）
 (5) 認定事業計画に基づき取得した償却資産の所在地，種類，数量，取得価額，取得年月日及び耐用年数
 (6) 認定事業が行われている事業所における事業所用家屋の名称並びにその所有者の名称及び所在地（個人にあっては，氏名及び住所），事業所用家屋としての使用期間並びに事業所床面積（地方税法（昭和25年法律第226号）第701条の31第1項第4号に規定する事業所床面積をいう。）（家屋の一部を認定事業の用に供する場合にあっては，当該部分に係る床面積を含む。）
 (7) その他市長が必要と認める事項

（認定事業の開始の届出）
第9条　条例第8条の規定による届出は，認定事業を開始した日から14日以内に，認定事業開始届出書に当該認定事業の用に供する固定資産の取得等に要した費用を証する書類（以下「証明書類」という。）を添えて行わなければならない。ただし，第4条第1項の規定に基づき証明書類に相当するものを提出している場合にあっては，証明書類の添付は要しない。

（認定事業の休止又は廃止の届出）
第10条　条例第9条の規定による届出は，認定事業を休止し，又は廃止しようとする日の14日前までに，認定事業休止・廃止届出書により行わなければならない。

（認定事業の運営状況の報告）
第11条　条例第12条の規定による報告は，次に掲げる区分に応じ，認定事業を開始した日から当該号に掲げる日（第1号及び第2号のいずれにも該当する場合にあっては，第1号又は第2号に掲げる日のいずれか遅い日）までの間，毎事業年度終了の日から

2月以内(個人にあっては,毎年3月15日まで)に,当該事業年度(個人にあっては,前年)における認定事業の運営状況を記載した報告書により行わなければならない。
(1) 条例第6条第1項又は第2項の規定に基づく固定資産税又は都市計画税の軽減措置を受ける場合　当該軽減措置の対象となる最終の年度分の固定資産税又は都市計画税に係る賦課期日の属する年の翌年の3月31日以後に最初に終了する事業年度の末日から2月を経過する日(個人にあっては,当該軽減措置の対象となる最終の年度分の固定資産税又は都市計画税に係る賦課期日の属する年の翌年の3月15日)
(2) 条例第6条第3項の規定に基づく事業所税の軽減措置を受ける場合　当該軽減措置の対象となる最終の事業年度分の事業所税に係る事業年度の末日から2月を経過する日(個人にあっては,当該軽減措置の対象となる最終の年分の事業所税に係る地方税法第701条の31第1項第8号に規定する個人に係る課税期間の末日が属する年の翌年の3月15日)

(施行の細目)
第12条　この規則に定めるもののほか,この規則の施行について必要な事項は,主管局長が定める。

　　付　則
(施行期日)
1　この規則は,公布の日から施行する。
(経過措置)
2　企業立地を行おうとする会社等でこの規則の施行の際既に第4条第2項に規定する申請期限を経過しているものについては,企業立地に係る対象事業を開始していないときに限り,同項の規定にかかわらず,この規則の施行の日後60日以内に認定申請を行うことができる。
(この規則の失効)
3　この規則は,2010年3月31日(以下「失効日」という。)限り,その効力を失う。
(失効に伴う経過措置)
4　条例付則第3項の規定により条例の規定がなお効力を有することとされる者については,この規則の規定は,前項の規定にかかわらず,失効日後も,なおその効力を有する。

別表

事業所の新設等の区分	期　　間
1　認定申請を行った日（以下「申請日」という。）以後に，企業立地事業計画に基づき土地を取得し，又は賃借し，かつ，当該土地に家屋を新築し，又は増築する工事に着手する場合	認定日から3年を経過する日まで
2　申請日以後に，企業立地事業計画に基づき家屋を新築し，又は増築する工事に着手する場合（前項に掲げる場合を除く。）	認定日から2年を経過する日まで
3　申請日前に，企業立地事業計画に基づき家屋を新築し，又は増築する工事に着手している場合	認定日から1年を経過する日まで
4　申請日以後に，企業立地事業計画に基づき家屋を取得し，又は賃借する場合	
5　申請日以後に，企業立地事業計画に基づき償却資産を取得する場合（前各項に掲げる場合に該当する場合を除く。）	

索 引
（＊は人名）

あ 行

尼崎産業の長期振興ビジョン　103
　　新たな――　104
尼崎市　22, 37, 65, 69, 71, 74, 85, 136, 154, 173, 209, 224
　　――企業立地促進条例　106
　　――企業立地促進制度　143
　　――住環境整備条例　158, 165
　　――商業立地ガイドライン　160
　　――総合基本計画　101
　　――内陸部工業地の土地利用誘導指針　162
尼崎リサーチ・インキュベーションセンター（ARIC）　115, 117
暗黙知　218
異業種グループ　209
生野区　26
板橋区　172, 174
いの町　45, 55, 56
イノベーション　208, 251, 260
イノベーティブ・ミリュー　29
インキュベーション・マネジャー（IM）　116
インキュベーション施設　114, 116
＊ウェーバー，A.　28
エアロラップ　215, 216
衛生用紙　42
エコノミックガーデニング　124, 201
大阪市　154
大田区　22, 71, 74, 171, 172, 209

か 行

開発基準　159
学習　203, 204, 245
　　――空間　258
　　――クラスター　219
　　――政策　86, 248
　　――地域　30, 85, 205, 219
　　――都市　248
駆け込み寺　229
紙産業　41
環境問題　189
雁皮　50
企業間取引　45
企業間連携　82
企業誘致　14, 135, 141
企業立地政策　143, 146
企業立地促進法　136, 192
規制緩和　198
協力会　83, 85, 86, 209
協力会社　75
近畿高エネルギー加工技術研究所（AMPI）　222, 225
近接性　36
　　制度的――　36
　　組織的――　36
　　地理的――　36
　　認知的――　36
金融政策　14
空間の再編　145
＊クールグマン，P.　29
経済産業省産業構造審議会　189
経済のグローバル化　207
形式知　218
研究者間ネットワーク　237
工業集積研究会　36, 171
工業専用地域　155
工業団地　98
工業地域　155
　　――システム　34
工業地帯　67
工業都市　12
後継者難　173
工場再配置促進法　137, 190
工場等制限三法　189
工場等制限法　154, 190
工場立地法　188, 190

310

索 引

工場緑化　196
公設試験研究機関（公設試）　221, 222, 243
楮　50, 53
高知県　56, 253
高知県立紙産業技術センター　57
こうち立志塾政策デザイン研究会　256
公的研究機関型　248, 249
神戸市　154
コミュニティ　75
コモディティ財　44

さ　行

財源　14
財政力　14
堺市緑の工場ガイドライン　197
寒川町　132
産学連携　244
産業型地区計画　168, 183
産業集積　1, 19
　　——地域　19
　　——の縮小　3
　　——のメリット　21
産業振興ビジョン　10
産業総合研究所　238
産業都市　154, 188
山脈構造型社会的分業構造　31
＊ジェイコブス，J.　29
四国中央市　45
次世代型航空機部品供給ネットワーク（OWO）　211
下請　26
　　——企業　81, 83
　　——取引　81, 83
自治体産業政策　9, 11, 120, 252
自治体職員間のネットワーク　254
地場産業　48
シャープ㈱亀山工場　136, 137
住工混在問題　153, 168, 169
住工商物問題　170
㈲シューズ・ミニッシュ　26
熟練工　74
商工費予算　91

職員数　91
職住都市　163
シリコンバレー　31
人口集中問題　189
新事業創出促進法　116
信用保証協会　16
スキルアップ　251
＊スコット，A. J.　29
頭脳立地法　116
墨田区　92
　　——産業振興会議　93
3M運動　93
政策学習　258
政策起業家　257
制度融資　16
＊セーブル，C. F.　28
セラミックコーティング　77, 214
操業環境　24, 110, 188
創業支援　120, 122
総合計画　101, 105, 109
相互学習　208

た　行

高井田地区　162
地域経済内循環率　46
地域準則制度　191, 192, 195
地域の主体性　165
地区計画　169
知識移転　36
知識経済　244
知識創造　36, 203
知識のスピルオーバー　208
地方拠点法　116
地方公共団体　89
地方自治体　88, 90
　　——の政策連携　41
地方創生　12
地方分権　9, 146
中核企業　77
中小企業間ネットワーク　206, 245
中小企業間連携　75
中小企業技術開発型　248, 249

311

中小企業基本法　88, 207
中小企業金融公庫　17
中小企業振興条例　10, 131
中小企業都市連絡協議会　32
中小企業ネットワーク型　248, 249
中小企業融資斡旋制度　96
㈱帝国データバンク　42
テクノポリス法　116
手すき和紙　48, 50
伝統的工芸品産地　51
同質財　44
土佐市　45, 58
土佐典具帖紙　53
土佐まるごと立志塾　253
土佐和紙　49
都市型産業集積　22, 65
都市経営　148
都市計画　159, 162
都市計画法　158, 160
都市再生　147
都市政策　147, 148, 165
土地利用　154, 156
　——の適正化　165
ドライコーティング　234
　——研究会（ドライ研）　234, 235

な　行

仲間取引　74
生業　58
鳴門市　128
入居率　114, 118
ネットワーク　21, 74
ネットワーク型支援　123
のれん別れ的スピンオフ　83, 248

は　行

パナソニックプラズマディスプレイ㈱尼崎工場
　（パナソニック尼崎工場）　67, 69, 139
パネルベイ　14, 18, 143
バフ研磨　214
阪神・淡路大震災　118

阪神モノづくりリーディングカンパニー100
　77
パンチ　215
＊ピオリ, M. J.　28
東大阪市　22, 37, 71, 74, 154, 162, 209
　——製造業　38
ビジネス・インキュベータ　114, 116
ピン　215
藤枝市　126
舟渡三丁目地区　176, 180
プラットフォーム　41
＊フロリダ, R.　30, 205
＊ポーター, M.　29

ま　行

＊マークセン, A.　29
＊マーシャル, A.　28
＊マスケル, P.　208
まちづくり的手法　148
＊マルムベルイ, A.　208
磨き　214
三椏　50, 53
民活法　116
メイド・イン・すみだ　95
ものづくり都市　91

や　行

優遇制度　107, 140
梼原町　54
用途地域　155
ヨコの連携　209
預託金　16
預託倍率　16

ら　行

立地件数　136
リトルトン市　125, 129
緑地面積規制　189, 193
緑地面積率　191
ロダン21　74

《著者紹介》

梅村　仁（うめむら・ひとし）

1964年	大阪府生まれ。
1987年	高知大学人文学部経済学科卒業。
1988年	尼崎市役所入所。主に秘書，産業振興，企画財政分野に従事し，産業振興課長，都市政策課長などを歴任（〜2010年）。
2002年	神戸大学大学院法学研究科博士前期課程修了。
2011年	大阪市立大学大学院創造都市研究科博士後期課程修了。
	高知短期大学准教授，同教授・地域連携センター長，文教大学経営学部教授を経て，
現　在	大阪経済大学経済学部教授，高知大学客員教授。博士（創造都市）。
専　門	地域産業論，中小企業政策。
主な社会活動	日本地方自治研究学会常任理事，日本計画行政学会理事・評議員，東京都港区中小企業振興審議会会長，板橋区産業活性化推進会議副会長，寒川町まち・ひと・しごと創生総合戦略策定等外部委員会委員長，摂津市2040年に向けた魅力ある地域づくり研究会アドバイザー，（独）中小企業基盤整備機構震災復興支援アドバイザー，中小企業家同友会全国協議会企業環境研究センター委員など。
主　著	『現代中小企業のソーシャル・イノベーション』（共著），同友館，2017年。 『これからの自治体産業政策』（共著），日本都市センター，2016年。 『地域マネジメント戦略』（共著），同友館，2014年。 『地方都市の公共経営』（編著），南の風社，2013年。 『地域産業政策』（共著），創風社，2012年。

大阪経済大学研究叢書第89冊
MINERVA現代経済学叢書⑫

自治体産業政策の新展開
──産業集積の活用とまちづくり的手法──

2019年2月28日　初版第1刷発行　　　検印廃止

定価はカバーに表示しています

著　者	梅　村　　　仁	
発行者	杉　田　啓　三	
印刷者	坂　本　喜　杏	

発行所　株式会社　ミネルヴァ書房
607-8494 京都市山科区日ノ岡堤谷町1
電話(075)581-5191／振替01020-0-8076

© 梅村 仁，2019　冨山房インターナショナル・新生製本

ISBN 978-4-623-08520-0
Printed in Japan

佐竹隆幸 編著 A 5 判・240頁
現代中小企業の海外事業展開 本 体 3500円
　　──グローバル戦略と地域経済の活性化

伊東維年・柳井雅也 編著 A 5 判・304頁
産業集積の変貌と地域政策 本 体 3200円
　　──グローカル時代の地域産業研究

田中利彦 著 A 5 判・244頁
先端産業クラスターによる地域活性化 本 体 3200円
　　──産学官連携とハイテクイノベーション

池田 潔 著 A 5 判・288頁
現代中小企業の経営戦略と地域・社会との共生 本 体 5000円
　　──「知足型経営」を考える

太田一樹 著 A 5 判・296頁
ベンチャー・中小企業の市場創造戦略 本 体 3800円
　　──マーケティング・マネジメントからのアプローチ

関 智宏 著 A 5 判・250頁
現代中小企業の発展プロセス 本 体 3200円
　　──サプライヤー関係・下請制・企業連携

髙田亮爾 著 A 5 判・264頁
現代中小企業の動態分析 本 体 3800円
　　──理論・実証・政策

重森 曉・柏原 誠・桑原武志 編著 A 5 判・282頁
大都市圏ガバナンスの検証 本 体 5500円
　　──大阪・アジアにみる統治システムと住民自治

橋本行史 編著 A 5 判・296頁
新版 現代地方自治論 本 体 2800円

──────── ミネルヴァ書房 ────────
http://www.minervashobo.co.jp/